印　度　神　话　学

梵 澄 译 丛·主 编 闻 中

印度神话学

［英］威廉·约瑟夫·威尔金斯　著

谢未艾　译

GUANGXI NORMAL UNIVERSITY PRESS

广西师范大学出版社

·桂林·

总顾问

高世名

顾　问

（以姓氏笔画为序）

王志成

毛世昌

卢勇

乐黛云

孙波

孙向晨

杜伽南达

吴学国

余旭红

张颂仁

高世名

雷子人

主　编

闻中

再版序

印度传统纹饰

　　本书销量喜人，眼看再版在即，亦是对这部十八年前之旧作进行修订之良机。此书在印度与英国同时受到欢迎，尤其令人欣喜，也许唯一的苛责在于：我不曾对引自印度圣典的片段指点江山一番。

　　我曾在初版序言中说，此书只为真实呈现，而不作评判。写作此书时，我亦立志避免评论与褒贬，只因圣典的词句据云得自神的点化，而这其中本就包含着劝谕。与此同时，揭露诸多险恶之中如何包藏有诸多的善良，亦是著书途中的乐事。

印度圣者们从未处身于全然的暗昧之中。如查阅早期的著述，我们会发现：彼时的光明胜过后继之岁月。值得注意的是，教导的质量曾出现过显著的衰退，后期的神明也远不如早期圣哲所描画的神明那般出色。诚如麦克斯·缪勒（Max Müller）所说："愈是回溯各个民族的早期萌芽，我就愈是纯粹地相信：我们应当找到有关神明的概念。"

再版进行了增删校改，也尝试令一些隐晦不明的段落含义更加明确，但全书大旨与初版无异。另外，关于印度诸神的敬拜与节日等内容，可查阅我的另一部作品《现代印度教》（Modern Hinduism）。

威廉·约瑟夫·威尔金斯

1900 年

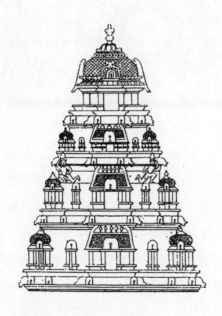

印度传统建筑

序

  自抵达印度后，我首要的研究之一，即是形成一部有关印度神话的切实而详尽的报告。然而，尽管大量阅读相关著作，也找到过该领域的相关线索，距离形成一部全面系统地介绍印度神话的著作，仍存有相当大的距离。我知道，曾有两部印度经典辞书分别于马德拉斯和伦敦出版面世，其中也提及了一些有用的书籍，然亦未达到本书的构想之标准。

  我花费了数年的时间，有意识地收集资料，并详加整理，意在使"门外汉"亦能对印度主要神祇之称谓、脾性与关系等等有所了解。

  本书既非印度经典的新译本，也非已有著作所列举的信息之重述。或许，书中偶有对原始文献之摘录，然究其本质，我所做的工作，乃是在收集、整理、翻译资料的基础上，悉心整理，并对诸神及圣典经文进行公允的介绍。

  我诚恳地摒除个人偏见及神学上的异见，尽可能地令诸圣典有机会进行自我介绍。同时，除非有必要进行解释，否则避免对引述之篇章评头论足——我既未刻意挑选那些着意描述印度诸神阴暗面的文本，也不曾回避这一点。

印度神话有许多无可复制之处，我按比例选取了一些适宜出版的内容，加上确有加以推荐价值的文本，以期能真实呈现其风貌。善恶品评自有公论，写作此书的我，只盼以一份诚挚的努力，为数百万印度同胞所普遍秉持的信仰，做一份诚恳而可靠的记述。

为使此书更加有趣、有益，我们特地为主神附上了一定数量的插图。其中大部分作品取自印度人的画作，其中一些甚至见诸印度人的家屋。不必追求完美，只因这些图画中所蕴含的，是印度画家的作品中所呈现的虔诚信仰，其善性经由风格华丽的画作洋溢而出。能有机会收集到这些画作，尤其需要感谢我的朋友们：A.J. 班福德牧师与院士、H.T. 奥特维尔先生和 C.A. 安德鲁斯院士。

就全书的架构而言，亦希望能兼具印度古典词典之用途；而对于诸神的分类，则意在使学生们对印度神话大致有所了解，同时也能理解一位神祇之于别神及神与神之间的关系。本书详尽地引入了许多神话，此举或许能吸引起大众的兴趣。须知，总有一些人，虽已拥有圣典，却因为缺乏时间与机会，而与之擦肩而过。

这里需要对诸神的称谓与分类略作解释。你可能注意到了，有些归于吠陀时期的神祇，同样会以相同或不同的称谓出现于诸往世书（Purāṇa）中，而另一些被认为属于往世书时期的神祇，若按图索骥，即使磕磕绊绊，最终也依然能溯源至吠陀。

后期著作的作者们常常溯往古代，他们承认诸吠陀的权威地位，希望能更贴近于诸神体系。一些例子中，对古代某位神明的描述，有可能成为后期神明的名字，从此新旧一体。

吠陀诸神是指其描述主要见于吠陀，同时在吠陀时代更常被敬拜的神明；往世书诸神则是指那些由往世书进行完整描述的神明，他们在往世书时代更常被敬拜。不过，对其进行严格划分几无可能。

威廉·约瑟夫·威尔金斯

1882 年 2 月 22 日，加尔各答

目 录

第一部分 吠陀诸神

第一章　吠陀

在介绍吠陀诸神前，有必要先谈谈吠陀——本书所涉之内容即源出于斯。

吠陀（Veda）一词的词根为 *vid*，意为"知晓"；故此，"吠陀"一词意即知识。诸吠陀形成的确切时间远早于其编纂的时间，其所述之知识，源自"所闻"，也即口头传授。

吠陀并非某一位作者的作品，一般认为，它们由多位圣哲仙人开示，又在师徒间代代相传。圣哲毗耶娑（Vyāsa）被视为诸吠陀的整理者，也即编纂者。

吠陀中所包含之教导，据云直接由神吐露，其余著述皆源自吠陀，一如烟雾因火而来。还有说法则认为，吠陀乃是从五大元素中涌出。不过，尽管关于吠陀起源的观点各有不同，却皆认同于吠陀乃是神直接赐予人的恩典这一点，诚因如此，吠陀拥有至高无上之地位。

吠陀首先为婆罗门所有。自吠陀诞生两三个世纪以后（也有说法认为不早于公元 500 年）诞生首部法典的摩奴（Manu）时代起，低等种姓者即不被允许接触吠陀，即便是听闻其中的一个词，亦会被认为是极大的罪孽。

吠陀共有四部，其中，《梨俱吠陀》（*Ṛgveda*）最为古老，随后是

《夜柔吠陀》（*Yajurveda*）与《娑摩吠陀》（*Sāmaveda*），最后是《阿闼婆吠陀》（*Athavaveda*）。每一部吠陀皆包含两大主要部分：其一是本集（Saṃhitā），也即曼陀罗颂诗集；其二是梵书（Brāhmaṇa），其中包含祭祀仪式的规则与指引。

梵书之于本集好比《塔木德》（*Talmud*）之于犹太律法。梵书为祭司提供指引，由其负责敬神之仪式，诸神之名则见于吠陀颂诗。

每部梵书皆对应一部奥义书（Upaniṣad），其中包含神秘学说之要义。奥义书的权威性稍逊于颂诗与梵书——后者被称为"天启圣典"（Śruti），也即所闻者，而奥义书则被称为"圣传经典"（Smṛti），也即所学者。尽管二者皆基于古老的圣典，却依然存在着一定的差异，这在于：圣传经典的教导并非天启。

本集与梵书通常由婆罗门使用，而奥义书则适用于哲学探寻者。然而奇异的是，尽管较为古老的奥义书几乎已完全被忽视，贝拿勒斯等地的梵学者却显然对其中的一部分十分熟悉，而在印度的许多地方，则几乎无人能阅读和解释它们。

吠陀本集中，包含 1017 首颂诗的《梨俱吠陀》至今仍最为重要；同时，最为晚近的《阿闼婆吠陀》也颇有趣味。此外，此二者可能是仅有的可被称作"独立的原始文献"的吠陀颂诗集，只因余者几乎皆提取自《梨俱吠陀》。

从《梨俱吠陀》问世到《阿闼婆吠陀》成书，印度人的宗教信仰产生了明显的变化，对早期颂诗的孩童般的信任消失了，吠陀时代的诸神似乎变得残酷，用以安抚众神的祭品也变得日益重要。也许，曾经被征服的旧宗教，已然开始反哺雅利安人的宗教了。

三部吠陀的本集据云有一定的特殊性。假如一首曼陀罗富于韵律，意在高声复诵，即被称作"赞歌"（Ṛc，源自词根 ṛc），故此，"梨俱吠陀"之名意为包含此类赞歌的吠陀。假如曼陀罗为散文（由是须轻声默诵），即被称作"祭词"（Yajus，源自词根 yaj，"献祭"，字面含义为"影响献祭之道"），故此，"夜柔吠陀"意为包含此类祭词的吠陀。如是韵文，且意图唱诵，则称为"歌咏"（Sāman），故此，"娑摩吠陀"意指包含此类歌咏的吠陀。

曼陀罗的作者，或者按印度人的说法称为"受到启发的圣哲"，因从神祇处接收到上述曼陀罗，故而被称为"仙人"（Ṛṣi），其对象则是神格者（devatā）。该词通常意为"神明"，此处指曼陀罗。不应按其本义进行理解，只因在有的颂诗里，神格者既非诸神，也非圣物，而是权杖、武器等受到召唤而成。或者，可将之视为"权杖"或"武器"的圣化与一般意义上的泛神论观念之完美结合，后者盛行至今。至此，这种甚至把无生命之物视为神明的吠陀宗教观念，也便无甚不妥了。仅有的一点疑问只在于梵书较之本集竟然更为晚近。

若无显著的争议，吠陀就不会流传至今。原因之一在于吠陀教导原是口口相传，矛盾偏差也就不可避免。一种说法认为，《梨俱吠陀》有不少于 21 个分支（Śākhā）；另一种说法则指出《梨俱吠陀》仅有 5 个分支，《夜柔吠陀》则有 42 个分支，还提到了《娑摩吠陀》1000 个分支中的 12 个，以及《阿闼婆吠陀》的 12 个分支。

各个学派皆坚信自己所拥有者才是真正的吠陀，至于那些教导和追随其他学派者，则理应受到诅咒。存世至今的《梨俱吠陀》只是"舍伽罗"（Śākala）学派的版本，《夜柔吠陀》则来自三个学派，《娑摩吠陀》可能来自两个学派，而《阿闼婆吠陀》来自一个学派。

《夜柔吠陀》的历史与其余诸吠陀迥然有别。相较于其他吠陀学派间的差异，论定《夜柔吠陀》的纷争就发生在其内部的教派之间，这才有了《黑夜柔吠陀》与《白夜柔吠陀》之别。

印度传统尤其是诸往世书中记述了与此事有关的传说。毗耶娑的弟子、随之学习《夜柔吠陀》的护民仙人（Vaiśaṃoāyana）因犯下罪行，希望自己的弟子们助其行祭以偿其罪。不料，弟子耶若伏吉耶（Yājñāvalkya）提出，应由他单独完成整个仪式。护民仙人因耶若伏吉耶的狂妄傲慢而怒不可遏，于是立下诅咒，令其将习得的《夜柔吠陀》全吐了出来。其余的弟子们则化作鹧鸪（Tittiri），捡拾散落的文本，铭记在心。如此，该文献即被称作《鹧鸪氏》（Taittirīya）。

耶若伏吉耶渴望得到《夜柔吠陀》，故向太阳虔诚祈祷，终得恩惠——拥有其师父亦不曾见过的文本。故而有两部《夜柔吠陀》存世，《黑夜柔吠陀》在先。

无人知晓吠陀诞生的确切时间。不过，尽管成书时间依然模糊，吠陀仍无疑是世界上最古老的著述之一。

科尔布鲁克（Colebrooke）从吠陀历法论定，吠陀的成书时间必早于公元前14世纪，有人认为更晚，有人则认为更早。豪格博士（Dr. Haug）则认为吠陀纪元在公元前2000年至公元前1200年间，不过，某些古老的颂诗可能自有其作者。麦克斯·缪勒则给出了曼陀罗或部分吠陀颂诗问世的时间范围：公元前1200年至公元前800年，而梵书则形成于公元前800年至公元前600年，余者形成于公元前600年至公元前200年。

文献本身并未对其成书时间给出任何线索，究其原因在于传承方式即口口相传、铭记于心。也许，就算在书写技术发明以后，亦有数个世纪不曾应用于圣典的书面保存。莫忘《摩诃婆罗多》

（*Mahābhārata*）中所述：那些胆敢书写吠陀的人们，皆已遭到将被投入地狱的威胁。

第二章　吠陀诸神综述

疑为吠陀最早注疏者的耶斯迦（Yāska），曾对吠陀诸神作了如下分类：

"依据吠陀的解释，颇值一提的神祇有三：居于地界的阿耆尼（Agni）、居于空界的伐由（Vāyu）或因陀罗（Indra）和居于天界的苏利耶（Sūrya）。因其伟大及司掌的天职，人们对其常有多种不同的称谓。"

《梨俱吠陀》中，神祇的数量增至33位，天界、地界、空界各11位。作为最智慧的神祇，阿耆尼会把一只耳朵借给其崇拜者。诸神身骑红马，喜爱赞美，然而，尽管"33"是最常被提到的数字，想要确定究竟是哪33位神祇，却似乎毫无办法。同时，不同文献所列举的名单也常常大相径庭，亦有颂诗称："3339位神祇曾敬拜阿耆尼。"

据云，天神尽管不朽不灭，却并非独立存在；事实上，大多数情况下，其出身是确切的，至于其缘起，不同的说法又往往各执一词。据称，众神之不朽乃是由阿耆尼和萨维德丽（Sāvitrī）赐予的，又有说法称，是因陀罗通过祭祀获得了这一恩典。

关于天神获得永生及地位高于阿修罗（Asura）的方法，《百道梵书》(*Śatapatha-Brāhmaṇa*)中曾有一段描述颇有趣味：天神与阿修罗皆是司掌创造的生主(Prajāpati)①之子，故而力量相似，皆属可朽。为臻达不朽，天神们频繁举行祭祀活动，严苛修习苦行，不过，直到生主授予一种特殊的祭祀前，尚未能臻达不朽。

在生主的指导下，天神们获得了成功。他们一心想胜过阿修罗，故而变得真诚可靠。须知，此前天神与阿修罗善于察言观色，其言真真假假。渐渐地，天神不再说谎，而阿修罗却变本加厉。经过漫长的斗争，天神赢得了胜利。

起初，诸神权力平等，皆一心向善。然而，其中的三位——阿耆尼、因陀罗、苏利耶，渴望成为余者之领袖。为达成这一愿望，他们不断地行祭，终得偿所愿。最初的火焰并非如现在一般在阿耆尼之中，是他许下了"愿这火焰在我之中！"的愿望，依言献祭，才取得了这一应许。因陀罗以此法强化其能量，苏利耶则以此道滋长其光明。

此三位神祇常被称作吠陀三相神，不过，随着时间的流逝，尽管亦有力保其地位不失的尝试，却仍无法阻止三神为另三位神祇所取代。

值得注意的是，诸神之中的每一位皆在崇拜者心中被认为优于别神。吠陀中常有如是断言，而相同的称谓亦曾不加区分地加诸不同的神祇。麦克思·缪勒教授曾说：

"当个别的神祇受到呼求时，他们并未受到他者力量之限制，亦无地位等级与尊卑之别。在祈愿者心中，每一位神祇皆与别神平起平

① 生主乃人类之祖先，其数目不一而足，依据不同的文献，有七名、十名及二十一名之说。

坐，尽管在我们看来，众神之和显然优于其中的某一位。在诗人眼中，乃此唯一之神应许愿望且英姿勃发地现身于崇拜者面前，余者则须臾不见。而在《梨俱吠陀》的众多颂诗中，这一点也并不鲜见——几乎每一位神祇在属于他的篇章中，皆被视为至上者与绝对者。"

诸神的意志是至高无上的，从无可朽者可违逆其安排。他们行使着对其他造物的权威，手中握有可朽者的生命。他们洞悉人类的思想与意图，也奖赏敬拜者，对那些目中无神者予以惩治。

往世书中对诸神之显现的描述，较之早期文献要清晰得多。吠陀诸神尽管被描述为拥有人类的形体，行为举止也与人类如出一辙，其叙述框架仍属模糊。不过，随着时间的推移，这一点得到了改进——敬拜的对象不再模糊不清，而是获得了细致的描绘，甚至可轻易为之落笔作画。另一方面，由于神的物理形态再无想象空间，其精神与道德品质也便得到了全面刻画之良机。众神与描绘者一样富于激情，然而拥有更加强大的力量。

威廉姆斯教授（Professor Williams）说："吠陀颂诗中被圣化的神力，也许从未呈现为吠陀时期的画像或偶像。尽管早期的崇拜者显然依其想象赋予诸神人类的形体和衣饰。"缪勒教授所言则更加明确："吠陀宗教并无偶像之印迹，后期的偶像崇拜乃属二次构成，退化为对神明偶像的原始崇拜。"

威廉姆斯教授的辩护或许更符合事实，而波兰森博士（Dr. Bollensen）从另一角度进行了激烈的回应，他写道："诸神之共同称谓，乃是'天空之神'（Divo naras），或者简称为'人类'（Naras），而从'拥有人的形体'（Nrpeśa）这一称谓来看，或许可以得出如是之结论：印度人不仅在其想象中将人类的形体加诸其神明，更以一种生动可感的方式对其进行了表现。因此，楼陀罗（Rudra）被描绘为四肢强健的、多形相的、可怖的、棕色的，且富于明亮的色彩。更显著的是对图像形式的表现。'现在，我将向风暴众神（Maruts）祈祷。'此处的摩鲁特形象似是与其神明形象有所不同。""世上最古老的语言中有一个词——sandris，其含义大体就是：'众神的一幅画像。'"此言甚妙。

现在，我们可以更进一步、细细地介绍吠陀诸神了。

第三章　提奥斯与普利提毗

关于提奥斯（Dyaus）和普利提毗（Pṛthivī），最普遍的观点乃是此二神皆位列于最古老的雅利安众神之列。因此，《梨俱吠陀》颂诗称之为其余众神之双亲，对其的描述包括"伟大、智慧，充满活力"，以及"提倡正义、对崇拜者慷慨施恩"，亦有文献称其"创造了万物""借由其恩惠，子嗣得享不朽"。

提奥斯和普利提毗不仅是创造者，亦是万物的维系者，对万有皆宽厚仁慈。其他的一些篇章则称，天、地源出于较其更伟大的因陀罗，二神追随天帝，一如"马车被马儿所牵"。天、地顶礼于因陀罗，在他面前战栗万分，甘愿受其左右。

亦有说法称，天、地源出于苏摩（Soma），又有诗节称，二神由别神所造。众神起源的此种矛盾性，极自然地引向了吠陀颂诗中的天问："众神如何创生，谁人得知？"

印度人在印度次大陆渐趋安顿，对天空之神提奥斯的崇拜也渐渐被因陀罗崇拜所取代——这一说法的理由显得很充分。对新神的颂赞，即意味着对旧神的遗忘，时至今日，提奥斯几不可闻，因陀罗崇拜却依然存在，然此二者皆是吠陀圣典中的"天帝"。

对此，本菲教授（Professor Benfey）给出了以下的自然解释：

"直接证据表明，因陀罗之所以取代提奥斯夺得了天帝之位，只因吠陀曾将'天帝'称为'天父'（Dyauspitār）。这一点恰可由拉丁语中的'朱庇特'（Jupiter）在希腊语中之所以一种宗教信条（Zeū-pater）来证明——在语言的分裂产生以前，本是一体。当梵语民族离开共同的祖国，天堂般的光辉图景呈现于他们及其他部落面前，于是，彼处所盛行者皆成圣物。当他们在闷热的印度次大陆定居时，天堂的光辉覆灭了，唯雨水仍有助益。此时，神的面相必须以最庄严的形式出现，司掌降雨的普卢毗厄斯神（Pluvius）也就在特定的情境下吸取了天父的其余所有特征。

"这一点同样见于对因陀罗之名的解释。因陀罗令人毫不迟疑想起了 Sind-ra 一词（源于一些方言，其后伴随着崇拜一同传播），后者衍生自 Syand，意为'滴落'。这些概念皆是由提奥斯传递给因陀罗的。"

至此，因陀罗取代提奥斯成为天帝的说法似已十分可信，以上的解释也很自然。

普利提毗亦有相似的情形。关于其降世，《毗湿奴往世书》（*Viṣṇu Purāṇa*）曾有如是之描述：

有一位声名狼藉的国王名叫维那（Veṇā），他行事不端，不理朝政，仙人们再难忍受其不洁品性，因而杀死了他。孰料，厄运由之降临，国家变得混乱不堪。仙人们终于意识到：国王虽不善，却聊胜于无。于是，他们摩挲维那的腿，从中生出了一名漆黑的侏儒。

侏儒一降生便问："我能做些什么？"仙人们令其"坐下"（Niṣī-da，尼西达），由是，其后裔至今仍被称作"尼西迪"（Niṣīdi）。此时，国王的尸身已变得洁净，只因所有的罪皆已伴随着这名黑侏儒离开了他。仙人们继续摩挲其右臂，从中生出了一名熠熠闪光的英俊王子。

王子名为普利图（Pṛthu），他继承了父亲的王位。然而，他所面对的，乃是一场可怕的大饥荒。由于大地女神再无所出，不幸与灾祸也便降临了。普利图道："我将诛杀大地女神，勒令其履职。"大地女神得知后惊怖万分，于是化作了乳牛。普利图追赶着她，甚至追去了梵界（Brahmāloka）。

最后，大地女神疲于奔命，转身对他道："你难道不明白，若杀我，即犯下了屠杀女性的罪孽吗？"国王普利图答道："倘若屠灭一名邪恶者，便能拯救万千苍生之福祉（Śiva），则屠戮亦属善行。""可是，"大地女神道，"若你为了臣民的福祉置我于穷途末路，至善的君王啊，臣民们还会支持你吗？"

大地女神最后辩称说，她所毁掉的，皆是已衰朽的作物，不过，她愿意听从国王的命令，以其乳汁哺育万物，令其重现生机。"如此，为了人类的福祉，你愿意予我小牛，使我收获牛乳吗？你愿意令四方平坦，以使我所得之牛乳——这一切草木的种子，流遍四方吗？"普利图再度提出要求。

"在普利图的时代以前，世上并无耕种，亦无畜牧、农业与商人贸易交通之道路。所有这一切（或称所有的文明）皆始自普利图的王朝。从那时起，土地变得平坦，国王说服臣民开垦其居处……由此令小牛，也即沙扬普瓦摩奴（Svāyaṃbhuva Manu）得以哺育大地，国王亦掌握着牛乳，以护佑人类之福祉。

"从那时起，各种玉米、蔬菜养育了世世代代的人民。通过许大地女神以生命，普利图成为其父，大地女神袭父亲之名，称为普利提毗。"

威尔逊教授（Professor Wilson）在其笔记中附注道："注疏者留意到，小牛，或称彼种特征之摩奴，乃被典型化为物种多样性的促进者。"摩奴，或称创造主，亦被一些往世书视为人类的首位始祖。该传说虽有不同版本，却以此为诸往世书中最常见的版本；作为小牛者，除摩奴外，尚有苏摩、因陀罗、阎摩（Yama）及其他诸神，而作为挤奶工的普利图之角色，则由诸仙人、密特罗（Mitra）等担任。

　　威尔逊教授在同一附注中还提到："这些说法不一的故事，可能皆是同一朴素寓言的发展与变形，意在将大地女神喻为乳牛，其所产之牛乳满足了全部阶层的人们之所需，亦是其渴望获取之物。"

　　值得一提的是，较晚的《毗湿奴往世书》提及了普利提毗的起源——大地女神乃是自毗湿奴（Viṣṇu）的莲花足中涌出的。

第四章　阿底提与阿底提耶

作为几乎是唯一一位《梨俱吠陀》给出名字的女神，阿底提（Aditi）地位非凡。她乃诸神之母，不过，对其特征作出描述殊为不易，只因各方见解分歧甚大。

阿底提是儿童与牛的赐福者，亦被认为是婆楼那（Varuṇa）与其他众神之母，至于子嗣的数量，则有八名与十二名两种说法。非人格化的阿底提是"无限，尤其是无边无际的天空"，相形之下，大地实属有限。另一种关于阿底提的猜想是，她是"普遍的、包拥的原质或存在界"的人格化形式。

依据以下诗节，后者似乎更为合理。一位行将献祭者道："众神，不朽者啊，我等将呼唤何者那亲切的名字，何者又将把我们送回既是父亲又是母亲的伟大的阿底提那里？"无论诗人言及这个名字所想表达者为何，亦不论人格化的阿底提确切拥有何种力量，她确与赦免罪孽相关。因此，才有如下颂诗：

愿阿底提令我们无罪。

若我们犯下了罪，请示以恩慈！

无论我等怎样冒犯，阿耆尼啊，尽管我们曾愚蠢地违逆你，最富活力的神啊，请让我们摆脱违逆阿底提之罪。

无论我们犯下何罪，愿阿底提拯救我们。

或许，对阿底提的"无限"之描述，源起于天父的一个称谓。当天空被划分为数个区域时，每个区域皆有一位主宰者，他们尚需要一位母亲，于是将之命名为"阿底提"。

《梨俱吠陀》的创世描绘中，阿底提据称乃是自达刹（Dakṣa）之中涌出的，而就是同一首颂诗，又将达刹称为"阿底提之子"。亦有文献提及阿底提其余的儿子们，而《毗湿奴往世书》曾不下三次提及阿底提之父达刹的不同缘起：第一种说法称，达刹是自梵天（Brahmā）头脑中诞生的诸子之一，于此联结中，他诞育了二十四名女儿，阿底提正是其中之一；第二种说法称，阿底提乃是达刹的六十名女儿之一，与迦叶波（Kaśyapa）结婚，育有十二子，也即十二阿底提耶（Āditya），同一往世书中，我们还会读到：毗湿奴的侏儒化身即此联姻的结果；第三种说法亦以为阿底提乃达刹之女，不过，此番她是太阳神毗婆薮（Vivaśvat）之母。

阿底提诸子被称为：

阿底提耶

该命名一目了然，意为阿底提之后裔。《梨俱吠陀》有一篇章提及六位阿底提耶：密特罗、阿尔耶摩（Aryaman）、薄伽（Bhaga）、婆楼那、达刹及庵娑（Amsa）；另一篇章以为阿底提耶为七名，然未曾述及其名。此外，亦有阿提底耶共计八名之说法，然而"在诞育的八名儿子中，阿底提亲近七人，赶走了玛尔檀达（Mārttānda，第八个）"。

由于提及这些名字的吠陀篇章所言并不一致，起初也就很难确知究竟有哪些天神被视为阿底提耶。依据数首吠陀颂诗中的描绘，其中的一些在吠陀神谱中享有令人瞩目的地位，另一些则出场寥寥，只是与有名的兄弟们沾亲。《百道梵书》与诸往世书中，阿底提耶增至十二位。除上述六位外，以下亦在《梨俱吠陀》的一些颂诗中被认为是阿底提的子嗣：苏利耶与阿耆尼，据云由诸神安置于天空；萨维德丽、因陀罗、婆楼那与月神旃陀罗（Candra），亦曾在吠陀的某一篇章中被视为阿底提耶。

此外，鹧鸪氏文献亦提出密特罗、婆楼那、阿尔耶摩、庵婆、薄伽、因陀罗、毗婆数（苏利耶）乃属阿底提耶。

罗斯教授（Professor Roth）曾如此形容这些神祇：

"居住和统治着最高天界的众神通称为'阿底提耶'。然而，我们须设法了解神祇们最早的特征，这就需要舍弃后期的观点，尤其是英雄史诗中对这些神祇的娱乐化描述。彼时，阿底提耶是十二位太阳神，与十二个月份相对应。若想回溯至最古老的时期，就必须牢牢抓住其名字的原初含义——他们是神圣的、不朽的、永恒的存在。

"阿底提，永恒或永恒者，是维系诸神的元素，又或由之所维系者。阿底提耶栖居于这一永恒的、神圣的元素，它构成了诸神的本质，也即天界之光。而作为光之神的阿底提耶，不会以任何形式与光在宇宙中的显化形象相一致。他们并非日、月、群星与黎明，而是此光辉生命之永恒的维系者。此光如其所是，存在于这些现象的背后。"

上文曾提及，《梨俱吠陀》的文献中有如是之记述：在诞育的八名儿子中，阿底提亲近七人，赶走了玛尔檀达（第八个）。

对此，注疏中给出了如下解释："第八个儿子身残而丑陋，兄弟们见状，便改善了其容貌。此子后以毗婆薮（太阳神）为人所知，被切下的赘肉则化身为一头大象。故有谚语称：'莫使人捉住大象，只因大象分享着人类的天性。'"

《百道梵书》第二章曾云："经由献祭，阿耆尼、因陀罗与苏利耶拥有了高于其余诸神的权威。"

不论以何种方式取得此地位，毫无疑问，此三神乃是吠陀时期最受欢迎的神祇。阿耆尼自成一个等级，因陀罗与苏利耶皆率领有与之紧密联结的其他神祇，也拥有十分相近的特质。较为突出的吠陀神祇或可作如下分类：（1）火神阿耆尼；（2）太阳众神或光之神；（3）风暴众神，或因陀罗率领的众神。

第五章　阿耆尼

火神阿耆尼是吠陀诸神中地位最尊崇的神祇之一。除因陀罗外，献予阿耆尼的颂诗数量最多。威廉姆斯教授曾给出了以下对阿耆尼的热情描述：

> 明亮的、七重光辉之神，你在我等崇拜者中
> 显露出多少形象：眼下，我们眼见你
> 通体金光；光芒四射的头发
> 在你可怖的三头颅上熊熊燃烧，
> 着火的嘴巴和牙齿吞噬着万物。
> 此刻，一千个七彩的号角响起，
> 此刻，千眼皆熠熠生辉，
> 你自金色的战车中面对着我们，
> 风为翼，红马驭车，
> 黑色刻下毁灭的辙迹。

阿耆尼的起源说法不一。他被称作提奥斯和普利提毗之子，亦被称作梵天之子，故有"自负者"（Abhimāni）之称谓；他又在迦叶波

与阿底提诸子之列，因此亦是阿底提耶之一。后期的著述将其述为鸯吉罗斯（Aṅgiras）之子。鸯吉罗斯是祖先（Pitṛs）之王，亦是人类之父，有数首吠陀颂诗归于其名下。

阿耆尼在其画像中常被描绘为红色，有三腿七臂，眉、目、发漆黑，骑公羊，穿包达（Poita，婆罗门线）织物，戴水果花环，口喷烈火，从其身体射出七道光柱。

下文字字句句皆由穆伊尔博士（Dr. Muir）引自吠陀文献，对吠陀时期阿耆尼的特征与职能皆做了极佳的介绍：

阿耆尼

阿耆尼是一位不朽者，然作为客人居于凡俗者中间。他是家庭祭司，于黎明前起身，对其信众全心全意，且在更高的意义上执行着各类祭祀事务，将之分配给不同的人类成员。他乃圣哲——诸圣哲之中的最神圣者，能即刻熟悉一切形式的敬拜；他乃充满智慧的引领者、大获成功的成就者与所有庆典的守护者，是他使人类得以用正当的方式服侍众神，只因仅凭人类之力无从做到这一点。

　　阿耆尼还是一位迅捷的信使。他穿行于天地之间，受神与人的委任，维系二者之沟通，并向不朽者传达觐献的颂诗与崇拜者的供奉；又或接引其（不朽者）从天界下凡至祭祀之所。当诸神莅临人间时，他与之同行，同享所收获的庄严与奉爱。他令供品溢满芬芳，若不是他，诸神难获满足。

　　阿耆尼是上主、守护者与人类的君王。他是家屋之主，栖居于每个人的居所。他是每个家庭皆青睐的贵客，他对所有人一视同仁，亦居于每个人家中。因此，他被视为神与人之间的调停者，亦是其行动的目击者，故而被敬拜至今；婚丧嫁娶等每一个重大时刻，人们皆期盼着他的恩典。

　　古老的颂诗中，阿耆尼据称居于摩擦便可生火的两片木板之中；当人们注意到某个鲜活的事物自两片干巴巴的（死亡的）木片中涌出时，着实欢欣鼓舞。对此，诗人曾云：说来奇异，婴儿自降世起，就有一种非自然的贪婪，想吞噬其父母。不过，其生长是奇妙的，只因母亲并不能养育他，他是靠灌入口中的澄清黄油滋养的。

　　阿耆尼行使着神的最高职能。尽管有些文献以为他乃天、地之子，还有一些则认为天、地生自他，因他而凝聚，飞禽走兽、植物动物莫不如此。阿耆尼创造了太阳，饰以缀有星辰的诸天。人类在其丰功伟绩面前战栗不已。其律令无从推拒，大地、天空、世间万物皆甘于服从其号令。众神皆敬畏他、效忠于他。他知晓世人之秘密，亦聆听着对他的求告。

敬拜阿耆尼者将繁荣、富足、长寿，因他以千眼注视着何人以祭品为食物向他供奉——力量再强大的敌人，亦无以战胜供奉此神者。

他亦赐予不朽、守护不朽。在葬礼颂诗中，阿耆尼被要求以其热能温暖逝者不生（不朽）的部分，并以吉祥之相护送其前往正义之境。他护佑人们穿越灾难，如以舟船渡过大海。

阿耆尼号令天地间一切的富贵者，由此，为求富贵、食物、解脱及一切须臾好运者皆向他呼求；因他乃宽恕者，出于愚蠢而铸下大错者亦向他祈祷。据云，众神皆可在他之中获得理解——他环抱着他们，一如车轮环抱着辐条。

穆伊尔博士有诗授以此神之主要特征：

伟大的阿耆尼，尽管本质为一，
形式却有三；汝之火焰于此处燃烧，
霹雳于空界耀目划过，
在天界时，燃烧如金色的太阳。

你本诞生于天界；
凭借仙人们擅长的秘术，
下降至昔时人们的灶台，
成为地界的居者。

祭司的双掌间，自一对神秘者①之中涌出，

二者之结合，带来了阿耆尼之光明；

哦，不，此二者正是天与地，

此子非比寻常，吞噬着父母的印记。

然而，阿耆尼是为神明；

不应认为他会犯错，又或试图去理解

他那超越于人类理性之行止；

就连天神应如何行事，亦由他论定。

无父无母之神独自生存：

尽管他的母亲很快就要死去，

无以从其所需，把婴孩哺育，

伟大的阿耆尼，神奇的婴儿，生长茁壮。

以烟雾为旗帜的阿耆尼，声如霹雳，

燃烧的发，于黎明前刺穿黑暗，

世界由此被点亮，

天界众神与地界凡夫皆欢喜雀跃。

你是每个家庭的座上宾，

一家之主，儿子，父亲，

---

① 指生火的两片木板。

024

母亲，兄弟，融为一体，
成为令你忠诚的朋友们备感幸福的友人。

你是迅捷无比的使者，从天界的至高处
下降至人间的灶台，神圣者啊，
亲尝我等之吃食，倾听我等之颂诗，
仁慈满足我等最为美好的愿望吧。

阿耆尼啊，你乃我等之祭司：
拥有神圣的智慧，精通神圣的科学，
以神力洞悉毁伤我等仪式之缺陷，
令错误得以纠正，使我等之仪式圆满而神圣。

你是伸向天空的绳索，
在天地分离的深壑之上，
架起了深邃而广阔的桥梁，
行于其上，义人终将平安抵达天堂。

可是，伟大的神哪，你可怖的愤怒相闪着光，
向我等显露出你的毁灭之力，
在你的愤怒之下，万千造物纷纷逃散，
一如被法力无边的天敌追赶。

你所触及之处，皆夷为平地；

广袤森林被剪除，如同胡须被剃发匠的剃刀除去。

狂风扬起烈焰，如大海扬起波涛般咆哮，

在你经过时，处处皆留下了黑色的足迹。

可是，伟大的阿耆尼啊，

你并非总是穿着那可怖的衣袍；

你亦充满慈爱地在我等的灶台闪耀，

火焰柔和又温暖，令千家万户得享你的照顾。

是的！凡劳碌不倦呈上

你最爱的食物者，皆蒙你赐福——

晒干的木柴，成堆的黄油，

它们为你所喜爱。

尽管我既无乳牛，亦无黄油，

更无砍伐新鲜树木之利斧，

仁慈的神哪，你接纳了我这寒酸的礼物：

我只带来了一些干柴，再无他物。

守护我们吧，主啊；令你的忠仆

免于疾病之忧，使你的赐福得以完全；

铜墙铁壁一般的高塔，护卫着我等之家园，

一切衷心渴慕之恩惠，皆赐予此心。

当我等之信仰衰减时，

当我等于临末之际必须离开旧家时，

当我等被解救的灵魂轻快地前往未知世界时，

是你，温柔地驱散了那残留的寒意。

随后，你的仁慈相指引着

我们那不生的部分穿越黑暗之深渊，

抵达其上的光与祝福的静谧王国，

在那里，义人栖居于众神之中。

"《梨俱吠陀》中归于胜妙（Viśiṣṭa）、因陀罗及其他诸神的赞美诗，被用于摧毁食肉者（Kravyād）或罗刹（Rākṣa，意为"庇护"）等众神之敌。阿耆尼本尊即食肉者，却拥有全然不同之性格。于是，他既是丑恶的食肉者之代表，也与其余诸神一道，作为吞噬者被召唤。两枚铁制的长牙磨得锋利无比，敌人们被塞进他的嘴巴，进而被吞食；灼热的箭刃，插入了罗刹们的心脏。

"《摩诃婆罗多》中的阿耆尼被描绘为不识疲倦地吞噬其牺牲之形象，似要穷尽整个坎达瓦（Khāṇḍava）森林，以增强其力量。（起初，）该行为被因陀罗制止，不过，在克里希那（Kṛṣṇa）与阿周那（Arjuna）的助力下，他喝退了因陀罗，达成了目标。"

《罗摩衍那》（Rāmāyaṇa）则称，为襄助化身为罗摩的毗湿奴，阿耆尼与母猴一同诞下了尼拉（Nīla）；而在《毗湿奴往世书》中，他与萨婆诃（Svāhā）结婚，育有三子——帕瓦卡（Pāvaka）、帕瓦玛那（Pavamāna）、舒奇（Śuci）。

阿耆尼名号甚多，其中，最为人所熟知的称谓如下：

婆诃尼（Vahni）："接纳献祭者，或焚毁祭品者"。

毗提诃特罗（Vītihotra）："圣化祭品者"。

塔那姆加亚（Dhanaṃjaya）："征服（摧毁）财富者"。

吉瓦拉那（Jīvalana）："燃烧者"。

图姆克图（Dhūmketu）："以烟雾为标记者"。

查哈加拉塔（Chhāgaratha）："骑公羊者"。

萨普达吉诃瓦（Saptajihva）："七舌者"。

毗诃波提（Vṛhaspati）和婆罗门斯波底（Brāhmaṇaspati）常被认为与阿耆尼同一，同时，亦加诸有同样的名号，不过，新增有"主持祈祷者"。只有少数颂诗将其视为不同的神祇。M. 巴斯（M.Barth）则将其视为同一神祇之不同称谓，由是如此描述道：

"如阿耆尼和苏摩一般，他生于祭坛，随后上升于诸神之上；如众神一般，他创造了天、地之间的空；如因陀罗一般，他发动战争，扫除地界的敌人与天界的邪魔；如三相神一般，他居于至高天，众神由他而生，宇宙的秩序亦由他制定。他炽热的呼吸将整个世界融化，又重新塑造，一如金属置于模具。

"乍看之下，一切仿佛皆是抽象沉思之产物；实际上，从名字的形式来看，视其为独立的人格，可能是较为晚近的事，然属于印度风格确凿无疑。不仅如此，就其构成元素而言，乃与最古老的概念相联系。

"火焰与奠酒自有一种力量，祭祀的仪例亦是如此；在此仪例之下，祭司不仅是一名唱诵者，更是唯一能引燃阿耆尼或苏摩的人。电闪雷鸣间传来祈祷之声，洞悉一切的众神，对献祭仪式所示之力量并非一无所知。他们拥有与最早的仪式同样古老的无所不能的咒语，世人却无从得见。世界最初即由此生成，亦因之绵延至今。

"此遍在的祈祷之力，其人格化身即婆罗门斯波底，有时人们将其与阿耆尼、因陀罗相混淆亦不足为奇。事实上，当祭司唱诵曼陀罗时，此咒所赋之神力已然战胜了天地间的一切，故而这一瞬间，每一位独立的神祇与祭司本人，皆已化作了婆罗门斯波底。"

第六章　太阳神或光之神

1. 苏利耶

吠陀颂诗常以"苏利耶"和"萨维德丽"作为对太阳的称呼，有时仅使用其中之一，有时二者交替使用，有时则分别代表不同的对象。据称，萨维德丽意指隐形的太阳，苏利耶则指对敬拜者可见的太阳。尽管该说法无以面面俱到，但至少对两个称谓同时使用做出了一定的解释。

尽管吠陀颂诗提及苏利耶的次数并不很多，古时对他的崇拜却最为普及，并延续至今。每一位虔诚的婆罗门，皆在日出之际以吠陀中最为神圣的颂诗迦雅德丽（Gāyatrī）称颂他。此颂诗十分简短，语言简明，据称可行使灵力，如次：

让我们沉思神圣的造物者那无与伦比的荣光；
愿他唤醒（或激励）我们的洞见。

不妨引用《室建陀往世书》（*Skanda Purāṇa*）中的话语，以作为后期著作提及该颂诗时的写照："诸吠陀中再无优于迦雅德丽者。再无祈愿可与之相提并论，正如再无一座城池可与迦尸（Kāśi，贝拿勒斯）齐名。迦雅德丽乃吠陀之母，亦是梵书之母。复诵它可令人得拯救。凭借其力量，身为刹帝利（Kṣatriya，武士种姓）的众友仙人（Viśvāmitra）成为婆罗门之中的圣者，甚至获得了再造一个新世界的神力。

"迦雅德丽是毗湿奴、梵天与湿婆（Śiva），亦是三吠陀，可有一物不在其影响之下？"有了此等祝福之允诺，对苏利耶的崇拜绵延不绝也便不足为奇了。

苏利耶

从以下《梨俱吠陀》颂诗之译文，可窥得赞美苏利耶的语言之一斑：

看，黎明的金光如同使者，向高处
引领着太阳，令人得见伟大的神明。
全知之眼现身前，星辰在夜女神的陪伴下，
如偷儿般溜走。他的光芒揭示了其存在，
如明亮的火焰般闪耀，一片片大地次第被点亮。
其速无匹，远超可朽者之见。哦，太阳！

你永恒行旅，在所有人面前皆耀目无比。
你创造了光，以之赋整个宇宙以光明；
你在所有种族的人们，以及
所有天界之主面前升起。
赐予光明的婆楼那啊！转瞬之间，你的目光
迅疾扫视这欢悦而活泼的世界，
亦穿透了广袤的宇宙空间，
丈量我等的日日夜夜，审视一切的造物。

带着火焰的苏利耶，白昼中目力最清明的神，
七匹红马拉着你那飞驰的战车。
战车的七个女儿们，以此自驱之战马，
向前迈进。我们将向着你那
超越于此低处黑暗的光辉天体，向着光明

上升，哦，太阳！汝乃众神之神。

前文曾提过，苏利耶被视为阿底提的一个儿子；另一些时期则称其为提奥斯之子。黎明女神乌莎（也译"乌莎斯"，Uṣas）被视为其妻，尽管亦有一些篇章认为他乃黎明女神所生。有的文本以为苏利耶乃赋予万物生机者，另一些则认为他源于因陀罗、苏摩、阿耆尼与别神的光芒。

从一些颂诗对萨维德丽特征的描述中，似乎将其视为可凭借一己之力发出太阳光的神祇更加自然，苏利耶则是指日出与日落时分的太阳。萨维德丽金眼、金手、金舌，驾驭着由发光的白蹄战马牵拉的战车。他照亮大地，伸出其金色的手臂赐以恩典，为万物注入能量，直至抵达天国的尽头。他是天国的领袖与君王，其余众神紧紧跟随，因其不朽由他所赐。他为解脱于罪恶而祈祷，只为拯救众生前往正义的居所。

往世书时期的苏利耶所拥有的性格大有不同。他被视为迦叶波与阿底提之子，肤色为深红色，拥有三眼四臂：二手持睡莲，一手赐以恩典，另一手激励其敬拜者。他坐于红莲之上，周身散发着荣光。除婆罗门每日以复诵迦雅德丽颂诗敬拜他以外，印度所有种姓的人亦于每年摩伽月（Māgha）的第一个星期日向他行一年一度的敬拜之仪；此外，低种姓的人们在病弱期间，延请一位婆罗门沐其荣耀复诵颂诗，以期恢复健康，亦属寻常之事。

《毗湿奴往世书》中，我们会见到对苏利耶的如是描述：他与毗首羯磨（Viśvakarman）之女桑娜（Sangnā）结婚，然而，诞育三子后，苏利耶的明亮与荣光令她不胜负荷，于是决意离开他。动身以前，桑娜安排查雅（Chāyā，影子）顶替自己的位置。年复一年，苏利耶并未发现妻子的变化，直至有一天，查雅出于怒气对桑娜的儿子之一阎摩念了一个咒语，故此揭开了真相。

苏利耶知道，母亲的诅咒并不会伤及其子，由是得知，妻子已然弃他而去，且令人取而代之。他以冥想之力获悉桑娜以母马之形躲进了森林，为了再度融入她的生活，太阳神化身为一匹公马。数年以后，二人双双厌倦了如此行事，于是变回原形，返回了昔日的居所。不过，为令桑娜得以承受苏利耶的光辉，其父工匠之神毗首羯磨将苏利耶置于石上，以此法削减了其八分之一的光明。这一片土地亦因之获得了神力，被制成毗湿奴的妙见神轮（Sudarśana）、湿婆的三叉戟、战神迦绨吉夜（Kārttikeya）的长矛，以及丰饶之神俱比罗（Kuvera）的众武器。

《未来往世书》（Bhaviṣya Purāṇa）则称："由于世上再无比他（苏利耶）更伟大者，此前未有，此后再无，他应作为诸吠陀中的至上之灵被赞美。"又称，"被称为光明或光辉之力的太阳是值得崇拜的，因此，那些畏惧生死轮回者与热切渴望祝福者务必要敬拜他"。

《梵天往世书》（Brahmā Purāṇa）中的一个篇章提及了太阳所拥有的十二个称谓，每一个称谓皆有其独特之处，故有十二位不同的太阳神：

"太阳的首个形相是摧毁敌人者、天帝因陀罗；其二是万物的创造者驮特里（Dhātṛ）；其三是居于云端，以其光芒向大地降下雨水的波罗阇尼耶（Parjanya）；其四是居于一切有形者之中的陀伐斯特里（Tvaṣṭṛ）；其五是滋养万物的补善（Pūṣan）；其六是令所有祭祀获得成功的阿尔耶摩；其七以仁慈为名，以向托钵僧赠礼为乐；其八是确保消化的维筱斯万（Vivasvān）；其九是不断现身以毁灭诸神之敌的毗湿奴；其十是令关键器官保持健康的安苏曼（Ansumān）；其十一是居于水中、赋宇宙以生机的婆楼那；其十二是为三界之福祉居于月球的密特罗。此即太阳之十二显赫、至上之灵，他们遍在于整个宇宙，照彻人们灵魂的最深处。"

据云，苏利耶的御者乃是迦叶波与迦德鲁（Kadrū）之子阿卢那（Aruṇa，蔷薇色的）黎明。

《罗摩衍那》中，苏利耶与母猴之子猴王妙项（Sugriva）帮助过为拯救妻子悉多（Sītā）而远征的罗摩。而在《摩诃婆罗多》中，英雄迦尔纳（Karṇa）乃苏利耶之子；当他化作马形时，即阿史文双神（Aśvins）之父，以《白夜柔吠陀》彼此交流。

若为星宿，苏利耶将再度被冠以罗毗（Ravi）之名。

苏利耶的众多称谓中，以下称谓最为常见：

蒂那迦罗（Dinakara）："制造白昼者"。

帕斯迦罗（Bhāskara）："创造光明者"。

毗婆薮："光辉者"。

弥希罗（Mihira）："灌溉大地者"，也即汲取大海的水分，化之为云。

格拉诃波底（Grahapati）："群星之主"。

羯磨萨克辛（Karmasākṣin）："（人类）行动的目击者"。

玛尔坦达（Mārtaṇḍa）："弥坦达（Mṛtāṇḍā，死蛋）之后裔"。

2. 补善

补善乃是一位太阳神的名字，有数首颂诗专属于他，余者则与因陀罗等其他诸神共享。不过，这些颂诗并未清晰刻画其性格特征。据云，补善注视着整个宇宙，被视为旅者的引路人，亦是牛的守护者。他的仆人会在纷争中呼求其佑助，补善则一如既往，稳稳守护。

补善亦现身于婚礼庆典，如信徒所愿，牵起新娘的手，引她步入婚姻之殿堂，并赐予祝福。他也被视为逝者之灵前往下一世的引路人。有文献称其为"滋养者"，后期的毗湿奴则被称为"维系者"。

迄今为止，提到补善的大量祈祷颂诗皆称其为旅者的引路人与守护者。这里的"旅途"，既是指生命中的寻常旅程，亦指迈向另一个世界的漫漫长路。由此，人们认为不断行旅、从不停歇的补善，对人们所须去往的道路必了如指掌。

以下片段乃是《梨俱吠陀》中献予补善之颂诗：

请一路指引我们，补善；
扫除我等之不幸，拯救者之子啊；
为我们引路吧。

请为我等驱赶如影随形
只识毁伤的恶狼。
驱赶拦路者、窃贼与强盗。
以彼圣足，践踏诡诈恶徒
那燃烧的武器，不问出身。

哦，伟大的行动者、智慧的补善，

我等渴望你的佑助，

一如你曾帮助过我等之先祖。

哦，神，一切恩典皆得自你的恩赐，

金色的长矛令你气度非凡，

使诸般财富，就在咫尺之间。

助我等战胜对手吧；

令我等之前路，再无险阻；

愿你赐我等以力量。

愿你引领我们，抵达牧草丰饶之国度；

令（我等之）大道，一片坦途。

令我等蒙恩、缩足、被应许、被提振；

令我等，乐享饱足。

我等对补善从无怨憎，

只想把神圣的赞歌献上；

盼此非凡的行动之神，赐以富足。

又有："补善啊，愿我等识得一位智者，即刻为我等指路，云：'就是此处。'愿补善跟随我等之牝牛；愿他守护我等之马匹；愿他赐以食物……降临吧，光辉之神、荣耀的使者，愿我等有幸见你真容。"

诸往世书中的补善，地位大不如前。见到补善似乎成了一桩滑稽的事情，而吠陀中作为赐福者的补善，却是格外庄严而受人景仰。甚至，因其牙齿脱落，人们自愿以稀粥供奉他。关于此事的早期描述见于《鹧鸪氏本集》（*Taittirīya Saṃhitā*）：后期以"湿婆"之名闻名的楼陀罗，不曾收到岳父达刹所举行的盛大祭祀之邀请，盛怒之下，他一箭射向了祭祀的供品。其时，补善正在享用其供品，故而被打掉了牙齿。对达刹的介绍将细述该祭祀之始末。

《毗湿奴往世书》中的补善则以阿底提耶之一的身份出现。

3. 密特罗与婆楼那

吠陀颂诗中，密特罗与婆楼那常常一同出现，婆楼那有时单独被颂赞，密特罗则绝少落单。这是因为，古代的评注者认为，密特罗代表且执掌着白天，夜晚则归属于婆楼那。

"婆楼那有时显现于信徒面前。其宅邸有大门一千，令人不得亲近。据云，他目力奇佳，知晓人们心中所思；他是众神与人类之王，强大而可畏，无人可抵御其威权。婆楼那，整个宇宙的统治者。"

又有："他令太阳闪耀于苍穹，凛冽狂风，不过是他的气息；他凿出河道，令河流奔涌其中，亦是他使大海深不可测。他的命令确凿而不容置疑；在其治下，月亮于光辉中轮转，群星闪耀于夜空，于白昼时隐去踪迹；鸟儿飞翔于天空，河流涌动不息。

婆楼那

　　"婆楼那的神力与威仪令其遥不可及。然他知晓天空中飞鸟之行旅，亦知晓扶摇至他乡的风儿之足迹。他知晓海上船舶之行路，亦注视着一切已经发生与将要发生之秘密。他是人类谎言与真言的目击者。"

　　以下诗歌出自穆伊尔博士，是《梨俱吠陀》颂诗之一的韵文版：

　　无所不能、明察秋毫的主居于高天，

纵然伪饰重重，亦逃不过诸神之法眼：

行动，坐卧，辗转偷窃，

又或不顾诸神一路追随，将他藏进密室，

孰知，不论如何计议，以为天知地知，

自有第三者了然一切——婆楼那王就在近旁。

大地属于他，广袤无垠的天空亦属于他，

大海栖息于他之中，他亦栖居于小小的池塘。

即使逃往天边亦毫无胜算，只因

永难逃离婆楼那王之掌心。

他从天界下凡，遨游于诸世界；

以千眼扫视着大地的每个角落。

居于天、地者，乃至居于诸天之上者，

在婆楼那王面前皆无所遁形。

凡俗者眼中闪烁的秘密，他一一俘获；

他行使着宇宙的秩序，一如赌徒掷出骰子。

他已设下绞索与陷阱，主啊！邪恶者被缚其中，

谎言令其沦陷，然善者必可高枕无虞。

　　罗斯教授在提及该颂诗时称："纵观整部吠陀，再无一首颂诗如此强有力地揭露了神的全知全能。"可以说，想从任何文献作品中找到可与之相匹的篇章，皆属不易。

　　从另一些颂诗中，我们可以得知婆楼那治下的人世生活：人们向

他求取长生，希望他惩治罪人，并认为高尚者将亲见他与阎摩一道统治精神世界。事实上，吠陀所赋予婆楼那的特质与职能，令其拥有远胜于其他神祇的道德品质，由是，人们向他祈求宽恕和净化。

"请解救我们吧，"人们呼求道，"令我们从世代相传的罪孽中解脱，也令我们从自身所犯之罪孽中解脱。"又道，"请仁慈示以恩典，伟大的神哪，请仁慈相待——我等因欲望之力量而犯罪，请仁慈相待。"

同时提及密特罗与婆楼那的颂诗，其表达与单独提及婆楼那的颂诗几乎毫无二致。二神皆以其公正严明被颂赞，皆被视为宗教的推动者，亦将惩治罪恶与谎言。

吠陀文献中，尽管后期著述中婆楼那之主要身份并非海洋之神，然诚如上述颂诗所称，作为光之神的一员，亦有篇章将其与空气和大地中的水汽联系在了一起，从而为晚些时候其"王国"的概念提供了一些基础。由是可以读到：

愿天界圣水与流水；
愿开凿沟渠者与自生者，
愿奔流入海者与光辉的
纯净者，守护我！
愿婆楼那王行于其中者（水），
亦守护我！

另处则称，一如苏摩居于木中，婆楼那居于水中。关于天界之神婆楼那缘何成为海洋之神，罗斯教授提出了一种可能的说法："一方面，婆楼那作为包罗万象之天国的概念已然建立；另一方面，奔涌的江河流向大地尽头的海洋，不禁令人产生猜测：将大地包拥在怀的大海确然存在。这就为婆楼那成为海洋之神赋予了前提。"

《梨俱吠陀梵书》中记述的一则有趣传说，流露出人类的祭祀很可能曾一度献予婆楼那。曾有一位国王，名为诃利西旃陀罗（Hariś-candra），因膝下无子，对自己的境遇深感沮丧。毕竟，到了举行葬礼之日，总是需要一名儿子完成葬仪的。于是，国王依那罗陀（Nāra-da）仙人所言，面见婆楼那，请求道：

赐我一名儿子吧，王！

我愿将他献予你。

婆楼那应国王之祈请，赐其一子。王子一天天长大，为父者终于向他吐露了曾立下的誓言。王子不愿成为祭品，终离家而去。对于国王未能履约一事，婆楼那深感不悦，令其从此饱受水肿之苦。

足足六年时间，王子流浪于森林，最后遇见了一位贫穷的婆罗门。王子见其育有三子，心下计议，决意买下一名儿子，代替自己去做祭品。为父者舍不得长子，为母者放不下幼子，最后决定牺牲次子。

王子旋即返家，婆罗门之子随行在侧。起初，国王很是欢喜，因其终能履行对神的承诺，然而究竟由谁去做这名屠杀"祭品"的刽子手呢？过了一些时日，那名卖掉儿子的婆罗门念及即将到手的一大笔赠礼，终于决定亲自动手。

男孩绑缚已毕，为父者就要手刃其子。这时，儿子向父亲请求，希望能在行刑前复诵几首献予神的赞歌。父亲同意了。不料，受到礼赞的诸神对其虔诚大为感动，于是请求婆楼那饶过这名牺牲者。婆楼那允准。男孩重获生机，国王的顽疾亦告痊愈。

前文曾提及，往世书中的婆楼那亦司掌海神之职。天界与地界诸势力的一场大战后，秩序重建，《毗湿奴往世书》记载了诸神之座次。彼时，婆楼那仅为水神。

就在同一部往世书中，我们会读到一位名为利吉迦（Rcīka）的老婆罗门的故事。利吉迦盼望着娶迦提王（Gādhi）之女为妻，身为因陀罗之化身的迦提王拒绝女儿下嫁，除非能献上由一千匹骏马组成的马队，且马儿皆须一耳为白色。

因陀罗最喜爱此类骏马，因而献予他的祭品往往如是。无奈之下，婆罗门找到海神婆楼那以求宽慰，海神赐他千匹骏马，助其顺利与公主联姻。

婆楼那在其画像中常以白皮肤示人，右手执套索，端坐于传说中的海怪摩迦罗（Makara）之上。海怪长有羚羊的头和前腿、鱼的躯干和尾巴。婆楼那常在旱季被敬拜，渔民撒网时亦会敬拜他，不过，如今其像已销声匿迹。

以下传说见于《莲花往世书》（Padma Purāṇa）。一次，住在岛上的魔王罗波那（Rāvaṇa）赶往锡兰岛，随身携带有一块林伽灵石（liṅga），为湿婆之象征。罗波那极度渴望在锡兰建立起对大天的崇拜，因而亦带着从喜马拉雅山取得的肖像。然而天神们有其顾虑：万一魔王因其对湿婆的虔信而变得日益强大，岂不成了威胁？

湿婆赐下灵石之际曾命罗波那立下承诺：离开吉罗娑（Kailāsa）后，一旦灵石落地，便须将其交还。众神决心抓住这一弱点设法阻止罗波那，在其抵达锡兰前，设法令其坐地歇息。最后，众神一致认为由婆楼那进入罗波那的身体为上，如此，在他痛苦挣扎之际，就可能被迫失落紧紧抓牢的灵石。

婆楼那依言行事，罗波那痛苦万分，乃至灵石差点就要遗失了。就在这时，伪装成一名老婆罗门的因陀罗经过此地，提出可代为保管灵石。罗波那刚一松手，因陀罗便让它掉到了地上。

据云，灵石深陷于大地，在比尔普姆（Birbhum）的瓦迪亚纳特（Vaidyanāth）尚能见到其尖。有文献称，当婆楼那离开罗波那时，库尔苏河由其发源，然印度人不饮此河之水。

尽管吠陀中的婆楼那乃神圣之存在，往世书教导中却称，其天国实乃欲乐之所。婆楼那与王后婆楼尼（Vāruṇī）一同坐于钻石制成的宝座，大海（Samudrā）、恒河（Gaṅgā），司掌江河湖泉之众神位列王庭。只是，这位曾被吠陀颂诗大加赞美的神祇，其行止已然今非昔比。据云，他与苏利耶一同爱上了因陀罗天国的天女乌尔婆西（Urvaśī），二神与她育有一子，名为投山仙人（Agastya），后成为印度最杰出的苦修者之一。

婆楼那亦有其他称谓：普瑞奇塔斯（Pracetas），意为“智者”；贾拉波底（Jalapati），意为“众水之主”；雅达波底（Yādapati），意为“水生者之主”；安布拉贾（Amburāja），意为“众水之王”；帕辛（Pāśin），意为“携套索者”。

4. 阿史文双神

从吠陀颂诗中分辨所提及的众神之身份与本性，往往并非易事。有一神遍在于万物，吠陀注疏者耶斯迦便从意为“填满”的词根衍生出一个名字，以"阿史文"相称。阿史文双神中，一者与光同在，另一者则与潮湿同行。

另一名注疏者称，阿史文双神之所以得名，在于其坐骑为马（aśva）。有人则称天、地因其而显明；又有日与夜、日与月之说法。

对此，罗斯教授有云："无疑，阿史文双神在吠陀光之神中拥有独特的地位。他们是黎明时为天空带来第一缕曙光的神祇，乘云驾雾，为黎明女神开道。"有些颂诗称其为太阳神的兄弟（参见《苏利耶》之篇），另一些则称其为天空之儿女，亦有颂诗视其为大海之后裔。阿史文双神似代表着夜以继日之转变，也即遁入白昼之夜色。

双神共同的妻子据云乃是萨维德丽之女苏莉娅（Sūryā）。因为寂寞，苏莉娅选择了他们。其父本想将她许配给苏摩，由于诸神皆渴望拥有一位如此美丽的新娘，故同意举行一场赛跑比赛，苏莉娅将与胜利者结合。阿史文双神赢得了胜利，苏莉娅也便步入了其战车。也有说法称苏莉娅的丈夫乃是苏摩，阿史文则是新郎的朋友。

阿史文双神被视为众神之医师，能治愈目盲、病弱、跛足等身体疾患，亦能疗治凡人之疾。他们是落后者与后进者的守护神，亦是未婚老姬之友。据云，他们司掌爱与婚姻，只盼相爱的心灵能团聚。

一些传说刻画了阿史文双神在疗愈疾病与扶危脱困方面的神力，从中我们可以读到，双神是如何救治青年人，又是如何赋老弱衰朽者以活力的。他们拯救溺水者，护其安全返家，又为一名在战争中断腿的病人毗斯帕拉（Vispalā）制作了铁制的义肢。为回应狼的请求，他为一名目盲者恢复了视力——此人为求狼之果腹，杀死了101只羊，故而遭到其父的惩罚，目力被毁。

阿史文双神助又盲又瘸者恢复其目力与足力。故此，类似的传说皆以其为"繁衍、财富与胜利之神",亦不吝"敌人的摧毁者、信徒及其房屋、家畜的守护者"之美称。

以下传说出自《百道梵书》,其讲述的阿史文双神如何疗治查瓦那(Chyavana)的故事,或可勾勒其工作的特殊性。

据传,查瓦那因身形干瘪无力而遭到家庭的遗弃。仙人萨尔雅达(Saryāta)与族人就住在近旁,当仙人的儿子见到查瓦那的身体时,甚至认不出人形,便朝他扔起了石头。查瓦那自然憎恶这一切,于是悄悄地在萨尔雅达的亲族间播撒纷争的种子。当仙人得知这一切时,不禁感到忧心忡忡,便询问牧羊人是否可帮助解决;不料牧羊人答复说,乃是其子首先欺侮了对方。仙人随即带着女儿苏卡妮娅(Sukanyā)驱车找到查瓦那,为过往之事向他致歉,并把女儿献给这名衰朽之人,作为和平的赠礼。

彼时,阿史文双神照例云游世界,施以疗治。他们见到了苏卡妮娅,为她的美貌深深倾倒,便决定诱惑她。他们说道:"你陪伴着的那副枯骨是谁?离开他,跟我们走吧。"苏卡妮娅却回答说,只要她的丈夫尚在人世,她就不会离他而去,只因是父亲把自己献给了他。

双神再度找到苏卡妮娅时,她依从丈夫的建议道:"你们轻慢了我的丈夫,而你们自己既不完全也不完美。"旋即以使其丈夫重获青春为条件,才肯告知,双神为何既不完全也不完美。双神只好命她将丈夫带往一处僻静的池塘,只要在那里沐浴,就能重获青春。如此,苏卡妮娅才对双神陈述因由:他们的不完美,是因为他们未被邀请加入其余众神在俱卢之野(Kurukṣetra)举行的盛大祭祀。

阿史文双神闻言赶到了祭祀地点,并要求加入,却被拒绝了,只因他们过分亲密地云游于人群之中,对其施以疗治。双神闻言立刻宣布道：众神所举行的将是一次毫无头绪的祭祀。众神心下奇怪，便询问双神怎样才能做到这一点，双神答："邀请我们加入祭祀，就会得到答案。"众神无奈，只好应允。

这则传说的另一个版本中，作为医生的阿史文双神不免总是脏兮兮的，因而没有一位婆罗门愿意成为医生，只因一旦成为医生，就不再适宜于祭祀之职了；另一方面，双神的工作无关紧要，而婆罗门身为净化者，足可加入众神之列。于是，婆罗门恢复了祭祀的秩序。

古茨塔克教授（Professor Goldstücker）称："阿史文神话是一类包含两大不同元素的神话，这两大元素分别为宇宙的与人类、历史的，二者逐渐融合为一……我相信，历史或人类的元素正是由阿史文双神的非凡疗治及一些类似的行动所代表，而宇宙的元素则涉及其光辉的本性。联结此二者的纽带或许在于自然的神秘性、光的作用，以及古代的某种治疗技艺。它们出现在阿史文与瑞布（Ṛbhu）的事迹中——起初，他们皆为享有盛誉的凡人，然而随着时间的流逝，渐渐成为神的同伴。"

5. 乌莎

乌莎是象征着黎明的女神，可谓吠陀诗人们颇为钟爱的颂赞对象，"在整个吠陀文献中，归属于她的颂诗纵使不是最为美丽，亦在最美丽的颂诗之列"。

黎明女神乌莎被描述为天空之女，与婆楼那相关，夜女神乃其姐妹。有时，她被称作太阳的妻子，有时则以阿耆尼为情人，阿史文双神则是其友。曾有一段时期，因陀罗被视为乌莎的创造者，另一时期双方处于敌对的立场，因陀罗甚至以雷锤击碎了乌莎的御车。

　　据云，乌莎坐在由红色的骏马或乳牛拉着的金光闪闪的御车中，犹如被母亲悉心打扮的少女、周身缀满华丽珠宝的舞者、衣饰华美立于丈夫面前的新娘，又或出浴的美人。她微笑着散发她那无以抗拒的吸引力，向凝望她的人们敞开心怀。她驱散黑暗，揭露隐藏于其中的珍宝；她照亮世界，纵是海角天涯，亦一一显露。她是万有的生命与健康，令鸟儿飞还其巢穴，又如同韶华奕奕的妻子，唤醒家禽家畜，令其各司其职。她唤醒敬拜者、点亮祭火，以服务于诸神；她只唤醒虔诚者与解脱者，至于吝啬者，则大可继续沉睡。她是如此的青春，只因她日日重获新生；她又是如此的古老，只因她生而不朽，度过了代代不息的生命——它们一一消逝，而她却永不死。据云，往生者的灵魂将抵达她与太阳。

　　以下颂诗恰可反映吠陀文献中关于该女神的主要教导：

　　　致敬，红色的乌莎、金色的女神，

　　　驾着闪光的御车，你的出现恰如

　　　一名可爱的少女正被母亲悉心装饰，

　　　一切羞怯隐藏的恩典，皆显露于

　　　我等艳美的目光；又如一位向丈夫

　　　揭开面纱的妻子，带着显而易见的骄傲

　　　与美丽，迎接着丈夫充满爱意的凝视，

　　　每个清晨，皆是如此的清新而美好。

　　　尽管你已度过了无数的岁月，

却永远青春。你是我等呼吸与生命之中的

气息与生机，你日复一日，犹如

从死亡中唤醒无数沉睡的人们，

令鸟儿们振翅飞还其巢穴，

亦唤醒人们，投入忙碌的劳作，

履行职责，完成既定的使命，

为财富、喜乐或声名，不懈努力。

以下颂诗来自穆伊尔博士，吠陀颂诗中所呈现的女神，因之变得
更加生机勃勃：

致敬，乌莎，天空之女，

坐在由红色的骏马牵拉的

闪光的战车上，从遥远的天国而来，

闪电亦如影随形，悄然逼近——

你甜美的微笑、女神的荣光，

揭开了你全部的青春的恩典，

你金光闪闪的心怀，明媚动人的脸庞，

还有你那金色秀发的色泽——

她闪耀着温柔可爱的新娘的光芒，

她为自己披上了华丽的外衣，

在她爱侣的欣喜双眼中

散发着她那充满骄傲的魅力——

又如被母亲悉心装扮的处子，
因其美丽而满心荣耀，每一瞥
皆显露出她的力量，她知道
无一人不注视她，无一心不臣服于她——

又如擅长歌唱与舞蹈的女伶，
一举一动皆洋溢着仁慈的光辉，
五光十色的衣袍闪着光，
热切凝望她的人们，失去了心魂——

又如在林中清凉的小溪中
沐浴其肢体的少女，
从无一双浊眼可从柔波中
浮现，将她侵扰——

然她与多情的太阳是如此的亲近，
他角逐比赛并胜出，
于是，她被圈入他的怀抱，
与他如此亲密，合而为一。

美丽的乌莎，尽管你已度过了
不计其数的岁月，你却始终

在每一个清晨，焕然新生，
你既古老，又青春。

在你命中注定的无休止的旅程中，
你日复一日地唤醒我们，
你以无声的、永在的力量，
将我们的人生，消磨殆尽。

代代轮回，无休无止：
在你，不朽者的目光下，
旧有者逝去，在其故地，
永新之春令芳华重回。

见过你往昔面容的人们
皆已逝去，如今的我们凝望着你
渐渐走近；未来的日子，
亦有新人凝视你的光辉。

然而你所携带的，
非只肃穆与忧伤之念，
当你重回时，你的光辉移去了
我等心上的阴影，令人重回欢悦。

你的姐妹，阴郁而忧伤的夜女神，

无边之蓝，缀着群星，
一如无眠的眼眸，那神秘的凝视，
在你欺近时，于光明中一一熄灭。

尘世中的事物，至今仍隐藏在
她那蒙着幽暗色调的面纱之下，
在你光辉的照耀之下，
万物再一次，鲜明可见。

你是一切有生者的生命，
你是一切呼吸者的气息；你的目光，
令一切面容明艳动人，
赋予每个灵魂以新生。

当你刺穿那阴郁的昏暗，
当鸟群激荡，振翅飞向前方，
熟眠者似从死亡中惊醒，
再赴无数的征程。

富人醒来，满心倦怠，
余者则心弦紧绷，只为前往
权力与财富之彼岸，又或
抵达他们所信仰的至善。

有人拥有更为神圣的渴望，
那是颂诗歌咏的天堂，
光明在人间的灶台闪耀，
那是天堂的圣火，落入了凡尘。

非只吟游诗人与祭司才是清醒的，
当你的第一缕金光染亮东方，
众神便一一步入意识之中，
只为承认你的力量。

你迅疾地自天空中降下，
唯虔诚的义人有幸得见——
他们献上全部的供奉，
他们的渴望尽皆满足。

光辉的女神，愿你亲切的光芒
赐我们丰盈与财富，并赐以
牝牛、骏马、子嗣与健康，令人
幸福喜乐，久久长长。

后期的著述中，我们极少见到乌莎的名字。人们失去了大多数诗意的激情，更多的人与更为务实的神，令富于诗意的人儿湮灭于遗忘；而以上摘录中所刻画的人物却如此的清新美丽：黎明时变幻的色彩，被喻为舞动的少女那五光十色的衣袍；太阳散发其光辉的力量之前，东方金色的鱼鳞云，被喻为新娘为取悦丈夫而装扮的珠宝；而娴静端庄的黎明女神，恰似一名娇羞的少女，自知静美，仍在母亲的守护下步入红尘。

从摘录的最后四行颂诗可以看出，人们相信，黎明女神将赐其崇拜者牝牛、骏马、子嗣、健康与幸福，直至永久。

乌莎

第七章　风暴众神

1. 因陀罗

诚如前文所述，因陀罗与阿耆尼、苏利耶一道，凭借祭祀获得了高于其余众神的权威。同时，若以归于名下的颂诗数量进行比较，因陀罗无疑是最受欢迎的神祇。

因陀罗

因陀罗是天空之神，手持雷锤与霹雳，因其旨意，清凉的雨水降下，令大地丰饶多姿。当炽烈的骄阳炙烤着大地，再无一片田野可播撒种子时，人们便会想起伟大的因陀罗——若非此无与伦比的天帝，上天如何频频降下吉雨？故此，献予他的赞美诗数量最多。

对吠陀时期的诗人而言，风儿自大海携来的云朵乃是霸占宝物的敌人，直至因陀罗将其征服，他们才不情不愿地交出宝物，使干涸的大地得享甘霖。极其自然地，天帝对敬拜者之呼求的回应便是降下一场吉雨——大地由此由沙漠变成了花园。于是，饱含最强烈感情之感恩赞歌，皆献予因陀罗。

因陀罗的特质，主要在于其物理意义上的权威，信众所求之恩典大抵亦在物理层面，少有灵性气质。

因陀罗并非一位全无创造力的神祇。一些颂诗将他描绘为阿耆尼的孪生兄弟，故乃天、地之子，另一些颂诗则称，天、地由因陀罗而生。尽管颂诗中常常提及天帝的双亲，却极少提及名字，就算提及，双亲亦不尽相同。

身为天帝的因陀罗，到了后吠陀时代，统治时间仅有一百个天神纪年。最后，他被其他神祇，甚至是人类取代，仅为一名国王。这是因为只要有神、人完成必要的严苛苦修，便可夺得天帝的宝座。

图像学中的因陀罗常示以四臂四手的人类形象，双手执长矛，第三只手执雷锤，第四只手则空无一物。有时，他也以二臂形象示人，不过浑身布满了眼睛，因而被称作"千眼者"（Sahasrākṣa）。因陀罗常被描绘为骑着搅拌乳海而来的傲岸的爱罗婆多象（Airāvata），右手持雷锤，左手执弓箭。不过，吠陀时期的因陀罗远比现代受欢迎。

以下描述由穆伊尔博士提炼整理，因陀罗在吠陀文献中的地位与特质可见一斑：

降临吧，因陀罗，热切地呼唤你，
磅礴的赞美诗已然响起，骏马也已备好。
吾友因陀罗，自天界降下，
吉祥的航程于此停泊。

可是，因陀罗，尽管你记得我们，
亦愉悦地饮下我等所献之美酒，
凡俗之人，却只能谦卑地
分享你的些许照顾。

我等深知，无数的牵系
把你留在天国。
在你的家中，那可爱的妻子，
使你的人生富于魅力与安慰。

你的欢愉无有穷尽，
分分秒秒皆幸福无匹；
唯不朽众神知此幸福，
下界凡人无从提起。

因陀罗因受到凡人的呼唤而降生。天空与大地因其出现而战栗不
已，天空高呼：

乃父无比忠诚，

技艺无上完美，

你降生于——神的天分。

甫一降生之际，众神即认为其神性确凿无疑——手执武器的因陀
罗高喊道：

母亲，狂暴的战士们居于何处？

雷锤又将刺穿何等傲慢之人的心？

当臣民的祈祷声响起时，天帝便与他的御车一同出现了。

他非止一种形相，

所负之荣光，形相万千，

依其所愿，他千变万化，

样貌改换，仍光辉异常。

他威武伫立，无惧战火，

红色的霹雳，在其手掌。

为因陀罗准备的圣餐中，他最喜爱的苏摩酒实乃必不可少之
物——此酒令人沉醉，尤其受到因陀罗的偏爱。不过，此种情形十分
离奇，只因今日的印度人民禁止使用使人成瘾的毒品，先民们却将因
陀罗描绘为一位专嗜苏摩酒的神祇。另一方面，苏摩酒本身亦被神圣

化，且作为神明加以敬拜。以下诗句描绘了因陀罗受邀痛饮可振奋精神的苏摩酒：

因陀罗啊，你热切而欢悦地
痛饮我等觐献之苏摩酒。
众神皆喜悦这甘美的苏摩，
然唯有你，乃众神之神。

你的母亲深谙此酒之芬芳，
知其最适其子，最有助益。
故而榨取汁液，汇入金杯，
你便于她的膝上，啜饮甜蜜。

是的，因陀罗，在你诞生的黎明，
在你降世的那一刻，
由你揭示的欢乐滋味，
弥漫至今，一如往昔。

一俟献予苏摩酒的颂歌唱诵完毕，因陀罗即痛饮美酒，由是对敬拜者满心仁慈，甘愿应许任何请求；其力量亦为苏摩酒所强化，足可征服所遭遇的任何仇敌。

因陀罗之敌乃是弗栗多（Vṛtra），其名意为"干旱"。由纷争与胜利不难看出，因陀罗总是有能力赐大地与人类以特殊的恩典。关于弗栗多，有颂诗如此描述道：

他的魔力把雨水禁锢，

大地不得滋润，干旱贫瘠；

他是人类的邪恶敌人，

与天神战斗，实乃宿敌。

世世代代，谁之邪魔成为主宰？

因陀罗必永不止息地与他作战。

谁，无数次地被粉碎与诛杀，

却总能重获新生。

以这生命，他负隅顽抗，

终溃不成军，再赴黄泉。

因陀罗与弗栗多之战有十分详尽的描述，其中，雨季将至的图景得到了真切而生动的刻画，猛烈的雷暴常出现于季节转换之际则是证明。最后，纷争结束：

弗栗多的丧钟已然敲响，

在因陀罗的吉雨中，铿锵回荡。

刺穿，劈开，碾碎，可怖的吼声中，

濒死的恶魔从乌云高塔之上

一头栽倒，向下坠落。

天帝赢得胜利的结果是，吉雨降下，大地重回丰盈：

苏什那（Śuṣṇa）的咒诅失去效用，

云朵贮藏的雨水，悉数释放；

大地与平原已被骄阳炙烤太久，

终得甘霖，尽享清凉。

江河翻涌，大海的咆哮

扬起了浩瀚深邃的巨浪。

农民的脸上洋溢着深深的喜悦，

心怀感激，面带吉祥。

他那贫瘠的田野，已如此荒芜凄凉，

然必将五谷丰登，不负期望。

裸露出褐色泥土的大地之母，

即将披上她那光彩夺目的绿衣裳。

接受恩典后，红日重放光明，大地神采奕奕，众神簇拥着天帝献上祝福，大地上的众生，皆向天帝酬以感激。

这即古代的因陀罗，到了现代，尽管仍然受到敬拜，其地位却已大不如前。诚如前文所述，依据后期文献的教导，因陀罗统治众神的时间仅持续了一百个天神纪年，一俟到期，即可被别神甚至人类所取代。往世书教导称，每个纪元皆有存在者得享天帝之位。《毗湿奴往世书》则讲述了凡人取得因陀罗权柄的故事：

天神与阿修罗之间展开了一场激战，双方皆向梵天求取结果，期盼获知谁才是最后的胜利者。梵天答："自然是拉吉（Rāji，一位地界国王）襄助的一方。"阿修罗一方首先召来了拉吉，向其许下承诺：若肯助一臂之力，就将拥戴他为下届的"因陀罗"——阿修罗王。然而，阿修罗们并不能承诺这一点，因其领袖帕拉达（Prahlāda）任期尚未届满。

同样的情形也出现在天神一方——他们同意，将拥立拉吉为天界的因陀罗。拉吉终于首肯，不久凯旋。于是，因陀罗向他顶礼，手捧其足置于自己的头顶，道："是你从危机中拯救了我，请容许我像爱戴父亲一般爱戴你——你将成为万有之王，我甘愿俯首膝下。"

然而拉吉对自己地界之王的身份颇为满意，便任命因陀罗继续履行天帝之职。不料，拉吉行将离世之际，儿子们想要讨回父亲所弃之帝位。这一次，因陀罗极力反对，然不敌拉吉之子的武力。

光阴似箭，因陀罗为从此无权享用世人的供奉而忧伤不已，只好面见其灵性导师毗诃波提，求他赏赐一小块祭祀供奉的黄油。上师道："若早早前来求助，何至于沦落至此。"

"放心，我很快便会令你重掌天帝之权柄。"

语毕，毗诃波提展开了一场祭祀，并立下誓约，愿使因陀罗重获力量。祭祀的结果是：拉吉的儿子们踏上了罪恶之道——由于轻视吠陀，忽视其神圣职责，他们沦为众婆罗门之敌。在其式微之际，因陀罗趁机发动进攻，将其一举灭尽。

凡人若想荣膺因陀罗之位，最好的方法是举行一场以一百匹马为牺牲的祭祀，其后，诚如有关恒河的事迹中所介绍的，为使此仪式无法顺利完成，以保住权柄，因陀罗甚至不介意扮演一名窃贼。

对因陀罗而言，挫败雄心勃勃者最常用也是最有效的办法，是派遣数名天女（Apsaras），以美貌诱惑之，令其心猿意马，以至于无心筹办盛大的祭祀。

《毗湿奴往世书》中，有一传说讲述了因陀罗与克里希那间的一次冲突。克里希那赢得了胜利。

克里希那在妻子真光（Satyabhāmā）的陪伴下，前往天界拜访天帝因陀罗。抵达天界后，真光在因陀罗的天园中见到了由搅拌乳海而来的波利质多树（Pārijāta），顿时万分着迷。此树形态优美，开满了迷人的香花，果实甘美异常。据说，只要将花朵饰于发上，为妻者便可留住夫君的爱慕；同时，谁若食用了此树之果实，便可忆起往世。

妻子央求再三，克里希那挖出神树，置于其神骑迦楼罗（Garuḍa）背上，意图据为己有。转眼间，天界大乱。可是，尽管因陀罗及下辖众神想要阻止宝物被夺，却也无能为力——克里希那手持因陀罗的一只雷锤，毫无阻碍地返回居所，将神树种植在了自己的花园中。

《罗摩衍那》中的一则故事，则认为因陀罗曾犯下人所不齿之重罪——诱奸了灵性上师之妻。据云，他以圣哲乔答摩（Gautama）的形象出现在其居所，寄望于上师的妻子阿诃梨耶（Ahalyā）将其错认为离家在外的丈夫。尽管阿诃梨耶知道他是因陀罗，却仍然顺从了其愿望。

因陀罗就要离开时，乔答摩正好返家。他知道发生了什么，怒不可遏地对天帝和自己的妻子立下诅咒——因陀罗将失去其男子气概，阿诃梨耶则注定要暗无天日地在森林中生活多年，直至罗摩令其复原。[1]

乔答摩的诅咒，使因陀罗周身布满了一千个丑陋的印记，至此，其罪行昭告于天下。在天帝的诚恳敦请下，一千个印记改换形状，变成了一千只眼睛，义人视其为因陀罗全知全能的象征之一。

因陀罗的天国历来不容忽视与轻慢。生活于地界的善士们皆渴望有机会荣升至天国，作为其圣洁生活的奖赏。然而，有幸臻达因陀罗的天国（Svarga）并非收获了至福，只因并无一法，可令人永恒栖居斯境——当过往积累的善业耗尽时，就必须重返地界，再历人生，直至变得圆满，方可再度成为神圣的存在，得享无上的欢愉。

《毗湿奴往世书》云："逝者的灵魂并非只在地狱中受苦。天国岁月亦有其完结之日，暂时的居民们永远面临着下降至人世的前景，因而备受折磨。人们一再地转生于地界，又一再地逝去，只因凡为人所悦纳者，皆只是一粒终将长成痛苦之树的种子。"

因陀罗的居所位于迷卢山（Meru）[2]，楼榭美丽，居者安详，辉煌灿烂的天都，放眼宇宙无出其右。天园中，林木嘉美，秀荫怡人，果实芬芳，香花怒放。天女们一展倾城姿容，吸引着天国的居者，全宇宙最动人的歌者与乐师献上仙乐……天都由毗首羯磨建造，周长八百英里，高四十英里，以钻石为柱，宫殿、王座与陈设皆由黄金制成。

---

[1] 此罪行的结果之一，是因陀罗被锡兰之主、魔王罗波那之子掳走，后者发动了对天界众神的战争。直至梵天向这位罗刹战士许以永生，天帝才被释放。梵天同时赐予这位王子"因陀罗征服者"（Indrajita）之称号。

[2] 迷卢山久负盛名，据云是大地之中心。人们相信它就在喜马拉雅山脉北部的某处，其余众神的天国在其附近。由于人总是倾向于认为天堂就在昔日家园的附近，故此或可认为，印度-雅利安一支将心中对迁徙途中某处的美好回忆视为此山之所在。又或因为，喜马拉雅群山高不可攀，故人们认为，天国就在山巅。

孟加拉地区每年皆有一日专事敬拜因陀罗。因陀罗像为彩色泥塑，敬拜当日的仪式结束后，将被掷入水中。祭祀开始时，人们召唤因陀罗，以期天帝能将祈祷与供品转交给当时蒙受敬拜的神祇，也期盼着他能引领该神祇现身于信徒面前。有些地区也在旱季向因陀罗行祭，希望凭借其神力，可化云为雨，灌溉大地。

因陀罗最广为人知的称谓如下：萨克罗（Sakra），意为"有能力者"；狄婆波底（Divapati），众神之主；巴杰里（Bajrī），执雷锤者；弗栗多诃（Vṛtrahā），摧毁弗栗多者；梅戈瓦诃那（Meghavāhana），乘云者；梅赫德罗（Mahendra），伟大的因陀罗；斯瓦戈波底（Svargapati），天国之主。

2. 因陀罗尼

因陀罗尼（Indrāṇī）是因陀罗之妻（也称沙姬，Śacī），文献中很少提及。《梨俱吠陀》中有此记述："所有女性中，因陀罗尼最是幸运，其夫君青春永驻，永无衰老。"这也许同样解释了，为何所有荣登天帝之位者，皆以因陀罗尼为妻——天国需要主宰者，天帝之职是为永恒，而因陀罗尼身为在位天帝之妻，无论谁为天帝，都可不老。

尽管天帝之位数易其主，因陀罗尼却始终葆有天后之位。据云，天后育有一子，由乳牛诞下，名为质多罗笈多（Citragupta）。由于乌玛（Umā）曾立下诅咒，女神之中，无一人可成为母亲，因陀罗尼为避免无子的命运，只得潜心于苦修。此法果然奏效，其愿终得应许。质多罗笈多出生时，这位声名显赫的母亲忍受了分娩的所有痛苦，终有幸领受哺育之责。

3. 波罗阇尼耶

《梨俱吠陀》中有数首颂诗提及波罗阇尼耶。不过，就其性格与职责而言，很难指出他究竟与因陀罗有何区分。罗斯教授指出："整体看，会发现波罗阇尼耶是一位司掌雷、雨、闪电的神祇，亦是动物与植物的繁衍之神。然而，关于波氏起初是否为雨神或雷神的考证却毫无头绪。"另一篇文章中，罗斯又称波罗阇尼耶是"雷、雨之神和动植物的起源者、滋养者"，他认为，既然吠陀中归于波氏的颂诗与赞美因陀罗的颂诗如此相似，"波罗阇尼耶"（此名意味着其中之一代表着另一个）会否仅仅是因陀罗的又一个称谓呢？

颂诗中的以下段落，皆与赞美因陀罗之荣光的篇章如出一辙：

赞美波罗阇尼耶，庄严向他致敬，
是他带来繁荣兴旺，令物产丰盈……
他劈开树木，摧毁罗刹（锁住雨水的恶魔），
整个存在界皆畏惧他那强劲的一击。
当波罗阇尼耶击向邪恶者时，纵是无辜之人，
在此活力之神面前亦仓皇逃散。

御者挥鞭驭马前进，神祇带来雨水。
当波罗阇尼耶化云为雨时，
狮吼般的咆哮声于远方响起，
狂风呼啸，电闪雷鸣，草木摇荡，天国丰盈；
波罗阇尼耶的雷雨浇灌了整个大地，

万物由此丰衣足食。

你那巨大的水船升起，
令大雨倾盆；
就让溢满的小溪翻涌着前进吧，
浸湿天地，带来肥沃，
就让乳牛们在这水养充足的所在——
开怀畅饮。

整首颂诗的精神要旨，几乎与前文所提及的赞美因陀罗的颂诗不差分毫。诸往世书中，因陀罗被描绘为众神之天帝，而波罗阇尼耶则被称为众云朵的统治者，并居于其中。

4. 伐由

风暴众神中的另一位，乃是风神伐由。他常与因陀罗同行，也与其并称为大气的主宰之神。在争夺首滴苏摩汁的竞赛中，伐由拔得头筹，又在因陀罗的请求下，分予了他四分之一。

伐由在吠陀颂诗中的位置并不显眼，我们能在其中一首颂诗中读到："两大世界（天与地）为求富足，将他诞育。"此节或许意在揭示其出身，不过，穆伊尔博士称，颂诗的其他篇章并未流露出伐由的出身之讯息。

伐由

据称，伐由乃是陀伐斯特里（工匠神毗首羯磨）的女婿，不过，其中存有疑点：文献中所提及的陀伐斯特里之女只有一名，而在有关苏利耶的叙述中，此女已然许配予苏利耶。

伐由被描述为形象最为英俊的一位神祇，总是坐在由一对或红或紫的马儿拉着的闪耀的车辇中喧嚣而过。有时，马匹的数量增至九十九匹、一百匹，甚至千匹。在描述旋风时，便会出现这些数字。伐由绝少与摩鲁特们（风暴众神）一同被提及，尽管有说法称，是他在天河中诞育了他们。

吠陀中出现的伐由的另一个名字是伐陀（Vāta）。对伐陀的颂赞见于如下颂诗：

（我颂赞）伐陀的御车之荣光；

他的声响如霹雳般回荡。

不息向前，直抵天际，

万物皆被渲染成火红一片。

他驱使着大地的尘土，

狂风扬起沙尘将他追随，

如女子们一般，齐聚其后。

神（因陀罗）与他们同车并驾，

这宇宙之王继续向前。

疾疾奔驰，永不懈怠。

他是众水之友，

这头生者，神圣者，

于何处降生？

其声犹在，其形难追（看见）。

其后的岁月里，人们开始歌颂英雄们的丰功伟绩，而风神被认为需与英雄们相联系，以便为哈努曼（Hanumān）等赋予伐由或婆伐那（Pavana，净化者）之子的名分。于是，哈努曼乃由风神与母猴所生。哈努曼在罗摩寻找悉多的征程中起到了至为关键的作用。而在《摩诃婆罗多》中，彼时最勇敢的战士之一怖军（Bhīma，强大者），据称亦是伐由之子。只因怖军之母贡蒂（Kuntī）的丈夫不能为父，故而她以奉献求得一恩惠，可凭一己之所愿，与任何一位神祇诞育一位儿女。贡蒂动用了这一恩惠，于是，伐由成为怖军之父。

伐由或婆伐那在图像学中被描绘为一位骑鹿的白皮肤者，手持一面白色的旌旗。往世书中，伐由据称乃是阿底提之子。

此神祇为人所知的另一些称谓如下：阿尼拉（Anila），意为"呼吸"；玛鲁特（Mārut），意为"生命所必需者"；斯巴尔夏那（Sparśana），意为"触摸者"；乾达婆诃（Gandhavāha），意为"携香气者"。

5. 摩鲁特众神

据《梨俱吠陀》的一个篇章所述，摩鲁特众神有一百零八名；另一份文献中，则给出了二十七名的数字；诸往世书称，摩鲁特共计四十九名。吠陀称其为楼陀罗之子。

摩鲁特众神常与因陀罗偕行，有时，他们敬拜因陀罗，承认其威仪，有时，又似生出了内在的自信之力，提醒因陀罗毋忘却其佐助之功。以下颂诗提及了摩鲁特众神："长矛栖于你肩，摩鲁特啊，脚镯环于踝，金饰遍前胸，双耳发光，掌擎霹雳，金色的头盔护住头脸。"摩鲁特们装备有金色的武器与霹雳，持雷锤，光如火焰，携怒吼的狂风向前。他们把弗栗多劈成碎片，以吉雨为衣衫，于白昼降下黑暗，灌溉大地，以免烈日炎炎。他们令大地和群山震颤。他们常使用苏摩汁，因被要求示下疗愈之法，居于信度河（Sindhu）、海洋与群山。

《毗湿奴往世书》中，我们能见到关于摩鲁特的一种颇为不同的描述。此处将其称为迦叶波与底提（Diti）之子。底提失去了她的儿女，丈夫为安慰她，许下了一个恩惠。底提希望能生下一名拥有不可征服之力的勇猛的儿子，其力量足可击溃因陀罗。牟尼答应了这一请求，不过有一条件："若你心意全然纯洁，为人彻底纯粹，小心翼翼怀胎一百年，就将诞下足可手刃因陀罗的儿子。"底提接受了条件。

因陀罗听说了这一切，于是想方设法扰乱底提的心意，以阻止她诞下如此超凡出众的娇儿。九十九年过去了，孰料机会竟然自动显现。某个夜晚，底提因太过疲倦，未曾沐足便上床歇息，违反了纯洁之礼的仪规。永在打量世界的因陀罗自然不会放过这一疏漏，他终于得着了机会实现其目的——他以雷锤将胚胎劈成了七份，孩子们尖声大哭，因陀罗却无从抚慰他们。最后，因陀罗因这尖利的哭声而心烦意乱，挥起雷锤又将每一份再度劈成了七份，四十九名摩鲁特由是诞生。摩鲁特之名取自"Ma rodiḥ"（不哭），意指因陀罗试图令其重回安静；他们也因此成为因陀罗的属神，二者并称"持雷锤者"。

不难看出，在印度次大陆居民的想象中，纵是贵为众神之王的神祇，有时亦需佐助才能掌控住风。雅利安先民们从南部向东方迁徙的途中，曾经历过愈来愈猛烈的狂风。故此，歌颂次级神祇的颂诗应运而生，意在协助因陀罗完成驭风的重任。

第八章　苏摩

依吠陀所述，苏摩乃是一位"代表苏摩树汁[①]并赋予其生机"的神祇，堪称印度的"酒神巴克斯"（Bacchus）。不仅是九卷《梨俱吠陀》中的一百一十四首颂诗，更有少数其他文献赞美其荣光，同时，尚有大量吠陀以外的颂诗对其事迹津津乐道。在一些颂诗中，苏摩被颂赞为创造主或众神之父。显然，吠陀时代的苏摩是一位极受欢迎的神祇。前文所提及的因陀罗，即苏摩最为热切的崇拜者之一。

此种万分钟爱的热情在以下颂诗中表露无遗：

苏摩乃是神祇；他治愈了
侵扰人类的凶险顽疾。

他疗愈疾病，抚慰心碎，
令弱者振作，驱散其恐惧；

[①]《梨俱吠陀》中提及的苏摩树相当于罗克斯堡（Roxburgh）所称的刺参，是一种蔓生植物，几无叶片，但开有小小的香花，沿枝条的末端缠绕盛开。罗克斯堡说，如纯牛乳般的苏摩汁不同于已知的任何植物，其汁液温和、略带酸味，嫩枝常被当地的旅行者采摘。苏摩树生长在旁遮普那附近的波伦山口的小山上。《梨俱吠陀梵书》（豪格译本）中记述了苏摩祭最有趣的部分，不过，该祭祀如今已不多见，只有极少数祭司通晓这一曾经十分著名的祭祀之仪规。

战火已渐渐远去，

吟游诗人以崇高的思想作为激励；

是他令人们的灵魂从地土升至天国，

他的礼物如此伟大而又令人称奇，

人们由是察觉，血脉之中自有神灵，

旋即以高亢的曲调颂赞：

"我等痛饮澄澈的苏摩汁，

以生出不朽：

诸神皆知晓

我等已步入彼种光明，

从此再无可朽之殇，

亦无仇敌之扰。

不朽之神，我等因你而

超越恐惧，助我们飞升！"

吠陀记述了关于苏摩的如下事迹：一些篇章中称，苏摩树从圣山被带回赐予了因陀罗，另一些篇章则以为，苏摩王据云居于乾达婆（Gandharvas）之中，后者乃是组成因陀罗天国歌队的半神们。诸神深谙此君王或植物（二者常常混用）之德行，故希望获取它。由于不得其门而入，语言之神婆岐（Vāc）道："乾达婆喜欢女子，容我一试。我定会为你们取得苏摩汁。"众神道："如何信你？"婆岐道："一俟取得苏摩，便会回转，时辰不妨由你们决定。"

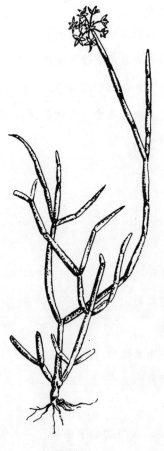

苏摩树

　　此事的另一桩轶闻则是，当众神居于地界之际，苏摩居于天界。希望夺取苏摩的众神委派迦雅德丽（梵天的妻子或女儿之名）前去谋取。迦雅德丽化作鸟形，果然携苏摩汁回转。然而，乾达婆们紧抓苏摩不放，直至前文所述的女神婆岐应允成为其一员，方才作罢。

及至苏摩汁摆在众神面前，一场关于谁堪最先饮用的争论旋即产生，最后，诸神决定展开一场角逐。比赛的结果是，伐由赢得了胜利，因陀罗位居次席。实际上，因陀罗曾拼尽全力争冠，行将抵达终点时，二神本可一同夺冠，并由风神饮下三分之二的苏摩汁，伐由却不肯："不，我要成为唯一的冠军！"因陀罗只好提出："若你我一同夺冠，只分予我四分之一的神圣甘露便罢。"伐由这才答允，二神终同享甘露。

据云，苏摩有三十三位妻子，皆为生主之女。妻子之中，卢醯尼（Rohiṇī）最得宠爱，其余的姐妹对此深感不满，于是去找父亲诉苦。苏摩希望迎回妻子们，岳父却允准女儿们留在娘家，除非苏摩从此对妻子们一视同仁。苏摩只好答应，不料却未能信守承诺——他因此遭受了重创。

献予苏摩的颂诗曾提到，真正的苏摩汁与据称居于其中并借其显化的神祇迥然有别。众神皆饮苏摩汁，而此甘露之中的苏摩神，据云常赐褴褛者以衣衫，还染疾者以健康。诸多神圣品质归于他名下，"他被誉为最受赞美与尊崇的神，一切力量皆归属于他，一切恩典皆需向他祈求，并由他赐予"。他是神圣的、不朽的，众神与人类之不朽亦由他所授。

《梨俱吠陀》的一个篇章曾提及一处喜乐天国，相较于大多数篇章中的描述，它更符合人们的殷殷期许。苏摩被尊为该天国之神明，来日的幸运正可仰仗其恩典。故而有云："纯洁的神哪，请将我安置于那永恒不灭的世界吧，那里的光明与荣耀是不朽的。哦，为因陀罗而流淌的印度（苏摩）啊，让我成为安住于日神（Vaivasvata）之居所的不朽者，那里是宇宙天穹的栖止处，那里流淌着圣洁的河流。"

从归于此神的颂诗可以看出，曾有一个历史时期，使用迷醉物是被容许的，但如今已被禁止。譬如迦梨（Kālī）崇拜者的一支，其成员即普遍沉溺于此类迷醉物，不过，若非宗教用途，则不可触碰它们，而吠陀时期的苏摩形象亦渐渐淡出了人们的视野。

其后的岁月中，苏摩之名依旧被用以称呼月神。至于苏摩缘何会与月亮联系在一起，却不得而知，也许稍后的吠陀颂诗中曾流露出一些端倪。以下篇章中，"苏摩"似兼具苏摩汁与甘露两种含义——既是使人迷醉的甘露之主，亦是主宰夜晚的月神。"令阿底提耶更强大的，是苏摩；令大地更劲健的，是苏摩；位居群星正中的，是苏摩。当苏摩树被榨取汁液时，饮者视之为苏摩；他被祭司们视为苏摩神（月神），无人可饮之。"

另一篇章中有一祷词："愿被称作月神的苏摩神，令我得解脱。"又有"苏摩乃月轮，众神之食物""太阳之本性乃阿耆尼，月亮之本性则是苏摩"。

《毗湿奴往世书》记载道："苏摩乃司掌群星、草木、婆罗门、祭祀与苦行之君主。"往世书中对苏摩之起源的描述则颇为不同，然而这些描述只关乎月神。《毗湿奴往世书》成书的时期，迷醉物被严令禁止，故此，作为迷醉剂之神的苏摩，亦不再为人所知与敬拜。该往世书称，苏摩乃噬食仙人（Atri）之子，梵天之孙，因履行国王的灌顶仪式（Rājasūya）祭祀而被赋予荣耀与极权，故而变得骄纵傲慢。他抢走了天神上师毗诃波提的妻子多罗（Tārā），上师想找回新娘，却徒劳无功，就连梵天介入亦无济于事。仙人们纷纷提出劝谏，然此事终究引发了一场大战，为因陀罗而战、意在夺回多罗的众神为一方，苏摩与邪魔们为另一方。最后，多罗祈请梵天的庇护，梵天这才找到机会，命令苏摩将她释放。

多罗返回后，毗诃波提发现她已有孕在身，于是宣布，在孩子出生以前，不会迎回妻子。多罗不得不顺从丈夫的意愿。孩子很快降生，孰料其样貌与力量皆无与伦比，上师与月神一反常态，皆欲认回此子。多罗只觉羞愧万分，难以启齿。初生的婴儿心下忿忿，决意诅咒母亲："除非你宣布谁才是我的父亲，否则我将置你于此种命途：世上全部的女子皆因你而羞于说出真相。"梵天只好再度出面调停，安慰了娃儿，并对多罗道："孩子，告诉我，你的儿子究竟是属于毗诃波提，还是苏摩？""是苏摩的。"多罗面红耳赤道。话音未落，群星之主已满面容光，他拥抱了自己的儿子，夸赞道："做得好，儿子！果然有胆有识！"从此，月神之子被冠以"慧者"（Budha）①之名。

① 慧者乃苏摩之子，司掌水星，需注意不可与佛陀（Buddha）相混淆，后者的学说由一众佛教徒传承至今。二者并无相似之处，如名字相同，必是其中之一拼写有误。

第九章　陀伐斯特里或毗首羯磨

陀伐斯特里，或按照后期文献中的称谓——毗首羯磨，乃是众神之中的建筑师和工匠，也即印度的冶炼之神伏尔甘（Vulcan）。他是天国的建构者，对负有争战使命的天神们而言，其足堪创造神迹的武器亦仰赖着他的制造技艺，婆罗门斯波底（阿耆尼）的铁斧即被他打磨得锋利无比，因陀罗的雷锤亦由他锻造而成。

陀伐斯特里与人类的关系很是亲密，自十月怀胎起，他便为人世间的男男女女指定了姻缘，并赐下恩典，祝福已婚配的夫妻早得贵子。这一点也令诸神的妻子们成为其最忠实、最长久的伙伴。陀氏创制了世界及世间万物，亦是其所创之物的守护神，同时，他也乐于将人类所奉之祭祀与其余众神分享。

一些篇章中，陀伐斯特里与瑞布有关。后者乃苏檀万（Sudhan-van）之子，由于工匠方面的出色技艺，他们臻达不朽并获得了神之荣耀。罗朴兄弟制造了因陀罗的马车，还通过伟大的苦行，令其父母重回青春。他们被称为陀伐斯特里的弟子，当其出色的技艺足可将一只祭祀金杯重新锻造为四个时，师者这才将其擢升为真正的天神。

在一次应众神之请而举行的旨在颂赞神明的典礼中，陀伐斯特里眼见弟子们取得了非凡的成就，不由心生嗔恨——他不愿意见到这一切，于是藏身于女人之中。据云，他甚至曾试图杀死自己的弟子。另一些叙述则称，他很欣赏弟子们的才干，对结果感到非常满意。

陀伐斯特里乃是毗婆薮（太阳神）的岳父。

一些描述中，因陀罗有时会以主人的姿态自居，对陀伐斯特里及其子毗湿伐鲁巴（Viśvarūpa）大加款待，然最终导致了二人之死。毗湿伐鲁巴有三个头颅，分别被称作"饮苏摩者""饮美酒者"和"吃食物者"。他在公开场合宣称，祭祀所得应全部分享予众神，而私下却说，阿修罗（恶魔）们同样应当分享这些供品。由于私下订立的许诺亦当遵守，因陀罗因此顾虑重重，担心得到祭祀供品加持的阿修罗们将会获得足可推翻其天国的神力。于是，他用雷锤砸掉了毗湿伐鲁巴的头。

滚落的三个头颅化作鸟儿：苏摩为褐色，故此饮苏摩者变成了雉（Kapiñjala）；醉酒之人常发出麻雀的叫声，故而饮美酒者变成了麻雀（Kalaviṅka）；而身体五彩缤纷，仿佛撒满了太多蜂蜜的吃食物者，则变成了鹧鸪。

陀伐斯特里对因陀罗手刃其子感到怒不可遏，他为众神举办了一场祭酒仪式，却独独没有邀请因陀罗。因陀罗自然察觉到了这一点，于是强行夺走了盛有苏摩汁的金杯，一饮而尽之余，却不小心饮下了过量的苏摩汁。愤怒的陀伐斯特里立即打断了祭祀，用仅剩的一点点苏摩汁立下了一个诅咒——其咒语颇为得当，意在诛杀因陀罗，然可惜的是，他读诵咒语的重音却落在了错误的单词上，以至于不仅未能如愿杀死因陀罗，反而遭其毒手。

往世书中的陀伐斯特里被冠以"毗首羯磨"之名。《毗湿奴往世书》对他的描述是："他是一千种技艺的发明者、众神的机械师、诸种装饰的制作者、工匠之首领，也是能自动前行的众神之御车的建造者，同时，人类之维系亦仰赖其技艺。"尽管陀氏不在吠陀阿底提耶之列，往世书时期却被纳入其中。另一些文献则称其为梵天之子。在其画像中，他被描绘为三眼的白皮肤人类形象，右手执权杖，头戴金冠，身上饰有金色的项链与手镯。依信徒奉献之不同，一年中对其行敬拜的次数可能是1—4次。如今，其肖像已不复存，人们敬拜他仅仅是出于他在商贸方面的辅助职能。木匠向他的锤子、锯子等工具顶礼，泥瓦匠则敬拜其泥铲，农民敬拜其犁，学生敬拜其书籍，书记员敬拜其铅笔。人们相信，完成敬拜将带来全天的丰盛和愉悦。

尽管陀伐斯特里在一些吠陀颂诗中被视为创造者与维系者，后期的文献却并未赋予其同等的地位。梵天被奉为创造者，毗湿奴则是维系者，后期的毗首羯磨逐渐变为一名有用的仆人，忠贞不贰地完成其上级的指令。今时的人们需要他的帮助，则是由于日常工作中所需培养的技艺与能力。

第十章　阎摩

　　阎摩，人类的裁判官及未显世界之王，由太阳神毗婆薮与陀伐斯特里之女莎兰纽（Saraṇyū）所生。在对夫君的光辉感到过分害怕以前，莎兰纽诞下了阎摩。

阎摩

阎摩的孪生妹妹名叫阎美（Yamī）。在罗斯教授看来，二神乃是人类诞生之初的"亚当"和"夏娃"，人类社会由之生生不息。《梨俱吠陀》的另一些颂诗则将其描述为天国乐师乾达婆之后裔。由于再无延续种族的其他人选，阎美请求阎摩做她的丈夫。她敦请缔造者陀伐斯特里为其履行夫妇之约，由于无人可违逆陀氏的命令，阎摩再难拒绝。可是，阎摩的决心极其坚定，他对阎美移居地上的提议置之不理，认为宣扬正义者行不义之事是不道德的。

分辨众神的象征意味有时并非易事。麦克斯·缪勒认为，毗婆薮乃是天空，莎兰纽则是黎明，阎摩是为白昼，阎美则是黑夜。又有人称阎摩乃是日出之际炽热的空气，阎美则是夜晚清凉的空气，二者的二元对立则体现在阎摩总是反对阎美的提议上。

阎摩是首位死去的凡人，因而发现了通往彼岸的道路，从此成为离世者们的引路人。据云，他为逝者指引居所的方向，并永葆其安稳。他是居于天界之光的君王，而这光芒源自天界最深处的圣所。那些前往阎摩之居所的义人们，蒙其赐福，居于光明之乡。

"《梨俱吠陀》中，（正如后期的神话一般）需对邪恶者施以惩罚时，阎摩便无处不在。然而，对某些人而言，他依旧是恐怖的存在。据称，他有两只不知餍足的猎犬，长有四只眼睛与宽阔的鼻孔，守护着通往其居所的道路。故此，离世者们皆飞速掠过其身边。据云，阎摩的猎犬亦是漫游于人间的使者，寻觅着应带至主人面前接受审判的对象；死亡则被描述为遣出了一只身为厄运使者的鸟儿。

"当逝者的遗体被置于殡葬之所，火葬之仪由是开启时，人们向火神阿耆尼祈祷，望其莫将逝者的遗骸燃尽，莫将其皮肤或四肢燃成碎片,而是在烈焰完成其使命之际,将逝者交予有死者之父———一切世人皆乃其子孙。愿逝者将一切邪恶与不圆满留予地土,沿先人的足迹向前,发出众神一般的光芒,以之为御车与双翼,直抵永恒的光之国度。旧有的身躯将于彼处得圆满,被赋予光辉的形体。祖先们正与阎摩一道欢宴,得蒙赐福,他们已成为阎摩的亲近者。这喜乐的居所,这日臻圆满的生命,一切愿望皆被满足。他们位列于众神之中,令其喜悦得以实现。"

在阎摩的治下,友人重逢其故知,丈夫重见其妻子,儿女再见其父母,人人得享生活之幸福,再无现世之邪恶与羸弱。众神所享之欢愉与大地上的人类一般无二,与现实世界相比,阎摩的国度,这逝者的居所,其所拥有的感官享乐不差分毫。当有死者获准步入此极乐之境时,他们成为在世之后裔所敬拜的对象,亦乐于分享所得之供品。

以下来自穆伊尔博士的颂诗,恰可作为吠陀教导中所述的阎摩之缩影:

向伟大的阎摩王致敬,
这首位辞世的人儿,
穿越生死之鸿沟,
为有死者觅得了通往天国之途。
*　　*　　*　　*
我等之父祖已然故去;
我等亦将踏上同样的路途,
时光永在,然一切有死者
那生生世世的轮回,从不停歇。

神的权柄渐渐集聚，义人与智者，
愈来愈多的人们环伺在侧，
神的目光一一将其扫视，
从中辨认出真正的亲随。

辞世的有死者啊，沿着神
标定的路途，速速离开了地土；
上升，直至望见敬慕已久的神，
由他赋予更伟大的重生。

*　　*　　*　　*

静默通过，步履轻盈，
四眼猎犬护卫着通往
阎摩之光辉居所的道路；
唯其主人之友，可毫发无伤。

把一切不圆满留于身后：
重回你的往古之火——
曾经拥有的身躯与感官
俗染尽除，荣光重现。

此刻，拥有天界之光辉
与更有力、更高贵、更祥和的生命，
以无边之力，亲尝

更加丰盛的无量喜乐。

熟悉的面庞一一重现，
最珍爱者，现身于面前；
父母、妻子，亲爱的儿女，
教人心如潮涌，不禁张开怀抱……

你要望见你的父，
望见战死疆场的英雄，
望见身披荣耀的圣者，
望见那些古老的、虔诚的、仁慈的王。

在这里，诸神满怀谦逊之智，
只因你确凿最堪崇拜与敬畏，
挡在人们眼前遮住荣耀的
悄无声息的幕布，终于消散。

你在地土所成就的善，
每一次祭祀，每一次恭行，
皆将收获丰厚的奖赏；
值得嘉许的行动，从不被遗忘。

澄明岁月中的美好王国啊，
阎摩之喜乐无穷无尽，

一切愿望皆获满足，

汝之赐福永世绵延。

往世书中的阎摩被称为"人类的审判者"，据云执掌着众多的地狱，不义之人就在那里受苦。例如，《莲花往世书》称："阎摩管辖着死者的裁判所，亦统治着地狱的居者；逝者们一一来到他的面前，其善恶行止早已被他的随侍质多罗笈多记录在案。高尚者将被送往因陀罗的天国，邪恶者则将堕入不同的地狱（Nāraka）。"《毗湿奴往世书》给出了不同地狱之名称，其中提到，"阎摩可怖的辖区中有着众多不同的恐怖地狱，亦有令人畏惧的刑具与烈焰"。该往世书还称，"存在（生命）之尽头，所有人都将成为阎摩的奴隶，由他判决将接受何种痛苦的制裁"。

于是，如何挣脱阎摩之权威成了探索之根本，而结论是："除摩度苏檀那（Madhusūdana，毗湿奴）的崇拜者外，阎摩乃全人类之主。敬拜其任一形相，便可不再受制于其威权。"

依据今日盛行的观点，阎摩被描绘为绿皮肤，周身装饰着红色的衣饰，头戴王冠，发簪鲜花，手执权杖，身骑水牛。人们通常一年敬拜他一次，日常则将一些清水灌注其上。每年皆有整整一个月的时间，未婚的少女们会向阎摩呈送供品，以期觅得理想的夫君；若祈求得蒙应许，阎摩将不会收纳其礼，而会将之留予寡妇。

在阎摩面前，离世者的一切善行与恶行皆将被称量：依据天平的读数，灵魂将前往天堂或地狱。人们相信，灵魂会在 4 小时 40 分钟内抵达阎摩之居所，故在此之前，逝者的遗体不可火化。

《未来往世书》记载了关于阎摩婚姻的如下传说。

阎摩很喜爱一位名叫毗伽耶（Vijayā）的少女，她乃梵天之女。初见阎摩时，毗伽耶感到极其惊恐，她端详着阎摩的外表，思忖着他究竟是谁。不过，阎摩最后安抚了她；并且，尽管兄长极力劝阻，少女还是答应了阎摩的求婚。

抵达阎摩的居所后，地狱之主留意到妻子很排斥前往地府的南部区域。过了一段时日，毗伽耶忍不住想道：丈夫会不会在南边藏着另外一位妻子呢？好奇心驱使着她赶赴禁地，然而那里的画面令她大为震惊：恶人们正经受着折磨，受苦者之中竟包括她的母亲！

于是毗伽耶见到阎摩，请求他放过自己的母亲。阎摩道：除非生者之中有人为她履行一种特殊的祭祀，转变其过往的恶业，否则将无法答允该请求。经历了一些磨难后，终于有人愿行此善，阎摩的岳母获得了解脱。

往世书同样讲述了毗湿奴的力量如何令其崇拜者从阎摩的管束中得救的故事。若有一人不断复诵毗湿奴之名，教会其鹦鹉，又或在濒死之际不怀任何目的地念诵主名，请求其眷顾，他的使者就将从地狱的惩罚中攫住他，将其送往蒙受祝福的居所。

值得注意也颇为奇异的是，阎摩的律法与王国的性质在印度观念的流变中产生了翻天覆地的变化。依吠陀所述，纯粹者与义人将满怀喜悦地前往阎摩的光之国度，而往世书教导则称，恶人才会被遣往阎摩处接受惩罚。

《摩诃婆罗多》中有一则最为有趣的故事，讲述了为何有时向阎摩祈祷颇为吉祥，只因此举有望使已然去往其国度的故人重返大地。

有一位名为萨维德丽的公主，爱上了一位年迈隐士之子萨谛梵（Satyavān），然而有圣哲警告说：不可执着此子，因其命中注定将遭受厄运，仅有一年可活。萨维德丽答曰：

> 不论寿数多寡，
>
> 无关福寿几何，
>
> 只知心有所属，
>
> 誓言此心不移。

公主如愿成为萨谛梵的新娘。她试图忘却预言，然而，岁末之际，却依然心如刀绞。她不眠不休地祈祷与苦行，期盼丈夫能从毁灭者手中逃过一劫，不过始终对丈夫只字不提。

可怕的一天终于来临，萨谛梵准备出发去森林中砍些木柴，为妻者决定一同前往。她跟随在丈夫身后，不时微笑，却心怀沉重。萨谛梵很快用斧头劈了一些木柴，然而，他的太阳穴突然感到一阵剧痛，不禁大叫倒地，一边呼唤着妻子。

"晕厥的丈夫倒在了她怀里，萨维德丽颓然坐在冰冷的地上，把他那无力的头颅搁在了自己的膝上。她一边痛哭，一边回忆着圣哲的预言，默默在心中计算着时日。突然，她望见面前出现了一个形状恐怖的身影，穿着血红的衣袍，头上的王冠熠熠发光——尽管如太阳般闪耀，其形相却是晦暗的；其双目燃烧如火焰，手持套索，令人不敢直视。他就站在萨谛梵身边，阴森地凝视着他。

"浑身战栗的萨维德丽将濒死的丈夫放在地上，站了起来。她恭敬地双手合十，心跳如鼓地对这身影道：'你确然为神。此等形相，远胜凡人！神样的存在哪，请告诉我，你是谁？你将往何处去？'"

来人回答，他是阎摩，死国之王；萨谛梵大限已到，他必须将其锁住，带走其灵魂。

"他随即迫使她丈夫的灵魂离开了躯体，用套索将之紧紧锁住，令之化作拇指般大小。失去了灵魂的身体立即失去了生气，没有了呼吸——它丧失了全部的恩典与美丽，变得苍白而静默。"

锁住灵魂后，阎摩带着它向他所统辖的区域——南方，继续前进。

忠贞的妻子紧紧相随。阎摩命令她回去好好准备葬礼，她却下定了决心。阎摩因其虔信而动容，终肯许她恩惠，不过，令丈夫死而复生除外。于是，萨维德丽请求他，令丈夫那目盲的父亲重见天日。阎摩应允，再次命令她回家去。然而，萨维德丽仍旧跟随着他，阎摩只好又应许了她的两个愿望。然她继续紧紧跟随，简直就要踩到死神的脚跟。最后，死神感动于她的坚贞，允她愿望，再无条件。欢喜的萨维德丽大声道：

> 伟大的王，这一次，你不曾设下条件：
> 请让我的丈夫复生吧！
> 若失去了他，我的生活再无生趣，
> 甚至不会渴望天堂；
> 若失去了他，我必死无疑。

"如你所愿，坚贞的妻子，"死神答道，"我会放了他。"语毕，他解开了套索，释放了萨谛梵的灵魂。

阎摩为人所知的众多称谓中，以下称谓最为常见：

达摩罗阇（Dharmarāja）："正法之王"。

毗陀利波底（Pitṛpati）："先祖之主"。

苏摩普尔底（Samavarti）："秉公审判者"。

克里檀达（Kṛtānta）："终结者"。

娑摩那（Samāna）："赋予平等者"。

迦罗（Kāla）："时间"。

檀达陀罗（Daṇḍadhāra）："携权杖者"。

希罗塔提婆（Śrāddhadeva）："祖先祭之神"。

毗伐斯婆达（Vaivasvata）："日神之子"。

安达卡（Antaka）："致死者"。

第二部分　往世书诸神

第一章　诸往世书

印度现代神话的主要信息来源，乃是两大史诗《罗摩衍那》与《摩诃婆罗多》，以及十八部往世书。"往世书"意为"古老的传统故事"，此外还包括五部主要的坦特罗（Tantra）。

史诗的成书年代难以确知，不过，我们大约可料定，史诗成书于诸吠陀之后、诸往世书以前。有文献称，《罗摩衍那》的产生年代早在公元前 500 年左右，然又有说法称，其确定的编纂时间不可能早于公元前 100 年，并且有很大的篇幅形成时间更为晚近。《摩诃婆罗多》的成书时间约晚于《罗摩衍那》一个世纪。

两大史诗与吠陀、往世书、坦特罗有所不同，其阅读对象乃是婆罗门以外的人们。史诗体量甚巨，同一故事可能反复出现。时至今日，史诗在广大印度人民的心目中仍享有举足轻重的地位，甚至被视为信仰，因此，在史诗中读到如是话语也便不足为奇了："凡读诵此赐予新生的神圣《罗摩衍那》（或《摩诃婆罗多》）者，将摆脱一切罪孽，携其子孙，荣升至上天国。"

确定诸往世书的成书年代几乎与史诗同样困难。不过，人们相信所有往世书的成书时间不会早于公元 8 世纪，尽管其中所包含的一些传说可能来自更早的年代。从诸多方面的证据来看，往世书的成书时间明显晚于两大史诗——史诗所述仅仅是人类与英雄，到了往世书时期，所述之对象已然是神圣之存在了。

从这一意义上看，往世书与吠陀亦有所不同。古老的吠陀时期，印度人民拥有共同的宗教信仰，因而敬拜同一批神祇，而不同的往世书常常只关心某一位神明，为其呈上特别的颂赞，其余诸神则削弱至从属地位。除唯一选定的真神外，往世书对万神殿中的其余众神往往一视同仁，唯一真神则被称为"至上神"，被奉为虔信之对象。对至上神而言，余神不过是其化身。梵天、湿婆、毗湿奴的众多形相之一，即是最伟大的至上神，理应获得所有人的敬拜。

也许，最初编纂往世书的目的仅仅在于颂赞三大主神，然随着印度向整个次大陆的扩张，宗教之中心权威不复存在，教派意识日盛，故此作者们颂赞自身之特定神祇，而对余神漠不关心。

诸往世书的分类如下：

I. 献予梵天的往世书，有《梵天往世书》《梵卵往世书》（Brahmāṇḍa Purāṇa）、《梵转往世书》（Brahmāvaivarta Purāṇa）、《摩根德耶往世书》（Mārkaṇḍeya Purāṇa）、《未来往世书》、《侏儒往世书》（Vāmana Purāṇa）。

II. 献予毗湿奴的往世书，有《毗湿奴往世书》、《薄伽瓦谭》（Bhāgavata Purāṇa）、《那罗陀往世书》（Nāradīya Purāṇa）、《迦楼罗往世书》（Garuḍa Purāṇa）、《莲花往世书》、《筏罗诃往世书》（Varāha Purāṇa）。

III. 主要与湿婆有关的往世书，有《湿婆往世书》（Śiva Purāṇa）、《林伽往世书》（Liṅga Purāṇa）、《室建陀往世书》、《阿耆尼往世书》（Agni Purāṇa）、《摩磋往世书》（Matsya Purāṇa）、《库尔玛往世书》(*Kūrma Purāṇa*)。《阿耆尼往世书》也称《伐由往世书》(*Vāyu Purāṇa*)。

以上往世书几乎是当今盛行的全部印度教教派之权威圣典，为印度人民所广泛阅读。部分梵语往世书甚至通篇被译作了教派的本地方言，余者亦得到了部分的译解。针对那些尚不具备阅读能力的人们，古鲁的日常修习即包含在弟子阶段性来访时，为其朗读或讲述往世书内容。

每一部往世书皆向特定的一些神祇献上赞美，依其教导，这些神祇乃是至上神，对那些其他往世书浓墨重彩详加描绘的别神，则一笔带过，有时甚至禁止敬拜这些神祇。依此判断，诸往世书似编纂于不同的年代与不同的地区，编纂者很可能对他人所述一无所知。人们普遍相信所有的著作皆源自伟大的圣哲毗耶娑，他也是诸吠陀与《摩诃婆罗多》的编纂者。

相较于其他观点，核心的往世书与《毗湿奴往世书》更倾向于如下观点，其中涉及往世书的五大主题："I. 宇宙之创造；II. 宇宙之毁灭与再创造；III. 诸神与祖先之谱系；IV. 摩奴（曾统治很长的时间）统治时期；V. 两大种族——太阳族与月亮族之王朝历史。"[①] 如今所知的往世书，亦存在忽略上述主题而探讨其他之情形，同时，在叙述不同谱系时，亦存在着较大的差异。[②]

此处需提及的最后一类宗教文献乃是坦特罗。"坦特罗"一词意指"一种信仰之道"，其启示录中所记载之信仰，能令人自一切重罪中获得解脱。坦特罗的形式乃是湿婆与妻子的对话，在对妻子的答问

---

① 威尔逊著《毗湿奴往世书》序言。
② 对不同往世书内容的介绍，参见威尔逊著《毗湿奴往世书》。

中，大天开示了关于敬拜的各种知识。此类著作的成书年代晦暗不明，不过眼下大约可论定，其形成时间不早于距今六个世纪时。

坦特罗乃是性力派教徒（Śākta）的信仰与仪式之权威，他们敬拜湿婆之妻，并将坦特罗视为第五吠陀。这些教派的学说，或者至少一部分学说乃属秘传，仅在正式入教、步入神秘传统的教众中传授。

往世书神祇方面，我们将依据一般顺序进行介绍。印度人常常提及的三大主神——梵天、毗湿奴、湿婆，被统称为"印度三相神"（Trimūrti）。在逐一介绍三相神及其配偶之后，我们还将对其化身或后裔进行阐述，最后将叙述与其中任何一位皆无关联的诸神。不难发现，大多数重要神祇皆与三相神中的一位或数位存在联系。

第二章　大梵

大梵（Brahma）[1] 乃至上存在、诸神之神；梵天、毗湿奴、湿婆皆是其显现。一些归属于别神的吠陀颂诗，亦对其进行了描述，在一些往世书中，众神据云乃与至上之梵同一。

大梵被印度人民（在其看来，经典文献中存在着众多的权威）视为至上神，他们认为，万物皆起源于大梵，亦因其而显现。我们能在《阿闼婆吠陀》中读到——

"起初，众神皆在（大梵）之中，一如乳牛归于牛棚。肇世之初，大梵即是此（宇宙）。他创造了众神，将其分配于诸世界：阿耆尼归于地界，伐由归于空界，苏利耶归于天界。彼时，诸世界位于更高的所在，大梵便将众神置于更高的所在。其后，大梵前往更高的界域（注疏者对此解释道，此界域为真理界（Satya loka），乃至上之境，亦是诸世界之极处）。众神本是有死者，当大梵遍在于他们之中时，便成了不朽者。"

《鹧鸪氏梵书》（*Taittirīya Brāhmaṇa*）云："大梵创造了众神，大梵（生成了）整个宇宙。诸世界在他之中，整个宇宙亦在他之中。大梵乃最伟大之存在，若无他，何谈生命？三十三位神祇在大梵之中；

---

[1]　需注意梵（Brahma）的结尾为短音，而其首个化身梵天的结尾为长音。

因陀罗与生主在大梵之中；如栖身舟中一般，万物亦在大梵之中。"

对此，莫尼尔·威廉姆斯解释道："只有极少数吠陀颂诗看似包含关于神我、存在、无所不在者的简明概念。某种程度上，神遍在于万物的观念是朦胧的、不明确的。"他进一步阐释道："《梨俱吠陀》的《原人歌》（*Puruṣa Sūkta*）曾将唯一之灵称作'原人'（Puruṣa），此后的概念系统中，更加通行的称谓则是'梵'（Brahman）。梵是中性词，词根为 *bṛh*，意为'延伸'，指普遍意义上无限延伸的存在，或散布于宇宙之中的存在，其名词形式则指神（Brahma）。

"中性之'梵'意为'简单而无限者'，它是唯一真正永恒之存在，当其显化为切实的存在物时，称为'梵天'；当其于世界中发展其自身时，称为'毗湿奴'；当其再度消解自身而成为简单的存在时，称为'湿婆'；浩如烟海的其余众神与半神皆不过是中性之梵的显现，唯梵乃永恒者。"

《毗湿奴往世书》中，大梵被译为"抽象的至上之灵"。在它之后，疑窦渐生："既然（作为抽象之灵的）大梵无属性、无穷尽、无瑕疵，创造性的能动者（agency）又如何归属于它呢？"答案是："存在物的本质乃是观察之对象，因而并无预见性；而存在界与万千事物之性质，属于不可分的大梵，亦是其本质的一部分，正如热能内在于火焰一般。"往世书继续解释道，创造是由大梵的首个显现者——梵天代而实现的，后又有说法称，毗湿奴乃与梵天一同现身。

该往世书还解释说："大梵有两种形态：一者有形，一者无形；一者可朽，一者不朽。二者皆内在于万物。不朽者是为至上存在；可朽者是为有形世界。熊熊燃烧的火焰向周围散发出光能与热能，因此，世界不过是至上之梵的显化能量。由于距离的远近，我们所能感受到的光能与热能或强弱不一。同时，基于与大梵的亲疏，其至上能量内在于万物的强烈程度亦存在分别。梵天、毗湿奴、湿婆乃是至上神最伟大的能量，其次是次级众神，再次是随侍之灵，其后是人类、动物、鸟类、昆虫、植物——它们依序远离其源头，故而能量逐一减弱。"

《毗湿奴往世书》进一步给出了大梵一词的词源："它衍生自词根 *vṛha*（增长），既是无限（之灵），也是诸吠陀（与万物）产生的源头。"于是便有了献予大梵的这首颂诗：

荣耀献予大梵，
圣音 OM[①] 乃其称谓，
他与宇宙三界（地界、天界、天国）永恒相系，
四大吠陀与他相连。

荣耀献予大梵，
无论世界如何毁灭与新生
皆不动分毫。
一切智识之要义，
以他为伟大与神秘之源头。

他不受时空之限制，

---

① OM 出现于对祷词与宗教仪式的评注中。它是如此神圣，以至于人们无从听见它是如何发出的。起初 A、U、M 三个字母用以表示三部吠陀，后来亦成为三大主神——梵天、毗湿奴、湿婆的神秘象征符号。

亦从无衰减……

他是无形无相的不灭之梵；

纵生万千形相，本性不移。

他乃第一要义与自生者；

据云，他照亮了心灵之穴；

他不可分、光辉、无损、形相万千。

至上之梵，永被颂赞。

《毗湿奴往世书》的这一教导所体现的圆满之和谐，亦诠释了印度人民的共同信仰。当他们言及神圣存在时，或许再无一言较以下话语更为常用了：

神（大梵）乃唯一，再无第二。

以此箴言，揭示了作为至上者的大梵^①与梵之显现的区别。当印度教被指称为多神教时，又或崇尚神性联结的正法遭到亵渎时，他们回应道：梵天、毗湿奴、湿婆等众神，皆不过是至上之梵的显现而已。

早期著述中，"梵"用以指代一首颂诗或曼陀罗，而"梵天"则意指一位祭司或敬拜者。直至吠陀较为晚近的部分，大梵才渐渐与至上者同一，而梵天则成为其伟大的显现。依据早期吠陀的说法，万物之主乃是生主，其地位与晚些时候的梵天别无二致。一些吠陀文献甚

---

① 近代发源于孟加拉地区的有神论学派，很长时间以来，皆以 Brahmo Somaj 作为对大梵的称谓，也即全体人民皆敬拜至上之梵或神。

至同时确认了二者之地位，于是，梵天作为造物者被敬拜。

尽管梵天为祭司们所钟爱，在普通人之中却并不盛行。随着时间的推移，地方诸神渐渐开始被敬拜，非雅利安神祇甚至对身为征服者的雅利安人产生了影响。为避免失去对信众的掌控，祭司们接纳了这些新的神祇，将其纳入神谱，以便与古老的吠陀诸神济济一堂。到了史诗成书的年代，毗湿奴与湿婆已被同化。另一方面，诸神常有众多称谓的原因，很可能是其地方称谓与部落称谓有所不同的缘故。通过这种融合，祭司们保全了正统神学在民众心目中的地位。

《百道梵书》曾试图令湿婆与阿耆尼同一。作者似乎意在使晚期的三相神——梵天、毗湿奴、湿婆与更加古老的三相神——阿耆尼、因陀罗–伐由、苏利耶形成——对应的关系。

第三章　梵天与萨拉斯瓦蒂

1. 梵天

梵天是印度三大神祇之首，被称为"创造者"；他是诸神与人类之父，相当于吠陀时期的生主——万物之主。

梵天

几乎所有的往世书作者，皆把言明"梵天司创造"之要义视为自己的责任，但这些描述在细节上有所不同。然而，想要对"创造"这一伟大事件进行圆满的描述，显然是无望的尝试。此处我将引述摩奴的说法，它在吠陀教导中广泛存在，尽管已然掺杂了许多现代观点。

"这宇宙被黑暗包裹着——无从察知，无可分辨，无以探寻，无法了解。它完全沉入了深眠。绝对的、自存的主，难以察觉地以五大元素创造了宇宙与万物，其显化将黑暗与阴郁一扫而空。他超越于诸感官的认知，精微、不辨、永恒；他乃万物之本质，不可思议而自照。他渴望从自身之中创造出万千存在，于是，他首先创造了水，随后将一枚种子置于其中。这（种子）化作一颗光辉如日轮的金卵（Hiraṇyagarbha），他从金卵中诞生为梵天——诸世界的祖先。此水称作'原水'（nārāḥ），因其乃那罗（Nara）之后裔；同时，由于它们曾是那罗的行动之所（ayana），故而又称他作'那罗延那'（Nārāyaṇa）[1]。由此初因生成的不辨、永恒、既是存在也是非存在者，其所处之世界，即梵界。上主继续居于金卵，直至一年后以其思想令之裂为两半。"《摩诃婆罗多》及一些往世书则以为梵天生自从毗湿奴的肚脐绽放而出的莲花。

《毗湿奴往世书》对金卵的描述是："其胎藏如迷卢山一般广阔，其内部充溢的原水中，乃是群山与大海。金卵纳藏着大洲、大洋与山

---

① 依据《梵天往世书》，梵天的另一个名字是阿帕瓦（Āpava），也即"行于水上者"，该称谓与那罗延那有着类似的含义，尽管并非全然一致。该往世书称，阿帕瓦将自己分为阳性与阴性两个部分，毗湿奴由他而生，又创造了毗罗阇（Virāj），后者创造出世界上的首个人类。威尔逊说："根据该篇章的评注者所言，第一阶段乃是毗湿奴通过其能动者梵天创造了阿帕瓦或毗希施塔（Viśiṣṭa）或毗罗吉；其后才是由毗罗吉创造的摩奴之创造。"——道森（Dowson）

脉，纳藏着行星与宇宙的各个部分，纳藏着诸神、诸魔与人类。据云，梵天由之诞生，一个熟悉的短语被用以揭示其显现。"这枚无与伦比的金卵，在创造主居于其中届满千年后迸裂，从中生出的梵天以冥想展开了他的创世功业。[①] 眼见大地沉于水中，他化身为野猪，深潜其中，以其獠牙托举出大地。其后，他继续完成了创世的壮举。

图像学中的梵天常被描绘为四首与红皮肤，虽然往世书曾云，起初他曾拥有五个头颅。梵天常着白衣，其坐骑是鹅。他一手执棍棒，一手执瓷盘，用以接纳供品。

《摩磋往世书》曾对梵天头颅的数量与形象做过以下描述："梵天乃从自身之完美存在中，建构了一名女子，此女常以莎妲鲁巴（Śatarūpā）、萨维德丽、萨拉斯瓦蒂及婆罗玛妮（Brāhmāṇī）之名被敬拜。梵天注视着生自其身的女儿，感觉被爱神之箭射中了，他情不自禁地高呼：'她的美是多么令人窒息！'莎妲鲁巴转身前往梵天的右侧，梵天为了继续望见她，生出了第二个头颅。为逃避他那热烈的凝视，莎妲鲁巴又前往他的左侧与后侧，梵天于是又生出了两个头颅。最后，她跃上了天空，梵天追着她，想要继续凝望她的情影，便又生出了第五个头颅。梵天对她道：'让我们一同创造一切有情众生，创造人类、修罗（Sura，天神）与阿修罗吧！'莎妲鲁巴闻言下降，与梵天结为夫妻。二人从此隐居于僻静之所，度过了一百个神圣纪年；及至二神诞下摩奴的时代，他们也被称为莎扬普瓦（Svāyaṃbhuva）与

---

① 后期的毗湿奴宗著述中，该形式（金卵）被视为一种特殊的化身。

104

毗罗阇。"①

关于梵天缘何失去其第五首，数部往世书皆曾提及以下传说，不过形式有所不同：

"一次，众人齐聚于迷卢山巅时，圣哲们向梵天献上颂赞，请求他开示神的真实本性，然而创造主深受摩诃沙（Maheśa，一名恶魔）的幻觉之影响，心意沉沦于灵性的暗夜，只识断言其自身之卓绝，他道：'我乃宇宙之胎藏，无始无终，乃唯一自存之主。谁若不识敬拜我，谁便永远不能抵达至福。'

"闻听此言，那罗延那（毗湿奴）的化身之一克瑞图（Kratu）笑道：'若你不曾被无明蒙蔽，断不会说出如此违背真理之话语，只因我即是宇宙的建构者，是生命之源、不生者、永恒者与至上的那罗延那，若非我的意志，创造无以发生。'

"于是，毗湿奴与梵天起了争执，最终一致同意此事须由吠陀作出裁决。不料，吠陀宣称湿婆才是创造者、维系者与毁灭者。得闻此言，仍受困于无明之暗的毗湿奴与梵天道：'湿婆乃恶魔之主，喜爱墓地，形貌褴褛、以群蛇为项饰，信徒裸身覆灰——此等神祇怎配享至上存在之名？'无形无相的普拉那（生命气）旋即化为有形者，道：'此非湿婆之真正形式，当其能量聚集时，他有时化作楼陀罗形象，以各种幻相游戏自娱。'然此言未能驱散毗湿奴与梵天的灵性之

---

① 《薄伽瓦谭》亦曾提到，梵天与萨拉斯瓦蒂尚诞育了另一名儿子，名为普里亚弗拉达（Priyavrata）。他对太阳神的工作感到不满，因其每次只能照亮世界的二分之一。他以相同的速度，七次驾驶着燃烧的御车跟随其后，宛如另一个太阳一般，将黑夜化作了白天。然而此举遭到了梵天的制止，于是，普里亚弗拉达御车的车辙化作了七大洋。七大洲由此而来。——道森。

暗。突然，在他们中间出现了某种无与伦比的光辉，诸天界、地界与空界一一囊括其中。从这光辉之中，一个巨大、不生的暗色身影渐渐显露，他手持三叉戟与念珠，项戴蛇制婆罗门珠。

"梵天的第五个头颅愤然瞪视着湿婆，道：'我知道你是谁，哦，旃陀罗舍克罗（Candra Śekera）啊，你从我的前额中诞生，因你不曾号哭，我称你为楼陀罗。速速拜伏于我的脚下求庇护吧，我会保护你的，儿子！'此等傲慢话语令湿婆大怒，怒气喷涌出其恐怖相（Bhairava，畏怖尊），湿婆向他下令：'惩治此生自莲花者！'就在接获命令的同时，畏怖尊以其左手拇指削去了梵天之首。"梵天为其过错付出了代价，从此失去了其第五首。毗湿奴与梵天由是礼敬主湿婆。

同一部往世书的另一些篇章亦记载有关于此事的传说，但说法有所不同：

"起初，一切有情与无情众生皆已覆灭，除无边无际的海洋外，再无一物：无火，无风，无太阳，无大气，无恒星，无行星，无光明，无大地，无天国，亦无众神与群魔存在；一切皆包裹于无以穿透之暗。唯一的存在乃是遍在于整个宇宙的摩诃迦罗（Mahākāla，湿婆），他渴望创世，于是以右手食指旋入其左臂，生出了一个气泡。气泡渐渐膨胀为一枚金卵。摩诃迦罗一掌劈开金卵，以其上部构成诸天，以其下部构成大地，五首四臂的梵天现身于天地之中心，摩诃迦罗对他道：'吾之喜爱生此创造。'言毕，消失不见。

"梵天便想：我当如何完成这一创造呢？于是便以严苛的苦行（冥想）喜悦其主存在（Bhava），得蒙赐予四部吠陀，由是成了创造主。然而，因湿婆并未露其真身，梵天唯以不断地冥想，以期亲见尊神。湿婆深为满意，虽不曾现身，仍对他道：'梵天哪，许下你的愿望吧！'梵天便请求湿婆化身为其子。湿婆答道：'由于你的虔诚，我将以楼陀罗之形化身为汝子，然此愿实属逾矩，故而我将砍去你之一首。虽最终只余四首，不过，由于你乃从我之存在中由我亲手所创，为表纪念，将赐名为"梵天"。同时，因我将化身为汝子，你亦将被称为毕陀摩诃（Pitāmāha，伟大的先祖）。'

"梵天同时接受了湿婆的恩惠与诅咒，为求创造，他以自身之光辉举行火祭，此热能令其额头冒汗。在以一小块木片擦拭汗水时，他的一滴血落入了祭火，由湿婆的意志而生的暗色的五首、十臂、十五眼的楼陀罗自其中一跃而出，佩戴有蛇制婆罗门珠，前额饰以月轮，身披狮皮。

"梵天见到儿子很是喜悦，赐其各种称谓。只是，梵天所创造的诸种造物皆向他献以敬拜，唯独楼陀罗从不肯效仿之。梵天便问：'你为何不肯敬拜我？'楼陀罗答：'除生我之光辉外，再无一物可被敬拜。'语毕，便动身往湿婆的居所而去。

"由于本性不洁，梵天堕入了灵性之暗，自以为创世得以完成，全凭其一己之力，再无别神可与其相提并论。梵天之四首向第五首呈送了吠陀，不料第五首读毕诸吠陀，竟生出了一种修罗（天神）与阿修罗（恶魔）皆无以承受的光辉。"

《莲花往世书》对这一故事如是作结："由于无从接近它又或注视它，修罗与阿修罗们只得求助于湿婆。湿婆感其虔诚，决定应许其请求，于是随他们一同前往梵天之所在——第五首仍旧充满了傲慢，令人无以直视。梵天见到湿婆，亦未如往常一般示以尊重。湿婆眼见梵天第五首的光辉远比一千个太阳更为明亮，使得整个宇宙饱受苦难，便走近他身边道：'梵天哪，此首之光辉已然太甚。'随即以左手拇指的指甲斩下了它，犹如人类砍下车前草茎一般云淡风轻。"

《摩诃婆罗多》曾云，湿婆当时并未斩下梵天的头，却也仅仅是出于众神的调停与阻止。湿婆最终仍然削去了梵天的首级，原因在于他引诱了自己的亲生女儿。梵天之所以罹犯此罪，乃是因为一时的意乱情迷，于是，他对日后酗酒的神祇们立下了诅咒。

上述篇章中，梵天乃是为求一己私利而敬拜湿婆的典型代表。《毗湿奴往世书》曾叙述道，他混迹于诸神与人类之中，加入对同一位神明的礼拜，与此同时，又在同一场合中作为祭司出现。该往世书的另一篇章中，毗湿奴对梵天如是言道："汝乃万有之共同中心，亦是世界的守护神，万有皆存在于你之中。汝乃一切过往与全部来日，除你之外，再无他物；主啊，若非汝，既无过往，亦无来日。汝乃独立自存者，从无起始。"彼时，被赞美者正试图引导毗湿奴拯救饱受痛苦的大地，毗湿奴旋即化身为克里希那以作回应。

如今的梵天并未受到印度人民的广泛敬拜。"婆罗门每日早晚的敬思持咒中包含了对梵天形象的描述；中午时分，会向他呈上一朵鲜花；待到行火祭的时刻来临，则会向他呈上酥油。摩伽月的满月时分，婆罗门敬拜其泥塑造像，彼时，湿婆在其右掌，毗湿奴在其左掌。"

作为创造主的梵天似已完成其职责，故此，除阿杰梅尔（Ājmir）的莲华台（Puṣkara）以外，再无一座神庙专事敬拜他。有证据表明，梵天崇拜的式微已持续了数个世纪之久，例如，《室建陀往世书》就曾记载有一段拙劣的传说，尖锐地指出梵天所言实乃谎言，由是揭露了彼时梵天崇拜已然淡去的事实。该传说最后总结道："你是如此的幼稚无知、满口谎言，今后无人敬拜于你。"

《摩诃婆罗多》提及梵天的天国长 800 英里、宽 400 英里、高 40 英里。那罗陀曾宣称，彼天国之壮美无以言表，长达 200 年的时间里，仙人难以尽述其超绝之境，他道：其余天国所拥有的全部壮美，彼处一览无遗，且远超其上；梵天于此大地的一切造物，小至昆虫，大至猛兽，其天国中皆可寻见。

后期神话中，尚有一位名为陀特里（Dhātṛ）的神祇被奉为创造主。《梨俱吠陀》中并未对其力量予以清晰的界定，但曾提及他掌管着生命的创生，并守护其健康。陀特里的职责与生主或梵天相同；同时，在造物者的意义上，亦与毗湿奴和克里希那相近。有时，他也被称为梵天之子。

除经常提及的称谓外，梵天为人所知的称谓尚有：

阿德玛布（Ātmabhū）："自存者"。

巴拉摩斯蒂（Parameṣṭhin）："祭司之首"。印度宗教中，梵天被视为首位履行全部伟大祭祀的婆罗门。

罗克沙（Lokeśa）："世界之主"。

金卵："生于金卵者"。

萨维德丽波底（Sāvitrīpati）："萨维德丽之夫"。

阿底迦毗（Ādikavi）："首位诗人"。

2. 萨拉斯瓦蒂

梵天之妻名为萨拉斯瓦蒂。女神司掌智慧与科学，乃吠陀之母，亦是天城体字母的发明者。其形象为美丽的四臂年轻女性。

萨拉斯瓦蒂的右手一手持献予丈夫的鲜花，她亦总是立于丈夫身旁；另一手执一册以棕榈叶制成的书，作为热衷学习的象征。其左手一手持一串名为"湿婆念珠"（Śivamāla）的珍珠，亦作念珠之用；另一手则持有一面小鼓，名为达摩卢（ḍamaru）。女神素日以二臂形象示人，端坐于莲花之上，弹奏着一种班卓琴（banjo）。女神居于大地，生活在人们之中，不过，她与丈夫那别具一格的居所位于梵界。

萨拉斯瓦蒂生自梵天，曾被视为梵天之女；在别神眼中，她与梵天的结合乃属犯罪。有时她亦被称作毗湿奴之妻，其中的曲折，有一传说正可一释究竟：

"就神话学权威所制定的标准而言，萨拉斯瓦蒂乃是梵天之妻；不过，孟加拉毗湿奴宗有一则广为人知的传说，称其为毗湿奴之妻，她与拉克什米（Lakṣmī）、恒河女神一同侍奉丈夫。当三位女神出现分歧时，萨拉斯瓦蒂与博学的智慧女神密涅瓦（Minerva）毫无二致，变得十分凶悍。毗湿奴发现，一位神祇至多只能应付一名妻子，于是将萨拉斯瓦蒂遣至梵天处，恒河女神则被送给了湿婆，毗湿奴自己与拉克什米一同享受着幸福的生活。

"吠陀中的萨拉斯瓦蒂未被刻画成极其伟大与重要的女神……她同时作为女神与河流被敬拜，不过，诚如其名'水样的'所示，她主要是一位河神；以此职责，吠陀中亦有少数不同的篇章向她献上赞美。这些颂诗及梵书皆暗指在其河岸边举行的祭祀仪式，位置与德里莎陀底（Dṛṣadvatī）毗邻。萨拉斯瓦蒂河亦仿佛尤其涉及宗教系统中称为婆罗门瓦尔达（Brahmāvarta）的圣所——它位于两条支流间，直指亚穆纳河（Yamunā）西岸。

萨拉斯瓦蒂

"萨拉斯瓦蒂河出现的年代甚早，早期的印度人民便已生活在其流域，其后裔渐渐迁徙至恒河流域（恒河在《梨俱吠陀》中仅被提及两次）……当河流被赋予神性时，将萨拉斯瓦蒂女神视为各种仪式的守护神也便成了自然而然的事情——祭祀需仰赖其圣水，祈求其指引与祝福也便成了祭祀符合仪规与成功履行之核心。

"女神与神圣祭祀仪式的联结，或可进一步使人产生如是之想象：她对祭祀过程中扮演重要角色的颂诗之编纂产生着某种影响。由是，人们把萨拉斯瓦蒂与语言（Vāc）联系了起来，视其为语言女神。关于这一双重特征与身份认同，暂无更好的解释。

"萨拉斯瓦蒂常与其他数位女神一同应邀现身于祭祀仪式。不过，

111

这些女神并非如她一般源自河神，而是宗教敬拜一些分支或神圣学科的人格化形象。她亦常常与别神一同被呼求。

"如前文所述，许多赞美萨拉斯瓦蒂的篇章皆完整保留了其原初性格。因此，当她与河流一同被提及或令河土肥沃时，常存在两种情形：

> 你令河水丰盈，赋以富饶；
>
> 你拥有伟大的力量与不朽之本性；
>
> 你乃财富与子嗣之主；
>
> 愿萨拉斯瓦蒂——
>
> 将此生机赐予信徒。

"萨拉斯瓦蒂亦与其他著名的河流一同被提及，如信度河、恒河等等。另一处则云，'她胜过一切河流，纯洁地自高山流向大海'。另一些颂诗中，称她'自天界降下，从伟大的山峰流向祭祀'；她亦被恳求与其余诸神的配偶结合，以便为其信徒提供坚实的守护……很难说在哪些篇章之中，人们曾向萨拉斯瓦蒂祈愿，纵使在那些以她为神圣祭祀之主的篇章中亦是如此。至于女神作为河神的性格特征，则已彻底淡出了视线……

"后期神话中，诚如所知者，萨拉斯瓦蒂与语言同一，同时，作为梵天之妻和智慧与雄辩女神，她亦被赋予诸多圣名，甚至应人们的祈愿而现身为缪斯女神。《摩诃婆罗多》称她为吠陀之母，《鹧鸪氏梵书》称她为语言之神，同时以她为因陀罗之妻。她遍在于诸世界，编纂诸吠陀的圣哲们苦苦追寻着她，诸神亦借由苦行将她追寻。"

往世书中的萨拉斯瓦蒂被赋予了其他的称谓。《摩磋往世书》中的一颂确信：对女神的不同的称谓皆指向萨拉斯瓦蒂——"梵天自其无染之存在中创造了一名女性，她以莎妲鲁巴、萨维德丽、萨拉斯瓦蒂、迦雅德丽及婆罗玛妮之名被敬拜。"《室建陀往世书》记载的以下传说中，尽管萨维德丽与萨拉斯瓦蒂同一，迦雅德丽却是指另一位女神，她是梵天的第二位妻子。自在天（湿婆）曾对提毗（Pārvatī，帕尔瓦蒂）道：

　　"听着，提毗啊，我将向你述说萨维德丽如何离开梵天，他又是如何娶迦雅德丽为妻的。

　　"吠陀曾云，祭祀有一项伟大的功用，能喜悦众神，为大地降下吉雨……为维护三界的绿意与生机，我履行了诸种祭祀，众神与人类的祭祀亦由此发端。

　　"梵天与妻子萨维德丽，以及众不朽者与圣哲们修复了莲华台，然而当祭祀仪式与典礼所需的一切准备就绪时，萨维德丽却因一些琐事而耽搁，未能出席。梵天曾遣祭司前去唤她，孰料女神竟答道：'我的梳妆尚不周全，诸事亦未曾料理妥当——拉克什米、帕瓦妮（Bhavānī）、恒河、萨婆诃、因陀罗尼，以及诸神与诸圣哲的妻子们皆未曾抵达，教我如何独自前往人群中呢？'

　　"祭司返回后向梵天禀报：'萨维德丽有事缠身，不能前来；只是，若无妻室在场，这些祭祀又有何助益？'听闻妻子如此行事，梵天盛怒之下对因陀罗道：'依我之令，速为我寻一名妻子来此，不问出身。'因陀罗依言行事，匆匆上路之际，望见了一名年轻美丽的牧牛女。她面带微笑，携着一罐黄油。因陀罗拦住了她，将她领回了祭祀之所。于是，梵天宣布：'众神们、圣哲们，若能有助于祭祀，我

113

情愿娶此女迦雅德丽为妻，她将成为吠陀之母，诸世界亦将因她而洁净。'梵天决定与迦雅德丽结合。她换上了新娘的装束，身着华丽的丝制衣袍，周身装饰着名贵的珠宝。

"就在此时，萨维德丽在毗湿奴、楼陀罗及众神妻子们的陪伴下，正往祭祀之所而来。目睹新娘装束的牧牛女，眼见祭司们已然开始履行神圣仪式，她不由勃然大怒，对毕陀摩诃道：'梵天哪！我才是你的妻子，你却动了邪念，意图抛弃我！难道你已被爱情冲昏头脑，竟不知羞耻地甘愿犯下此等重罪吗？你被称为众神与圣哲们的伟大先祖，却公然行此为三界耻笑之事。身为一名被抛弃的妻子，我又有何颜面，自称人妻？'梵天答道：'祭司们向我禀告，行祭的吉时不容错失，而若无我的妻子现身，纵是完成祭祀，亦属徒劳。……因陀罗领来了迦雅德丽，毗湿奴与楼陀罗将她许配予我。请你原谅我吧，我绝不会再对你行此冒犯之事！'

"闻听此言，萨维德丽厉声道：'我以苦行之力诅咒你，梵天，除一年一日外，从此再无一座寺庙或圣所敬拜于你……因陀罗，是你将那牧牛女引至梵天的面前，你将永远深陷与敌人们的恩怨纠葛，难言康泰，你的城池与王宫，亦将被你的敌人们占领。'转而向毗湿奴道：'由于为梵天证婚，你将受到婆利古（Bhṛgu）的诅咒，投生人间，忍受妻子被敌人掳走的痛苦，亦将长时间地身为卑贱的牧牛人。'又对楼陀罗道：'身受圣哲们的诅咒，你将失去男根。'她诅咒阿耆尼：'你是万物的吞噬者，洁净而又不洁。'她诅咒众祭司与婆罗门：'从今以后，你们举行祭祀，不过是出于谋取俗物的私欲；你们参访寺庙与圣所，不过是出于贪婪；你们因他人的施舍而万分满足，却为家财的散失而心生怨怼；你们不知疲倦地举行神圣的仪式与典礼，却只为满足

114

富人们的祈请。'

"立下这些诅咒以后，萨维德丽扬长而去。拉克什米[①]与诸位女神跟随了片刻，便对她表示她们皆想留下。萨维德丽闻言狂怒地对她们道：'你们竟选择离我而去！拉克什米啊，你将永远无法安居一地，永远为邪恶者、善变者、卑鄙者、有罪者、残暴者、愚昧者、野蛮者所包围！因陀罗尼啊，当因陀罗杀死陀伐斯特里之子，犯下诛杀婆罗门之重罪时，友邻王（Nahuṣa）将占领他的王国。这名入侵者渴望占有你，于是对你咆哮道：'难道我不及因陀罗吗？为何年轻美貌的因陀罗尼竟不肯侍奉我？如若得不到她，我将杀光所有众神。获悉他的邪恶愿望后，你藏身家中，伤心欲绝，因我的诅咒而不堪重负！'接着，萨维德丽又向众神之妻立下了共同的诅咒：'你们将永远不能生育，永远无法品尝抚养儿女的喜悦！'毗湿奴想要出言安慰，却无功而返。"

满腔怒火的萨维德丽离开众人后，迦雅德丽缓和了方才的那些诅咒。她向梵天崇拜者们许以全部的祝福，包括最后臻达他。尽管因陀罗频频受困，其子却能令其解脱；尽管毗湿奴将失去他的妻子，但她仍会回到他的身边；尽管楼陀罗被剥夺了男根，林伽却将作为其象征物而受到广泛的敬拜；尽管人们向婆罗门献上礼物，却是因为他们向婆罗门献上了神之崇敬；尽管诸位女神无法诞下自己的儿女，却并不会因此而悔恨。

《莲花往世书》中，此事被赋予了更为光明的结尾。萨维德丽离开后，毗湿奴与拉克什米应梵天之请而紧随于她，并设法令其回心转

---

① 拉克什米乃幸运女神。

意。妻子既已回到身边，梵天向她询问：希望如何处置迦雅德丽。萨维德丽迟疑着不肯作答，一旁的迦雅德丽却已拜伏于她的脚下。萨维德丽扶她起身，还以拥抱，恳切地说："为人妻者，应当顺从丈夫的意愿与命令。那些责备丈夫者、向丈夫抱怨者、喋喋不休者，非但不能成为丈夫生命的一部分，还将以经年累月的恶行令之耗竭。故此，她在离世之后必将堕入地狱。念及此，真正品行高尚的妻子绝不会做任何令丈夫不悦之事。就让我们一同成为梵天的爱侣吧。"

"如你所言。"迦雅德丽道，"我将永远听从你的指令，并珍视你的情谊，一如珍视我的生命。我愿做你的女儿，女神啊！请赐我以守护！"

从《摩磋往世书》的编纂到《莲花往世书》成书，理想女性的形象发生了显著的变化。又或者，《莲花往世书》的作者想要为当时的妻子们提供一个更为贤德的典范。

《筏罗诃往世书》的一则传说中，萨拉斯瓦蒂被称作迦雅德丽、摩醯首梨（Maheśvarī，帕尔瓦蒂的称谓之一）及萨维德丽。她最为常用的称谓是萨拉斯瓦蒂，博学女神亦以此为名。对萨拉斯瓦蒂的敬拜每年举行一次。

第四章　毗湿奴与拉克什米

1. 毗湿奴

　　毗湿奴乃是印度三相神的第二位，不过，尽管位居次席，却并不能说他在某些方面稍逊于梵天。一些文献认为，梵天乃是万物的第一因，另一些文献则强硬地声称：唯毗湿奴堪享此等光荣。当然，还有一些文献以为万物源起于湿婆。

　　梵天的职责乃是创世，毗湿奴则身负维系之职。以下段落节选自《莲花往世书》，其中的教导称，毗湿奴乃至上之因，故认为他与梵天同一，同时亦言明其职责乃是维系：

　　"往古之初，伟大的毗湿奴渴望着创造整个存在界，故而化身为三：创造者、维系者、毁灭者。为创造此世界，至上之灵自其身体的右侧造出了梵天；为维系此世界，自其左侧造出了毗湿奴；为毁灭此世界，自身体的中间造出了永恒的湿婆。"

　　于是，有人敬拜梵天，有人敬拜毗湿奴，有人敬拜湿婆。然而，唯三位一体的毗湿奴才是创造者、维系者与毁灭者，对虔信者而言，三位主神并无分别。

　　《毗湿奴往世书》的教导之核心，寥寥数语便已清晰阐明："依此要旨聆听此往世书之总纲：世界由毗湿奴所创造。世界存续与断灭的原因乃是他。他即是世界。"

紧随其后的乃是一首献予他的颂诗。圣诗这样开篇道："荣耀归于不变的、圣洁的、永恒的至上毗湿奴——他乃唯一的宇宙自性，超越于万有之上的劲健者；他乃金卵（梵天）、诃利（毗湿奴）与商羯罗（Śaṃkara，湿婆）；他乃世界的创造者、维系者与毁灭者。"需要注意的是，此后的文献常以"摩诃提婆"（Mahādeva，大天）作为湿婆的神号，意为"伟大的神"，而将毗湿奴视为至上崇拜对象的毗湿奴派信徒，则以"那罗延那"为其神号，尽管此神号原属于梵天。这在很大程度上忽略了毗湿奴的化身，而是以他为一切之中的最伟大者加以赞美。同时，人们常以"自在天"一词指称毗湿奴，意为"神"，该神号平添了"上帝"之意，不过，此术语更常用于湿婆。

"一般而言，诸往世书中的'毗湿奴'一词衍生自词根 viś（进入），指进入或弥漫于整个宇宙，此解释与吠陀文献遥相呼应：'创造那（世界）之后，他随即步入其中。'《摩磋往世书》书则称，毗湿奴之名指其步入了世俗之卵，而据《莲花往世书》所言，此名乃是指他作为原人或至上之灵步入原质（Prakṛti）或与之结合。"

《薄伽瓦谭》所记载的如下传说，正可揭示毗湿奴的至高无上："有一次，当圣哲们于萨拉斯瓦蒂河畔行祭时，彼此之间产生了一场关于三位主神谁地位最尊的争论。于是，他们委派梵天之子婆利古探明这一点。

毗湿奴

"婆利古首先前往梵界。他心中充满了对发现终极真理的渴望，故而在步入梵天的天庭时，并未显露出如往常一般的敬意。梵天察觉到了他的轻慢，不由怒从心生。可是一想到此子乃是亲子，便只好强压怒火，就此作罢。

"婆利古随后前往吉罗娑，不承想，当摩诃提婆（湿婆）毫不犹豫地如对待兄弟般拥抱他时，他却情不自禁地闪躲起来。湿婆大为震怒，取过三叉戟，想要了结婆利古的性命。婆利古连忙拜伏于摩诃提婆的脚下，苦苦哀求，这才令其怒气渐渐平息。

"婆利古最后前往毗湿奴的天国。仙人见毗湿奴正在拉克什米的膝头熟睡，便抬足对其胸膛踢去。上主从宝座上坐起身，满怀敬意地向婆利古躬身施礼，道：'婆罗门哪，欢迎你！请小坐片刻，并请不要计较我方才的无心之过（未尽到对客人的义务），适才你踢的那一下，如若伤到了脚，也望海涵。'语毕，他用手摩挲着婆利古的脚，又道：'今日我真是备感荣幸，主啊，因你那专事驱散罪孽的莲足，以其尘土在我的胸膛上留下了印迹。'

"毗湿奴仁慈的话语，令婆利古大为感动，以至于竟无言以对。他泪如泉涌，静默离去。当他回到萨拉斯瓦蒂河畔向诸位圣哲讲述这番奇遇时，圣哲们先前的疑问顿时烟消云散——他们相信毗湿奴才是三位主神之中的最伟大者，因他已超脱于焦躁不安与激情难抑。"

《莲花往世书》中，湿婆承认了毗湿奴的权威。他曾对妻子道："我将设法使你了解毗湿奴的真实本性与形相：须知，他本是那罗延那、至上之灵与至上之梵（Parabrahma，伟大的梵），他无始无终、全知全能、永恒不变、无上喜乐。他乃湿婆、金卵、苏利耶；他胜过一切诸神，甚至也胜过我。可是，无论是我，还是梵天或诸神，若要公然宣称婆苏提婆（Vāsudeva）的伟大，称其为宇宙的创造者与上主，又是如此的难以启齿。"

《筏罗诃往世书》尤其提到了作为维系者的毗湿奴："至上之神那罗延那心怀创世之思，亦惦念着创世之后，须加以守护；可是，若无实体，就无以完成此创世之举，如此，不如从自身本质之中创造出有形的存在，我亦可通过他，守护所创造的世界。于是，先于存在而存在的那罗延那于沉思中从其自身创造了一个不生的神圣形相，并对他许下如是祝福：'你是万物的制造者，毗湿奴啊，你全知全能。任何时候，你都将完成梵天与诸神之所愿。'随后，至上之灵回归了其本质。

"毗湿奴冥想着至上之灵创造他的目的，沉入了神秘的睡眠。他在深眠中想象着万物的生成，一朵莲花自其肚脐跃动而出——梵天现身于莲花之中。毗湿奴注视着自身之造物，颇感欢喜。"此节所言印证了先前的叙述：对有些印度信徒而言，那罗延那与梵天同被视为至上者。

毗湿奴在其画像中常被描绘为四臂有黑皮肤的形象：一手执权杖，一手执法螺，一手持用以杀敌的神轮，一手持莲花。他身披黄袍，坐骑是迦楼罗。

以下关于毗湿奴的天国毗恭吒（Vaikuṇṭha）的描述来自《摩诃婆罗多》。其中描绘道：那里全部由纯金制成，周长八万英里。那里的建筑皆由宝石制成，建筑的柱石与装饰皆乃奇珍异宝。恒河的晶莹圣水从位于杜尔迦（Durgā）头上的更高的诸天流下，流入了七圣哲的发中，又从彼处下降，汇流成圣河。那里的五色池塘中，盛开着蓝、红、白色莲花。光辉如日轮的宝座之上，毗湿奴端坐于白莲之上；拉克什米在其右掌，如永在闪耀的霹雳般光芒四射，从她身上散发出的莲花的芳香，绵延八百英里。

对毗湿奴的崇拜并不局限于其圣名与形象，更包含了他的众多化身（Avatāra）。当世界出现大灾祸，又或居民之中的邪恶者犯下了令诸神不堪忍受的罪行时，身为维系者的毗湿奴就需现身，并以某种形相降世下凡——他常常化身为人，在完成使命后，方才重返天界。

毗湿奴化身下凡的次数并无定论，有些往世书声称他有十个化身，有些称有二十四个，有些则认为难以计数。一般为人们所普遍接受的化身数量是十个，他们也是最重要的化身。十个化身有其顺序，其中，九位已然降世，而最后一位迦尔吉（Kalki）将现身于未来。

"化身之中，有些全然为宇宙形象，有些则很可能基于一些历史事件，其中的领袖常被赋予一些神圣的特质，直至荣升为至上神的化身。"

《摩磋往世书》中的以下传说，即对毗湿奴形相的多重性与多样性做出了解释："曾一再被天神击败，并失去祭祀之全部供奉的阿修罗（恶魔，字面含义为'非修罗'），计划退出这场徒劳的争斗。于是，阿修罗的上师太白仙人（Śukra）决意向湿婆献上严苛的苦行（tapas），以期获赐可征服天神的咒语。

"仙人动身离开后，阿修罗们不禁窃窃私语：'连我们的上师亦已放弃抵抗，去做了一名苦行者，我们这些当徒弟的，又如何能战胜修罗？不如托庇于迦毗耶（Kāvya，太白仙人）之母，上师回来以前且小心行事，待他出关时再战不迟。'阿修罗们计议已定，便找到了迦毗耶之母，后者果然予以庇护，还安慰道：'无须忧惧，在我身侧，必无挂碍。'

"修罗们得知阿修罗已得着了庇护，且处心积虑于来日的进犯，顿感不妙。至上女神怒气冲冲地对因陀罗道：'若你不去制止他们，我将收回你在天界的权柄。'女神的这番言辞令因陀罗感到既惭愧又忧惧，于是下定决心设法达成女神之所愿。这时，毗湿奴对他道：'安心战斗吧，我当从旁襄助。'女神见因陀罗竟然托庇于毗湿奴，更加怒不可遏：'我倒要让敌人看看，虔信于我所能获得的伟力，将如何令因陀罗与毗湿奴自惭形秽。'

"因陀罗与毗湿奴自觉可能落败，面面相觑道：'如此困境，教人如何脱身？'因陀罗对毗湿奴道：'你我加紧击溃阿修罗为上，以免她排兵布阵，令我二人难堪。'毗湿奴权衡利弊时，念及迦毗耶之母若成功使用其咒语，修罗们必损失惨重，心下计议：倒不如击杀这名妇人。于是，他以神轮斩下了妇人的头。

"不料，婆利古目睹了这可怕的一幕——一位妇人无辜惨死，更不必说，她就是自己的妻子。仙人又惊又怒，诅咒毗湿奴道：'由于你可怕地谋杀了一位妇人，你将七次投生于人世。'为缓和咒语之力，他又补充道，'不过，你的每一次降生皆是为了世界的福祉与正义的重建。'"

太白仙人为求打败诸神而进行的苦修颇值一提。苦修中，他必须低头向下，连续一千年吸入糠火的浓烟。仙人最终完成了这一惊世之举，湿婆果然大为喜悦，赐下了众多的恩惠，其中包括高于天神的威权。可是，阿修罗并未因其上师的苦行而得意太久——天神们的上师化作太白仙人的模样，骗过了阿修罗，还献上了必败的"妙计"，令其再度溃不成军。

《毗湿奴往世书》的教导提及了敬拜毗湿奴所将获得的福报。曾有人问："如何行事才能摆脱阎摩的追索呢？"有一位神圣的牟尼，当他忆及往世时所示下的答语，堪称"一言道尽了全部的今生与来世"。

"手持套索的阎摩盯视着他的仆人，轻声低语道：'摩度苏檀那（毗湿奴）的崇拜者不在追索之列。我乃人类之主，然其中并不包括毗湿奴的虔信者（Vaiṣṇava）。我受梵天之命管辖人类，平衡宇宙间的一切善恶业果，然敬拜诃利者与我无涉——他们凭借神圣的知识，勤恳敬拜诃利的莲花足，并因之从罪恶的绑缚中获得解脱。若遇见此等人，我当自觉闪避，只因无论如何行事，皆只能令其获得滋养。'又道：'喜悦毗湿奴者，将获得一切天上人间的喜乐，并以至善者的身份，臻达究竟解脱：无论有何愿望，无关其程度与多寡，若能喜悦不灭者（Acyuta），必当心想事成。'"

该往世书旋即开示了喜悦至上神之道："若有人依从种姓、秩序与清净祭的制度，就将喜悦毗湿奴；除此之外，再无他法。向他献上供品，为他举行祭祀，轻声唱诵颂诗，向他祈祷——诃利遍在于万物，谁若伤害世间众生，谁便伤害了至上神。那些对他人满怀善意的人，最能喜悦吉娑婆（Keśava）；那些远离暴力、中伤与谎言的人，最能喜悦吉娑婆；那些从不觊觎他人的妻子与财富，并且从不对他人心怀愤恨的人，最能喜悦吉娑婆；那些从不伤害或屠杀任何有情与无情之生灵的人，最能喜悦吉娑婆；那些勤勉侍奉诸神、众婆罗门及其灵性上师的人，最能喜悦吉娑婆；那些总是为了子女与自身之灵魂而投身于众生之福祉的人，最能喜悦吉娑婆；那些此心从不为不圆满的爱憎所动的人，最能喜悦吉娑婆。那些无论种姓与人生境遇为何，皆虔心履行天赋圣职的人，当属毗湿奴的至善之信徒。除此无他。"

当今印度所崇拜的众神之中，或许当数多重面相的毗湿奴拥有的信徒最众，其生平事迹及对其的颂赞成为后期印度文学与文献的重要组成部分。不过，吠陀时期显然并未显露出这种重要性，如下文所述：

《梨俱吠陀》颂诗有云：

"愿诸神守护我们，令我们
离开毗湿奴治下的地上七界。
毗湿奴大步踏过此（宇宙），
足迹留于三地，
其中，（地界的足迹）被覆于尘烟。

毗湿奴，不可战胜的维系者，

三步便丈量了整个宇宙。"

"这些颂诗所提及的，很可能是毗湿奴的侏儒化身，当然也体现出了身为维系者的特质。关于毗湿奴的这三步，有两位注疏者给出了如下解释：'毗湿奴被奉为神明，因此，这三步也被视为三种显现：阿耆尼于地界之显现，因陀罗或伐由于空界之显现，以及太阳神于天界之显现。'亦有文献将毗湿奴的这三步释为'日升、日盛与日落'。"

《梨俱吠陀》中，据云："毗湿奴建立了天地二界，其步幅囊括了诸世界。他与因陀罗一道，拓展了空界，令诸世界延伸而出，并创造了太阳、黎明与火焰。婆楼那向他致敬——其伟大无边无际，现在与未来的一切造物皆在其治下。这些篇章所述的毗湿奴之特质，令人不禁感叹：若他能在吠陀中单独现身，那么，吠陀仙人们也许是想暗示：毗湿奴实乃众神之神。

"然而，毗湿奴总是与因陀罗形影不离，纵是在那些最能体现其威仪的篇章中亦然。甚至就连三步踏遍整个宇宙的伟业，在有些文献中亦被归于因陀罗名下。而在另一些文献中，毗湿奴的存在乃是为了承载人们对因陀罗的赞美，又有颂诗称，毗湿奴源出于苏摩。

"不得不承认，献予因陀罗、阿耆尼等天神的吠陀颂诗数量甚巨，相形之下，完全献予毗湿奴的颂诗显然少得多……毗湿奴在吠陀中出场时，藏身于一众神祇之中，仅从这一点看，亦难言其至上地位。由此可见，在彼时的编纂者眼中，毗湿奴与其余众神委实难分伯仲。进而言之，《梨俱吠陀》所包含的大量文献中，圣哲们在归于毗湿奴的颂诗中言及的特质与职能，亦常见于因陀罗、婆楼那及其余众神……

"倘若我们放宽眼界，就会发现大量的文献之中，亦有别神接受颂赞，相对而言，专属于毗湿奴、为其献上独享之赞美的颂诗竟寥寥无几。由是不难得出结论：对古代吠陀圣哲而言，对毗湿奴的评价与感情皆处于相对从属的位置。"

毗湿奴的一千多个称谓中，除已提及的神号外，以下这些亦广为人知：

摩度苏檀那，意为"摧毁摩度（Madhu）者"；凯塔帕吉特（Kaiṭabhajit），意为"征服凯塔帕（Kaiṭabha）者"；当毗湿奴于劫末深眠于宇宙巨蛇湿舍（Śeṣa）之上时，两大魔王自其耳中生出，意图杀死梵天——梵天正端坐于由毗湿奴肚脐中生出的莲花之上。毗湿奴杀死魔王后，便获得了上述称谓。

毗恭吒纳特（Vaikuṇthanāth）："天国之主"。

吉娑婆："有秀发者"。

摩陀婆（Mādhava）："蜂蜜酿制者"或是"摩度之后裔"。

斯瓦扬普（Svayaṃbhū）："自存者"。

毕达姆婆罗（Pītamvara）："着黄衣者"。

贾纳尔达那（Janārddana）："人所敬拜者"。

毗湿伐摩罗（Viśvāmara）："世界的守护者"。

诃利："救世主"，字面含义为"所有者"。

阿南塔（Ananta）："无限者"。

达摩多罗（Dāmodara）："为绳所缚者"。

穆昆达（Mukunda）："拯救者"。

补鲁沙（Puruṣa）："原人"或"灵"。

至上原人（Puruṣottama）："至上者"或"至上之灵"。

雅吉耶希瓦罗（Yajñeśvara）："祭祀之主"。

2. 拉克什米

拉克什米，或以其更常用的神号"室利女神"（Śrī）相称，乃是毗湿奴的妻子。丈夫化身下凡时，她每每陪伴在侧，故而拥有了各种不同的称谓。

"身为诸世界之主与众神之主的贾纳尔达那，曾多次以不同的形相投生于人世间，其配偶与佐助者室利女神亦陪伴于左右。于是，当诃利降生为阿底提之子侏儒化身时，拉克什米自莲花中涌现，成为巴德玛（Padmā）或迦摩拉（Kamalā）；当他转生为婆利古宗族的罗摩，即持斧罗摩（Paraśurāma）时，她是陀罗尼（Dhāraṇī）；当他转生为罗迦婆（Rāghava），即罗摩旃陀罗（Rāmācandra）时，她是悉多；当他是克里希那时，她是艳光（Rukmiṇī）；当他以其他的化身形相降世时，她始终是其亲密的同伴。若他示以天界形相，她为神；若他身为凡人，她亦然——拉克什米甘愿转变为任何形相，只为喜悦毗湿奴。

关于拉克什米的起源，存在两种相悖的说法，《毗湿奴往世书》对此做了解释。"天神驮特里与毗驮特里（Vidhātṛ）乃婆利古与克亚提（Khyāti）之子，其亲妹室利女神则是诸神之神那罗延那之妻。"问题在于："既然室利女神诞生于乳海，直至搅拌乳海时方才涌现，那么，她怎会是婆利古与克亚提的女儿呢？"为回答这一问题，须对室利女神的品性进行更加详尽的介绍："室利女神（拉克什米），诃利（毗湿奴）之妻、世界之母，永恒而不朽。诃利是遍在者，她无所不在；诃利是意义，她是言语；诃利是谋略，她是审慎；诃利是理解力，她是智识；诃利是正义，她是虔信。室利是大地，诃利是其支撑者。一言以蔽之，无论是众神、动物还是人类，诃利是一切阳性存在，拉克什米则是一切阴性存在。除此之外，再无其他。"

其后，我们还能读到："女神先是投生为婆利古与克亚提之女，随后的某个时期，当神魔一同搅拌乳海时，女神自其中涌现而出。"

关于神魔一同搅拌乳海的事迹，印度文献中最常见的说法，来自《罗摩衍那》与数部往世书。尽管各种说法略有出入，然大旨相对统一。这一伟大壮举之所以发生，因由如下：

有一位名为"敝衣仙人"（Durvāsā）的圣哲，乃湿婆之信徒。一日，他在云游途中遇见一名戴着花环的天女，顿觉香气袭人。仙人大为喜悦，请求天女以花环相赠。花环的芳香沁人心脾，令他情不自禁地手舞足蹈。这时，他遇见了乘象的因陀罗。为喜悦英武的天帝，仙人献上花环，并将它挂在了象珠上。大象突然兴高采烈，用鼻子挑起花环，将它抛掷在地。敝衣仙人目睹自己的礼物遭到如此轻慢，不由怒从心生。他向天帝立下诅咒：天国大厦将倾，行将毁于一旦。

此后，因陀罗的力量果然日渐衰微。天帝只好请求仙人的宽恕，不料婆罗门的愤怒竟不曾削减一分。诅咒最终波及了众神，日复一日，使他们愈加顾虑自己将被阿修罗击溃，只得求助于梵天。梵天做出回应，称此事他爱莫能助，唯毗湿奴方能解此危局，不妨向他求教。于是，梵天率领一众天神面见毗湿奴，向他献以诚挚的赞美，上主终于听见了其呼求。

其后的故事，《毗湿奴往世书》以颂诗的形式加以记录，众神的祈请、毗湿奴的建议与最终的结果一一呈现：

众神向英武的毗湿奴请求：
"天界之战中，我等不敌群魔，
唯向万物之灵求助，
盼赐以恩慈，赠予力量！"

诃利，上主，世界的创造主，
因众神的祈请而仁慈作答：
"众神啊，若想重获神力，
需细细谛听，依言行事：

全然和平地与仇敌结盟，
随后遍行各地，
采集植物与药草投入乳海；
以曼德拉山为搅棒，
以蛇王婆苏吉（Vāsuki）为绞索，
齐心协力，将乳海翻搅，
它所呈上的赠礼之中，
便有那一切力量与不朽之源。

其后，我必出手相助：
汝之仇敌只可与汝共苦，
不可与汝同甘——
不朽之甘露，与群魔无干。"

于是，在众神之神的提议下，

天神与阿修罗结盟。

他们取得药草，投入乳海，

又以曼德拉山为搅棒，以蛇王为绞索。

就在乳海的中央，

诃利本尊以乌龟的形象现身，

好让搅棒，以他为轴。

随后，神魔开始搅拌乳海。

首先涌出的，是神圣的乳牛——

不绝呈送牛奶与黄油的妙香牛（Surabhi）；

随后，神圣的成就者们一一现身，

众目睽睽之下，酒神婆楼尼浮出海面。

接着，水波中涌出了天界之树波利质多（Pārijāta），

美丽的天女们亦随之浮现，

装饰她们的花朵，芬芳遍世界。

天女们静美而优雅，

爱之圆满的象征，自此显现。

其后，乳海捧出了清辉奕奕的明月，

摩诃提婆将它接过；

毒药接踵而至，

蛇族们自称为他们所有。

此时，端坐于莲花之上的

美艳绝伦的室利女神从波涛中升起；

身着白袍的昙梵陀利——

众神的医师，随她而至。

他高举着盛有甘露的杯盏，

它就是令神魔皆神魂颠倒的不死仙药。

室利女神的现身，令圣哲们为之深深着迷，天界的歌队吟唱着赞美她的颂歌，天女们在她面前翩翩起舞。恒河与其他的圣河纷纷相随，天界之象们自金色的器皿中汲取圣水，为她灌顶。乳海向她献上不败的鲜花，众神之中的艺术家们精心为她梳妆。沐浴更衣一新的女神来到众神面前，投入诃利的怀抱。她依偎在诃利的怀中望向众神——他们仍旧为她意乱情迷。其中，湿婆最为强烈地表达了他的爱慕之心。

室利女神转身避开群魔，这令其失意万分。于是，就在甘露出现的一刹那，他们夺走了它。这时，毗湿奴化身为一名美丽的女子，成功吸引了群魔的注意，众神趁此良机将甘露一饮而尽。一场纷争终以天神的胜利而告终。

以下对室利女神的描述来自《罗摩衍那》：

无数的岁月轻轻流过，

漂浮的床榻之上，

美丽的少女，目如柔波，

131

她面带红晕，美如新娘。

女神散发着珍珠与黄金的色泽，
王后的荣光归属于她。
数不清的宝石点缀于她的手臂，
蛾眉之上，金冠傲立。

波浪在王座下翻卷，
倒映着秀发洒下的荣光。
无价的珍珠环绕着她的颈项，
令她周身散发着金光。

诸神的女神迈向大地，
莲花一朵，在她无瑕的手掌。
莲花柔美地绽放，
只为献予毗湿奴。
自此，上界的诸神与下界的众人，
皆已沐得幸运女神的光芒。

诚如最后一句颂诗所述，拉克什米或室利女神，被视为爱神、美神，以及丰盈之神。当一个人变得富有时，据云乃是因为拉克什米栖居于他，而那些遭遇厄运者，会被称为"被拉克什米抛弃者"。

图中的拉克什米乃是一位散发着明亮金光的二臂女子，端坐于莲花之上。

"作为女神的拉克什米之名并未出现于《梨俱吠陀》，不过，吠陀中的'拉克什米'一词已明确含有'丰盈'之意。"

拉克什米亦以如下称谓闻名：

诃利普里亚（Haripriyā）："诃利的爱人"。

帕德玛（Padma）："莲花"。

帕德玛拉雅（Padmālaya）："居于莲花者"。

贾拉蒂迦（Jaladhijā）："生于海洋者"。

旃迦罗（Cañcalā）："善变者"。

珞珈摩陀（Lokamāta）："世界之母"。

拉克什米

第五章 毗湿奴的化身

1. 鱼化身摩磋

对毗湿奴化身的最早叙述，见于《百道梵书》。然需要注意的是，其中所提及的一条无与伦比的大鱼，起初并未归于任何一位神祇的名下。《摩诃婆罗多》称，此化身归梵天所有，诸往世书则教导说，此神鱼实乃毗湿奴。

面对这种"众说纷纭"，我们不必过于惊诧。须知，印度神话中曾反复提及：诸位神祇乃是同一至上存在的不同面相。"值得注意的是，此处提及的摩奴是作为人类的始祖而存在的。在一个普遍堕落的时代，摩奴以其虔诚告慰了至上存在。"其事迹如下：

古时的圣者名为摩奴，

凭借苦行与祈祷，

赢得了天界之主的青睐。

一日，净水已备好，他正待沐浴，

沐其双手时，小小的鱼儿跃动其间，

竟开口说出了人类的话语：

"好好照顾我吧，我必救你于危局。"

"我有何灾祸吗？"摩奴问。

鱼儿答道："一场大洪水就要来到，

万物不复存，唯我可相助。"

"那么，我该如何照顾你呢？"摩奴又问。

鱼儿答："此刻，我身形渺小，

故而总不免身陷危难——

鱼儿会被鱼儿吃掉。

护我于水罐吧，当水罐容不下我时，

挖一沟渠，作为我的居所；

当沟渠亦容不下我时，送我入海——

彼时，危机再不能把我侵袭。"

语毕，鱼儿立即长大了一些；

它又道："短短的一年内，

洪水就要来临；

造一巨船，虔心敬我，

当洪水漫延时，只管步入舟中，

我必会救你。"

摩奴依言行事，对大鱼百般呵护，

其后，将它安全送往了大海；

他听从鱼儿的忠告，

火速建造了巨船，亦不忘对它虔心礼敬，

于是，当洪水来临时，终得庇护。

鱼儿游到摩奴近前，

他将缆绳系在它的鳍上。

随后，他们一同劈波斩浪，

终于越过了北方的群山。

鱼化身摩磋

鱼儿对摩奴道："我已救你脱困，

速速将船系于那棵大树；

为免于被洪水吞没，

当大潮退去时，你且慢慢地跟随，

顺着水势，小心地下山。"

摩奴就这样避于北方的山上，

洪水扫除万物，唯摩奴独存。

《摩诃婆罗多》中对此事的记述，可从穆伊尔·威廉姆斯教授的颂诗中窥得一斑：

庄严的轮船载着人类之主穿行于大洋，

波涛翻卷，巨浪滔天；狂暴的风儿将船儿席卷，

令它踟蹰于海上，别无他途。

它蹒跚而又战栗，一如醉酒的妇人。

大地早已消失无踪，遥遥的地平线与天地之间的空

亦隐遁不见；处处皆大水漫灌，

空气中充溢着水汽，天空无边无际。

整个世界已被淹没，巨浪之上，再无一物。

摩奴与七圣哲得以幸存。大鱼拖拽着缆绳，

年复一年，不知疲倦；它推着轮船

穿越无边的巨浪，最终停泊于喜马拉雅群山之巅。

137

大鱼微笑着对圣哲道：

"速速将船缆系于那高高的岩石。

知我为万物之主——伟大的创造者梵天，

全知又全能，比一切有力者更加强大。

我以鱼化身之形相，救汝等脱困，

借由摩奴，万物、诸神、阿修罗、人类得以繁衍；

不论有情与无情众生，世界由他创造。"

往世书中对该化身的主流描述，见于《薄伽瓦谭》。威廉·琼斯爵士（Sir William Jones）在其《亚洲学会研究》（*Asiatic Soc. Res*）中对此有所记述。关于鱼化身，诸往世书所述之主旨大抵一致，其中有些更为扼要，有些则极尽铺陈，如《摩磋往世书》，这是因为拖拽大船拯救摩奴的大鱼正是毗湿奴，该形象亦是此往世书所述之主体。全部往世书皆赞同大鱼乃毗湿奴之化身，而非梵天之化身的观点。以下记述来自《薄伽瓦谭》：

"为守护畜群、婆罗门、神灵及高尚者，也为守护诸吠陀、正法及一切珍贵之物，宇宙之主显现为多种形相。他如空气般遍在于万物；他呈现为事物的多样性，然因其并无受制于变化的属性，其自身实乃不变者。

"最末一劫（Kalpa）即将来临。就在梵天沉睡之际，世界即将迎来一场大毁灭，诸世界的一切造物，都将淹没于无边的海洋。梵天睡意不减，光阴流逝，他渴望休息。于是，强悍的阿修罗马首（Hayagrīva）欺近他的身边，窃走了自他的双唇间流出的吠陀。

"宇宙的维系者诃利发现了檀那婆（Dānava）王子的所作所为，于是化身为一条小小的鱼儿，称作沙婆利（śāphari）。其时，圣王真誓（Satyavrāta）登基为王，对游移于波浪间的至上之灵而言，他是一位虔诚的忠仆，甚至仅仅以水维持生命。他乃太阳神之子，在这一劫中由那罗延那擢升为摩奴（生主及人类之主），赐号"希罗塔提婆"——祖先祭之神。

"一日，真誓正在科利塔摩拉（Kṛtamāla）河畔献祭，掬水在手时，发现掌中有一条小鱼在游动。战士（Drāvīra）之王立即将鱼儿连同掬起的河水一道还于河中，不料，鱼儿对仁慈的君王道：'圣王啊，你怎能如此狠心，弃我于河水？难道你竟不知，我实在过于弱小，承受不住这饕餮洪流吗？它必致我于死命！'

"国王不知鱼儿实乃上主之化身，出于善良之心与灵性的本真，他决定对它施以保护。他听从了鱼儿的恳求，将其安顿于装满水的小瓶中，并亲自守护。不料，仅仅过了一晚，鱼儿的身躯便已长大到水瓶容不下它的程度。它对国王道：'为何将我束缚于这小小的水瓶？为我建一座宽敞的家园吧，好让我自在遨游。'

"国王即刻将它迁往一座水池，可是仅仅过了不到五十分钟，其身形便膨胀了三腕尺。鱼儿又道：'王啊，切莫将我禁锢于这狭窄的水池，你已允诺予我庇护，何不为我寻一处更宽阔的居所呢？'国王随即将它迁至一个深潭，此处的空间颇有余裕——它长成了一条大鱼。'此处已不能令我感到舒适了，我必须于水中自在游弋；为了我的安全，请将我移往更深的湖中吧！'闻听此言，虔诚的君王如其所愿，将它移至湖中。当它的身体占满了整个湖泊时，他将这巨大的鱼儿送去了大海。

"鱼儿自大海的波涛中涌现，再度对国王道：'这里的鲨鱼长有尖

鳍，其余的巨型海怪亦等候着将我纳为盘中餐。勇士啊，请不要把我留在这里。'

"国王见这一次次蒙骗自己的鱼儿正柔声细语，不由道：'你究竟是谁？一次次变换形状，蒙骗于我？我从未见过或听说过如你这般不可思议的水中生物——不过一日的光景，你便填满了周长一百里格①长的一座大湖！你必是薄伽梵神的化身，你是居于波涛中的伟大的诃利。此番他必是出于对其忠仆的仁慈，才化身为深海居者之形相。向你致敬，赞美你，原人哪，创造、维系与毁灭之主，你是无上之目标、至上之主宰，我等皆虔诚地崇拜你、追寻你。你呈现于此世界，万物由是创生。我是如此热切地想知道：你为何化身为鱼儿？你那圆满的仁慈正普照万民，莲花眼哪，切莫令我徒劳地触碰你的莲花双足；当你向我等显露出那令人惊异的种种化身形相时，我知道，它们并非实在，而是此消彼长、连绵不绝之显现。'

"宇宙之主十分喜爱这位向他诚恳祈求的虔信者，当时代的堕落终于引发大洪水之际，上主决意保护其信徒免遭灭顶之灾。于是，他细细叮嘱道：'制敌者啊，自现在起的七日内，三界将堕入死亡之海；不过，就在这致人死命的波涛之中，我已为你备好了一艘巨船，它自会出现在你的面前。你需备齐全部的药草、植物的种子，以及可供繁衍的一对对动物，在七位圣哲的陪伴下，步入这广大的方舟，安心等待，直至洪水退去。在这无边无际、没有一丝光明的生死海上，唯一的光辉只来自你那神圣的陪伴。当巨船被呼啸的狂风裹挟着剧烈颠簸时，你需以一条巨大的海蛇，把船拴在我的鳍上——我就在你的近

---

① league，旧时长度单位，1里格约为5公里。

旁，我将拖拽着巨船，守护你与船上众人。人类之主啊，我会留下，留在这海上，直至梵天之夜彻底终结。彼时，你会懂得我真正的伟大之所在，理解至上之神的荣耀；借由我的恩典，一切问题都将迎刃而解，你的心意亦将得到最为丰盛的滋养。'

"示以上述教导后，诃利消失不见。真誓谦卑地等待着感官之主所说的命定时刻的来临。虔诚的国王面朝东方斩碎祭草（darbha），又面朝北方，冥想着曾化作鱼形的至上之主的双足。海水涌上海岸，吞没了整个大地，浓云堆积，风疾雨骤，巨浪滔天。

"真誓仍然依从薄伽梵神的吩咐冥想着，他看见巨船正朝他驶来，便带上药草，与婆罗门先知们一同步入其中。巨船朝着诃利开示的方向驶去，圣哲们对国王道：'王啊，冥想吉婆婆吧，他必将指引我们度过危境，并赐以繁荣兴旺。'真誓的冥想果然引来了上主。茫茫大海之上，上主再度现身为鱼形，周身散发着金色的光芒，身形绵延五百万里格，鱼鳍巨大无匹。

"国王遵照诃利吩咐，用一根由巨蛇制成的缆绳，将巨船缚于鱼鳍之上。此后，在他的守护之下，真誓再度向摧毁摩度者献上赞美。就在其颂诗行将结束之际，守护他们安然渡过此无边生死海的原人、薄伽梵神，朗声言明了其神圣本质，由此写下了神圣的《摩磋往世书》。其中所包含的数论哲学（Sāṅkhya）法则，被封印在了真誓的心中，成为无限之奥秘。真誓与诸圣哲一道，于巨船上聆听了至上之灵、永恒存在以其维系之力所开示的秘义。

"随后，诃利与梵天一同自渐渐平息的毁灭洪水中升起，诛杀了恶魔马首，令圣典重现光辉。"

2. 龟化身库尔玛

当世界因邪魔的侵扰而失去权威、陷入危境时，即需要化身的降世。不幸者请托于毗湿奴，上主如实以告：需搅拌乳海，以获取生命之水，也即不死甘露，唯此方可重获强健与生机。毗湿奴应允化身为龟，作为底座，曼德拉山作为搅棒，放置其上。

在介绍拉克什米时，由于吉祥天女正是搅拌乳海所得的宝物之一，故已先行对相关事迹做了完整的介绍，此处不再赘述。尚有《毗湿奴往世书》中记载的关于搅拌乳海的一些细节，颇值一提：

"诃利在众神的请求下，答允予以帮助，他道：'我将令汝等重获神力，且依言行事：所有天神与阿修罗，应将全部种类的药草投入乳海中，随后，在我的佐助之下，齐心协力搅拌乳海，以求取甘露。为确保底提耶（Daityas）愿意助一臂之力，需平等以待，表示愿为其辛劳付出代价，以甘露相赠……他们将由此获得不朽之神力。不过，我将妥善安排众神之敌，他们不会分得珍贵的甘露，而只会贡献其辛勤劳作。'"

天神与阿修罗达成一致后，共同完成了必要的准备。"在克里希那的安排下，天神们聚集在了作为搅棒的蛇王婆苏吉尾部，底提耶与恶魔们则聚在蛇王的头颈部。燃烧的烈焰自蛇首喷出，群魔在其灼烧之下变得狼狈不堪；另一头，蛇王的气息将云朵吹向蛇尾，为众神奉上吉雨，令其意气风发。乳海的中央，诃利化身为龟，以为枢轴，令曼德拉山旋转于其上。与此同时，诃利的权杖与神轮稍做变形，交予神魔，亦为拖拽蛇王绞索发挥着作用。这时，诃利的另一个巨大形象正端坐于山巅，尽管不为神魔所见，其能量一方面支撑着蛇王，另一方面也不断地为诸神注入活力。"

龟化身库尔玛

　　诸往世书记载了毗湿奴这一化身的事迹。不过，在一些被认为是此传说之源头的早期文献中，据云化身为龟者乃是梵天，而非毗湿奴。《百道梵书》如是描述道："凭借神龟之形相，生主（梵天）创造了其后裔。由他所创造的一切，亦由他制成。"此即库尔玛（Kūrma）一词的由来。此外，"迦叶波"一词含义为"龟"。俗语云："一切造物皆是迦叶波之后裔，此龟与底提耶一般无二。"

　　随着梵天崇拜的式微与毗湿奴崇拜的兴盛，原本属于梵天的神号、品性及事功等，一一转为对毗湿奴的生动描绘。

3. 野猪化身筏罗诃

与前两个化身相同，野猪化身的归属亦存有分歧：古代文献及一些更为现代的文献，认为它是梵天的化身之一；而一些近现代文献及大众观点则认为筏罗诃（Varāha）所创之功业归属于毗湿奴。二者之间亦存在区别：在前者而言，从神祇到野猪的转变乃是一种纯粹的宇宙形象，"就在大地行将被海洋吞没时，创造者梵天化身为野猪，獠牙毕露"；而后者则完全象征着"以宗教仪式拯救世界，令其摆脱邪恶的侵袭"。

首个提及野猪化身的文献是《鹧鸪氏本集》："起初，宇宙乃是液态的原水。其上，生主（梵天）化作可以行动的风。接着，他化身为野猪，展开了其创造。"与此颂相一致的《鹧鸪氏梵书》云："这宇宙曾是一片液态的原水。生主以此（原水）举行严苛的奉献仪式（云）：'如何才能（创造）宇宙呢？'他望见了一片亭亭的莲叶，不禁想道：'它必栖于某物之上。'于是化身为野猪——假设正是该形象——拱向莲叶的下方。果然，其下藏着大地女神。梵天掰下了她的一部分，返回地面。"

《百道梵书》中有一则与之含义相近的引文，只是其中的野猪名为"伊穆沙"（Emuṣa）——起初，大地女神只有一掌大小，是一头名为伊穆沙的野猪哺育了她。

关于野猪化身，穆伊尔博士给出了两则修订自《罗摩衍那》的事迹。其中之一称，在对古代文献进行考证时，据云野猪化身属于梵天；另有说法称，是毗湿奴以梵天的形象完成了这一事功。文献中的这一改动显而易见："起初只有原水，大地于其中渐渐成形。随后，自存者梵天携众神自其中升起，化身为野猪，托举起大地，并与他的圣哲儿子们一同创造了整个世界。"

以上描述来自更为古老的修订本。在较为晚近的版本中则会读到："起初只有原水，大地于其中渐渐成形。随后，自存者梵天——不朽的毗湿奴自其中升起，化身为野猪，托举起这片大地，创造了整个世界。"

以下事迹来自《毗湿奴往世书》，需要注意的是，正如其最后的引用者《罗摩衍那》所述，化身为野猪的乃是梵天形象的毗湿奴。由于早期的著述者曾宣称此属梵天之功业，故而从中辨识出毗湿奴殊有必要。

"告诉我，那罗延那啊，此纪元如何发端，谁为梵天命名，谁又创造了万物？上一纪元终结之际，神圣的梵天被赋予善良之德，自深眠之夜中苏醒，凝视着宇宙性的空无。是他，至高无上的那罗延那，……被赋予梵天之形相，……终令大地自原水中升起。他是如此地渴望大地浮现于水上，故而创造了另一个形相。他曾在往世化身为鱼和龟，这一次，他化身为野猪。此乃吠陀祭祀所记载的可维系整个大地的形相——永恒而至上的宇宙灵魂跃入原水之中。"

在《毗湿奴往世书》的一则注释中，威尔逊教授提到，依据《伐由往世书》，之所以选择野猪为化身，是因为野猪极具水性。另一些往世书中，例如《毗湿奴往世书》则称，野猪化身源自一种吠陀仪式，野猪以其獠牙拱大地上升，故而被视为一种寓言象征，意为通过宗教仪式令世界从罪孽中获得解脱。

当野猪渐渐走近时，大地女神向他虔诚顶礼，并献上了一首美丽的颂诗，其中提及了她因他而涌出，仰赖于他，万物亦仰赖着他。

诗中颂赞道："吉祥的世界守护者发出了低沉的声音，一如《娑摩吠陀》的唱诵之声；英武的筏罗诃目如莲花，身形广大如尼罗（Nīla）群山，其色如莲叶最深沉的色泽。他以巨型獠牙举起大地，令她自下界升起。当他摇晃脑袋时，从他的眉毛上飞溅的水珠，净化了伟大的圣哲们、萨南达那（Sanandana）及其他居于圣地的圣人。圣水自野猪踏出的凹痕中流向下方的诸世界，雷霆之声响彻寰宇。在他的呼吸面前，人界（Janaloka）的虔诚居民们四散奔逃，牟尼们纷纷在其鬃毛间寻求庇护，当他举起大地时，他们战战兢兢，汗如雨下。随后，伟大的圣哲们、萨南达那及始终居于神圣界域的其余众人，皆欢欣鼓舞、虔诚顶礼，他们颂赞那目光坚毅的托举大地者。"

在诸圣哲的颂诗广为人知以前，野猪化身曾被认为与祭祀仪式的各个部分相对应。关于这一维度，可从另一些往世书中窥得端倪，例如，《伐由往世书》云："野猪宽十由旬[①]（yojanā），高一千由旬；其色如浓云，咆哮如雷鸣。躯干如山脉一般广阔；獠牙雪白、锋利、可怖；目中燃烧着霹雳般的火焰。他闪耀如日轮，肩膀宽阔，既圆又厚；步幅如雄狮；其臀壮硕，其腰细长，身形光洁而美丽。"

《摩磋往世书》同意上述说法。《薄伽瓦谭》还曾提到："筏罗诃生自梵天的鼻孔，起初如拇指般大小，旋即长成了大象一般的身形。"该往世书还补充了有关诛杀恶魔金眼（Hiraṇyākṣa）的传说，金眼前世曾是毗湿奴宫邸的守门人，他拒绝一众牟尼进入其中，令其恼羞成怒，对他立下了诅咒。此事最终使守门人转生为底提之子。当大地没入水中时，毗湿奴托举大地的动作尽收于恶魔的眼底，他声称大地女

---

① 古印度长度单位，1由旬至少长 4.5 英里，一些估计长达 9 英里。

神为他所有，公然违逆毗湿奴，大战就此爆发，并以金眼失败就戮而告终。

现在，不妨让我们步入《筏罗诃往世书》中圣哲们歌咏的颂诗之境界：

上主之主，至上者，欣然凯旋！
吉娑婆，大地之主宰……你是
创造、毁灭与存在之源。

主啊，再无至上者胜于你；
主啊，你是祭祀之主；
你的双足是吠陀；
你的獠牙是绑缚祭品的火柱；
你的牙齿是祭品；
你的巨口是祭坛；
你的舌头是祭火；
你全身的鬃毛则是祭草。

全能者啊，你的双目是日与夜；
你的头颅是万有之座位——梵界；
你的名号是一切吠陀颂诗；
你的鼻孔是一切牺牲。
你的鼻子是祭祀之器；
你深沉的声音是《娑摩吠陀》之唱诵；

你的身体是祭祀的礼堂；

你的关节是各种仪式；

无论是出于衷心又或责任，

你的双耳拥有仪式之献礼。

你是永恒者，

你广阔如山，锦绣吉祥，

愿你为世间众生，

托举起其居所——大地！

　　"被致以如此颂赞的至上存在托住大地，迅速地举起了她，并将其安置在海洋的至高处。大地漂浮其上，宛如一艘威风凛凛的巨船，地表是如此的广阔，从此再不会沉入水底。"此说法与印度教的普遍观念多有矛盾之处，后者认为，大地栖居于一只神龟的背上，当神龟感到疲累而换足时，地震便发生了。

4. 人狮化身那罗辛哈

　　我们在讲述毗湿奴的化身时曾提到，在他以獠牙托举起大地前，曾诛杀了一位名叫"金眼"的恶魔。《伐由往世书》称，底提耶金眼有一兄弟名为"金装"（Hiraṇyakaśipu），曾求得梵天的恩惠，故而不会丧生于任何创造物之手，对此，《库尔玛往世书》补充道：毗湿奴不在此列。

　　面对危境时的"不可战胜"滋长了金装的傲慢，令其暴行无度，直至神人共愤，皆欲除之而后快。于是，毗湿奴以半人半狮的生物形态降世，它既非人也非动物，由此破除了金装的防御，将他屠灭。这一想象中的形象亦使梵天的承诺得以保全。

关于天神嫌恶群魔的故事，在讲述上一化身时所提及的金眼被戮，堪称其中最有趣的事迹之一。关于毗湿奴崇拜的一些教导中，为强化上主那无与伦比的神力，尚给出了更丰富的细节，它们大多记载于《毗湿奴往世书》。

人狮化身那罗辛哈

"底提耶之子金装曾拥有统治三界之权威，这一切皆源自梵天所赐的一个恩惠。金装谋夺了因陀罗的统治权，自封为日、月、气、水、火的主人和财神，把死国的判官收入囊中，更将献予众神的祭品通通据为己有。天神们对底提耶满心畏惧，被赶下天界宝座后，只得以凡人形貌流浪于地界。征服三界的金装趾高气扬、颐指气使，乾达婆们甚至为他谱写了赞歌。凡是意图占有之物，皆手到擒来。"

金装之子名为帕拉达，是一名极其虔诚的毗湿奴信徒，正是这一点，令其父咬牙切齿。"一次，帕拉达在上师的陪同下，上殿面见父亲，他拜伏在父亲的脚边向他顶礼，其状宛如饮泉。金装想扶儿子起身，便对他道：'快快向我禀告近日所学。'帕拉达答道：'我最近在学习如何崇仰那位无始、无中、无终的不朽者，此世界之主不增不减，乃是一切原因的宇宙之因。'闻听此言，底提耶之王因狂怒而双目充血，因义愤而嘴唇肿胀，他转而对儿子的上师道：'可耻的婆罗门哪！竟如此荒谬地褒扬我的仇敌，你向我的儿子讲授这些，是为了羞辱我吗？'

"'上师绝无此意，'帕拉达挡在上师前面答道，'毗湿奴是全世界的导师，除了向他——至上之灵学习外，还能学些什么呢？''愚不可及！'国王叫嚣道，'毗湿奴算什么！你反反复复诵念其名，却对我如此无礼！你难道不清楚，谁才是三界的统治者吗？''虔信者理应冥想毗湿奴的荣耀。'帕拉达毫不妥协，'他乃至上之主，荣耀无以言喻；他乃万有之主，万物因他而生。'金装闻言，不禁以死相逼，孰料少年答道：'毗湿奴不仅创造了我，守护着我，也是所有人的创造者与守护者，包括父王你。'为父者忍无可忍，只好草草将儿子撵回上师的居所了事。

"帕拉达被带走了，但方才的一幕很快便又重现。当被要求背诵一些诗歌时，他开始背诵献予毗湿奴的颂诗，背着背着，国王不由得深感不满，于是怒喝道：'杀死这名卑鄙的小人！他对朋友无情无义，乃族人之耻辱！'武士们见状，一拥而上，对帕拉达刀戈相向。然而奇异的是，明明足有数百人冲向帕拉达，他却毫发无伤。金装恳求儿子就此作罢，别再继续敬拜毗湿奴了，帕拉达坚决不肯，道：'心系能战胜一切危境的不朽的守护者，我无所畏惧。'

"金装勃然大怒，命群蛇前去攻击他那失去理智的不孝子，令其直接咬死他。群蛇于是对帕拉达发动攻击，他却若无其事。群蛇只得向国王禀报：'我等之毒牙业已折断，我等金光闪闪的鳞片亦已烤焦，我等头昏脑胀，满心恐惧，可那青年竟毫发无伤。底提耶之王啊，请尝试他法。'

"（在父王的命令下，）年轻的王子遭到了天象的攻击，它们如山峰一般广阔，用长牙将帕拉达重重地砸向大地，举起象腿朝他猛踩，又以尖牙刺向他的身体……帕拉达只是持续不断地冥想哥宾陀，当象牙触及他的胸膛时，忽然变得愚钝不堪。

"一计不成，国王又生一计：'不如用烈火将他烧死！风神，你且助长火势，好将这邪恶的逆子化为灰烬。'恶魔们立即在王子周围堆起了高高的柴垛，手举火把，只待国王一声令下，便要将柴垛点燃。就在此时，帕拉达大喝：'父王，就算狂风扬起烈焰，亦不能动我分毫。举目四望，我之所见，乃是诸天之面容，清凉，芬芳，开遍莲花。'

"众婆罗门眼见国王与王子大动干戈，决定出面调停。他们承诺将教导王子公开认错，亦会为国王找到处死王子之法。出人意料的是，婆罗门对王子的教导全无作为，他反倒一直在喋喋不休地称颂毗湿奴之荣光，以及身为信徒之幸福。婆罗门只好禀告国王，试图令王子心意清明的努力遭遇了失败。国王于是下令，要在帕拉达的食物中投毒。自然，此计亦是徒劳无功。

"众婆罗门决心对帕拉达晓之以理。他们试图说服帕拉达，子承父命实乃天经地义，然而其诡辩再度遭遇了失败。婆罗门提醒道：他们已立下承诺，将以咒语结束他的生命。不料，威胁换来了如下答语：'何人操戈？何人就戮？何人庇护？何者被守护？人人皆是自己的毁灭者与维系者，维系与毁灭，只在乎是否心怀善念。'婆罗门又惊又怒，旋即以法力制造了一名魔女，其周身包裹着火焰，其脚步炙烤着大地，她以身直直击向帕拉达的胸膛。可是，她并未伤及帕拉达，反而转头攻向众婆罗门，将他们一网打尽，接着便消失了。

"在帕拉达的祈祷之下，众婆罗门起死回生。他们向王子献上祝福，返回宫殿向国王禀告方才发生的事。

"金装唤来帕拉达，再度逼问他究竟有何法力，竟能如此护住自己。帕拉达道，这一切并非法力——只要此心安住于毗湿奴，便可战胜一切邪魔，凭借此种信任之力，信徒将臻达其上主。如是断言再度令金装暴跳如雷，他命令武士们把王子从宫殿的至高处掷下——这是他安坐的所在，位于高耸入云的群山之巅，若从此处堕下，必粉身碎骨。底提耶们依言行事，从山顶将帕拉达摔下，然而，由于他发自内心地珍视诃利，万物的养育者大地女神轻柔地接住了他——世界的守护者吉娑婆的信徒。"

金装眼见如此重击仍未能伤及其子，只好请最强大的唱诵者睒摩梨（Saṃvara）一试身手，可尽管后者使出了浑身解数，帕拉达仍旧毫发无伤。

经历了这一切后，帕拉达返回了上师的居所。他曾于彼处学习治国之道。在完成了该学科的学习后，国王曾亲自对他进行考察。当被问及治国理念时，帕拉达坦言：尽管接受了此类教导，他却并不喜欢上师所述，情愿反复地唱诵献予毗湿奴的颂歌。

"其父大怒，下令将他捆在厚木板上丢进大海。声称'死亡是对不孝子的最好惩罚'。底提耶们依言行事，把王子捆在木板上，抛入了大海。

"当帕拉达漂流于海上时，整座海洋咆哮不息，掀起滔天巨浪，大地眼看就要被洪水淹没。金装见状，命令底提耶们向海中抛掷石块，将它们一块块堆起，将无法被火焚烧者埋于石堆之下……'既然他死不了，就让他千百年埋于大海底部，承受山一般的重负吧。'底提耶们领命，帕拉达却依然完好无缺——他心中盈满了对诃利的想念，他开始认识到自己与毗湿奴的真正的同一性。当帕拉达以冥想之力与毗湿奴合而为一时，绑缚于他的木板顷刻间变成了碎片。在向毗湿奴献上颂赞后，帕拉达回到父亲面前，这一次，金装一见到他便立刻亲吻了他的前额，拥抱他，并热泪盈眶道：'你还活着吗，我的儿子？'"

从此以后，父子之间彻底达成了和解。关于金装之死，《毗湿奴往世书》只是一笔带过。父子和解后，并无任何进一步争执的迹象，该往世书继续描绘道："在其父被毗湿奴的人狮化身（Narasiṃha）处死后，帕拉达成了底提耶的统治者。"《薄伽瓦谭》则称，帕拉达曾云，毗湿奴在他之中，亦在其父之中；事实上，毗湿奴无所不在，无处不在。"金装闻言挑衅道：'倘若毗湿奴当真无处不在，他为何不现身于此石柱之中呢？'孰料，毗湿奴此时就在石柱之中，只是不为

153

凡人所见。金装击打着石柱，大放厥词：'若他在柱中，我必将他击杀。'毗湿奴立刻以半人半狮的形象破柱而出，置金装于其股，以利齿将他从中间撕成了两半。

"出于对金装恪行宗教的嘉许，梵天曾对其赐下恩惠：他不会死于任何俗世生物之手；不会死于白昼，亦不会死于黑夜；不会死于地界，亦不会死于天界；不会死于火、水或利剑。梵天的承诺得到了保全，只因毗湿奴于黄昏时杀死金装，非日非夜；金装的葬身之所乃是茅草屋顶之下，彼处在印度的谚语中并非地界；同时，诛杀他的亦非人世生物。"

5. 侏儒化身筏摩那

前文所述的四个化身，据云皆现身自真理时代（Satya-yuga）或满分时代，对应着经典著述者们所说的黄金时代。侏儒化身筏摩那（Vāmana）据云出自三分时代（Tretā-yuga）。此种确信的由来实难追溯，因为假如帕拉达的故事堪为真理时代的写照，那么，满分时代并不见得高于现世，而我们生活的卡利时代（Kali-yuga）已然是最黑暗的末世了。

侏儒化身的使命是恢复诸神的天国。彼时，帕拉达之孙钵利（Bali）继承了底提耶的王位，统治着天界、地界与空界。毗湿奴化身为一名婆罗门侏儒，向国王请求，望能赐予他三步可丈量之土地。钵利应许了侏儒的请求。孰料，他立时变身为一名巨人，一步横跨天界，一步横跨地界，须臾之间，便已完成了使命。《室建陀往世书》讲述的以下传说，对该化身进行了解释。

154

为求甘露，天神与阿修罗曾一道搅拌乳海，一场激烈的争夺之后，阿修罗落败。为此，钵利筹备了一场盛大的祭祀，以期重获神力。

钵利将祭品投入了祭火，顷刻之间，便得到了一驾由四匹白马牵拉的御车，形貌华美，飘扬的旌旗之上绘有雄狮，车上载着天界的盔甲与兵器。神圣的祭祀完成了使命，钵利组建了一支庞大的军队，驾着刚刚求得的御车，直指天界，向因陀罗的神都发起了总攻。天神们阵脚大乱，连忙向其上师寻求建议。

上师坦言道：凭借苦行，众神之敌业已不可战胜。天神们闻言大惊失色，因陀罗恳求上师毗诃波提示下如何行事才最稳妥。上师建议他们放弃天界，乔装改扮，另觅居所，如此方为上策。

天神们依言行事。因陀罗化身为孔雀，俱比罗化身为蜥蜴，其余诸神亦一一隐其真身。他们赶赴迦叶波的隐修之地，向他讲述了所遭遇的不幸。听完天神们的故事，圣哲命妻子阿底提修习严苛的苦行，以令毗湿奴降生为子。凭借此子之力，当可助众神一臂之力，夺回天国。

侏儒化身很可能起源于诸吠陀的隐喻性语言，故此，不妨依时间顺序纵览记载于印度经典的教导。

上述引自《室建陀往世书》的传说，意在对毗湿奴缘何现身为如此奇特的形象作出解答。我们能在《梨俱吠陀》中找到该故事的雏形："毗湿奴三步踏遍（此宇宙）；于三个所在留下了足迹。"历代注疏者针对此节做出了各种解释，其中一种解释称："此颂诗意在揭露神的三重显现：地界的烈火、空界的霹雳与天界的阳光。"另一种理解则认为，毗湿奴的三步象征着"太阳的不同位置，也即日出、天顶与日落"。由此可见，毗湿奴即太阳。《梨俱吠陀》中频繁使用"大步者"一词作为对毗湿奴的形容，显然是在暗示其三步踏遍宇宙的神迹。

侏儒化身筏摩那

《百道梵书》中，早先对毗湿奴步幅的简单陈述被赋予了更加宏大的叙事背景。"同样源于生主的天神与阿修罗彼此争斗不休。其时，天神们频频落败，于是，阿修罗们心下计议：'世界必属于我们！不如就此划定疆界，以待来日。'此言传到天界，天神们不由又惊又怒：'阿修罗竟已着手瓜分领土了，行动起来吧，定会将他们一网打尽。'天神们随即向大神毗湿奴献祭，接着对阿修罗道：'请让我们一同掌管地界，共享这片大地。'阿修罗们不情不愿地答道：'毗湿奴躺卧时能覆盖多少，我们便分予你们多少。'须知，彼时的毗湿奴乃是一名侏儒。但天神们并未拒绝这项提议，他们将阿耆尼安置在东方，勤勉祭祀，以此道赢得了天下。"

该传说的另一版本出自《罗摩衍那》。圣哲众友仙人曾对罗摩讲述了这则故事："昔时，毗卢遮那（Virocana）之子钵利在战胜了众神之领袖后，很是享受拥享三界的王权，因而日益沉迷于斩获更大的权力。就在钵利举行盛大的祭祀时，因陀罗与其余诸神于此隐修之地向毗湿奴祈求：'强大的钵利正举行祭祀，以求统治世间万物——这不知餍足的阿修罗之王啊，总是任人予取予求。上主啊，请以侏儒化身，赐我等以至上福祉。'

"（这时，迦叶波出现了，在向毗湿奴献以颂赞后，上主允其恩惠，答应降生为他与阿底提之子）于是，毗湿奴应众神之请，化身为侏儒，面见毗卢遮那之子，求赐方圆三步之地。在得到阿修罗王的允诺后，毗湿奴显现出不可思议之超然形相，三步便丈量了整个宇宙：一步占据整个地界；一步占据永恒的空界；最后一步则将天界收入囊中。毗湿奴将地狱（Pātāla）赐予钵利，将三界的权柄授予因陀罗。"

《摩诃婆罗多》对此化身的记述并不详尽。书中提到，毗湿奴曾向那罗陀预言此事。"无人可摧毁伟大的阿修罗王钵利，不论是天神、阿修罗又或罗刹。他将取代因陀罗执掌三界的权柄，为此，因陀罗必奋起反抗。我将降世为十二阿底提耶之形相，成为迦叶波与底提之子。我将重建因陀罗之王国，令诸神各归其位，并由钵利分管地狱。"

《毗湿奴往世书》几乎从未提及此事，《薄伽瓦谭》中却有完整而细致的描绘。此圣典正面提出了如下问题："为何身为万有之主的诃利，竟卑微地向钵利王乞求三步之地？为何在达偿所愿后，对其施以管束？为何无辜者竟遭到祭祀之主的绑缚？"对此，圣典中一一给出了答案。

　　钵利被因陀罗诛杀后，婆利古一族的众婆罗门令其复生。为使钵利获得至上之王权，众婆罗门令其圣化，又为其行祭，终使一切成真。如前文所述，钵利旋即出兵攻打天界；因陀罗得知此消息后，在向上师寻求建议时，曾提及钵利得此神力乃是由于"婆罗门的祭祀之德"，故而得以托庇于诃利，变得不可战胜。"他虽已收获婆罗门的神圣力量之果实，却将由于轻视这些婆罗门，而与其子孙一齐覆灭。"

　　众神舍弃了都城，钵利一举攻占了神都。诸神之母阿底提眼见儿子们遭遇不幸，不由为之黯然神伤。于是，她依从夫君之言，喜悦毗湿奴。尊神道："我的一部分将化作你的儿子，以救汝子脱困。待你的夫君——无罪的生主前来时，高尚的女子啊，沉思我的这一形相在他之中。"阿底提依圣言行事，迦叶波亦知悉诃利的一部分即将于冥想中步入他之中。吉时至，圣子降生，日后长成了一名侏儒婆罗门弟子。

　　当婆利古一族在纳尔默达（Narmada）河岸边为钵利行祭时，侏儒正前往因陀罗的天国拜访钵利。钵利依其职分，把头埋入了婆罗门沐足的吉祥圣水，热切地说道："欢迎造访，婆罗门！不知有何贵干？无论心怀何种愿望，弟子啊，只管细细道来。婆罗门之子啊，你必有所求，是请求乳牛、纯金、华屋、饮食，还是愿娶婆罗门之女为妻？是想要富饶的村庄，还是骏马、大象或马车？"

　　侏儒有礼有节，道出了如下一番话语："我只想向您索要一片小小的土地，三步便可把其丈量。除此以外，别无所求。智者从不奢求，故可免除其罪——他（只）请求确然所需之物。"

　　尽管国王对婆罗门这小小的要求感到惊讶，但还是执水罐在手，

158

意欲确认这件赠礼。其时，钵利的上师早已识破了毗湿奴的计谋，故而力劝其弟子。他为说服钵利费尽了唇舌：与其失去家园，不如食言为己。然而国王坚持履行承诺，纵使遭到上师的诅咒亦在所不惜。于是，毗湿奴两步即踏遍了整个宇宙，甚至无须迈出第三步。

众神向诃利表示祝贺；钵利因未能履行其承诺，受缚于毗湿奴的迦楼罗。"阿修罗啊，你已许我三步可丈量之土地，孰料我两步便已横跨整个世界，第三步竟已无处可去。因你未曾兑现承诺，我不得不宣布：你将居于地狱。向婆罗门许下承诺而又食言者，理应堕入地狱——我已为你所欺。"

钵利顶礼于毗湿奴的足下，道："我无惧地狱，更无惧污名。"随即动身前往地狱，并在那里见到了其祖父帕拉达。随后，毗湿奴之妻与梵天先后为魔王的行为求情，毗湿奴终于应允：钵利将再度成为因陀罗，不过，在此之前需居于下界（Sutala）："凭借我的意志，无论是身心的苦痛，又或疲惫、厌倦、挫败与疾病，皆无以侵扰斯地之居民。"钵利高兴地离开地狱前往下界，静候毗湿奴所承诺的再度统率天、地、神人之时刻的来临。

另一则传说则教导说，毗湿奴曾命钵利做出选择：或是携五名愚人荣升天界，或是携五名智者奔赴地府。钵利选择了后者，因为在他看来，如有愚人在侧，无论身在何处皆难言欢喜，而若是智者相伴，纵使身陷囹圄，亦将甘之如饴。

6. 化身持斧罗摩

化身持斧罗摩的降世，肩负着消灭刹帝利种姓①（战士种姓）之使命。其时，刹帝利意图动摇婆罗门的权威，甚至想要凌驾其上。据云，罗摩曾二十一次肃清此类统治，不过，仍有少数刹帝利用尽办法逃过一劫，留下了子嗣。

持斧罗摩的故事显然直指两大种姓之成员为争夺统治地位而展开长期严酷斗争的时期。婆罗门最终赢得了胜利。值得注意的是，从此时起，毗湿奴化身降世的场景已移至大地，不再如前几个化身那样，降生于众神的居所。

以下关于持斧罗摩身世的传说出自《毗湿奴往世书》。曾有一名为伽第（Gādhi）的国君，乃因陀罗之化身，膝下一女名为贞信（Satyavatī）。婆利古的后人利吉迦向她求婚，国王便要求这位老迈的婆罗门献上一千匹白色骏马作为彩礼，每一匹白马需有一耳为黑色。在婆楼那的帮助下，婆罗门筹到了马匹，迎娶了新娘。

为诞育娇儿，利吉迦为妻子准备了一道特殊的佳肴，以大米、大麦、豆子，黄油与牛奶精制而成。在她的要求下，圣哲也分出了一份给岳母享用，后者希望能诞下一名英武有力的王子。圣哲将两份佳肴留给妻子，小心嘱咐哪一份是为她准备的，哪一份又属于岳母，随后便出发往森林而去。

---

① 印度教共有四大主要种姓或出身（jāti）：婆罗门，祭司种姓；刹帝利，战士种姓；吠舍，商人种姓；首陀罗，仆人种姓。根据一般说法，四大种姓分别生自创造主的头、臂、股、足，尽管有充分的理由相信，古时并无此类关于神圣信仰的观点盛行于世。此外，由于种姓之间的通婚，基于四大主要种姓亦产生了众多的其他种姓。

到了用餐时间，母亲唤贞信道："女儿啊，天下的母亲皆希望儿女天赋异禀、英武出众；若才干不及其兄弟，便会分外赧然。故此，把你的丈夫为你准备的食物给我，吃下为我准备之物吧。吾子注定将一统天下，汝子则是一名婆罗门，与富足、刚毅与勇力无关。"贞信默许了这项提议，与母亲交换了食物。

化身持斧罗摩

利吉迦返回时，察觉到了妻子的异样，他呵斥道："有罪的妇人哪，你都做了些什么！我看见你周身皆洋溢着恐惧！

"你已吃下了为你的母亲准备的食物，这真是大错特错！我为你的母亲准备的食物中，注入了无数的力量、勇力与英雄气概；而在给你准备的食物中所注入的，则是专属于婆罗门的品质：谦和、博学与臣服。你们这么做的后果是，我的安排全然被颠覆了：你的儿子将拥有战士的脾性，动用武器去战斗、杀戮；你母亲的儿子则将拥有婆罗门的秉性，向往和平与虔信。"

贞信闻言，拜伏于丈夫的脚边，连声说她不希望儿子一如丈夫之所述："若定要如此，只愿此子是我的孙儿，而非我的儿子。"利吉迦叹道："也只好如此了。"

吉时至，贞信诞下一子，即食火仙人（Jamadagni）。仙人娶雷奴迦（Reṇukā）为妻，生下了摧毁刹帝利种姓者——持斧罗摩，他是那罗延那的一部分，亦是宇宙的灵性指引者。

《毗湿奴往世书》中记载的关于持斧罗摩的事迹即如此。《摩诃婆罗多》曾两度记述其壮举，《薄伽瓦谭》《莲花往世书》《阿耆尼往世书》对此亦有记载。以下事迹来自《摩诃婆罗多》。

利吉迦之子食火仙人（其出身如前文所述）娶雷奴迦为妻，"将公主迎娶回他的隐修之地，公主亦很愿意参与其苦修生活。二人育有四子，即将迎来第五个食火血统者（Jāmadagnya），也即持斧罗摩，这名幼子绝非兄弟之中的微末之辈。

"一次，儿子们皆已出门采集用作食物的果实，善尽其责后，雷奴迦准备前去沐浴。就在前往小溪的途中，她看见了密提迦婆底（Mṛttikāvati）的王子奇车（Citraratha），后者颈上戴着莲花制成的花环，正与王后嬉水作乐。这一幕幸福的画面令雷奴迦突然心生嫉妒，她感到自己的心灵被这邪恶的念头玷污了，纵然沐浴已毕，却未蒙净化，只好忧心忡忡地返回了居所。食火仙人一见她便知道发生了什么，眼见妻子失去了圆满与圣洁的光辉，不禁出言责备，怒不可遏。

"就在此时，二人的儿子们从林中返家，他们一进家门便接到父命，要求动手诛杀犯戒的母亲。骨肉亲情难以割舍，竟无一人肯动手。于是，食火仙人对他们许下诅咒，令其变作了痴人。最后，当罗摩返回住所时，英武而圣洁的食火仙人对他道：'杀死你那有罪的母亲，毫不犹豫地动手吧！'罗摩立刻拿起了他的斧头（Paraśu，得自于湿婆），砍去了母亲的头。顿时，食火仙人的怒火平息了，他对儿子深感满意，道：'你既已听命于我，完成了艰难的使命，那么，向我提出要求吧，我将满足你的任何愿望。'

"罗摩请求父亲满足如下愿望：其一，令母亲复生，让其彻底忘却曾经被杀，并从一切罪孽中净化；其二，令兄弟们恢复原状；其三，愿自己天长日久，战无不胜。这些愿望皆获满足。

"有一次，当仙人的儿子们离家时，英勇的国王、海诃夜（Haihaya）部落的统治者迦多维尔耶（Kārttavīrya）来到了食火仙人的住所，圣哲的妻子礼数周到地接待了他。得自达陀利耶仙人[①]（Dattātreya）的恩典，国王坐拥千臂，所乘之黄金御车可载他抵达任何想到之处。因其力量强大，诸神、仙人们与世间众生皆对他心怀忌惮，诸神与仙人们向毗湿奴禀报了此事，后者便与因陀罗一道，准备设法击溃此子。果然，国王傲慢而自大，对圣哲之妻的殷勤礼敬毫无感激

---

① 一位婆罗门圣哲，梵天、毗湿奴、湿婆的一部分皆曾化身于他。

之心，反而带走了用于献祭的神圣乳牛的牛犊，又砍倒了圣哲居所近旁的高大树木。"

《罗摩衍那》则称，迦多维尔耶盗走了神牛的牛犊。当他拜访隐修所时，乳牛的主人曾许诺，将竭尽所能满足他与随从之所需：

> 美好的乳牛把一切奉献，
> 只待神圣的主人开言。
> 天下的食物，应有尽有，
> 无论是蜂蜜又或烤谷粒，
> 如芬芳的花朵般甜美。
>
> 滋味各异的饮料
> 与种类繁多的食物皆已备好。
> 滚烫的米饭堆成小山，蛋糕格外香甜。
> 数不清的奶酪，流成湖的羹汤，
> 杯盏皆已盈满，
> 甜美的饮料亦已斟好；
> 精致的甜点一一呈上，
> 只为款待隐士的客人。

"罗摩返回时，父亲把方才发生之事说予他听；眼见乳牛悲伤万分，罗摩怒火中烧。他擎起神弓，追上了迦多维尔耶，展开了一场激战。千臂国王的手臂纷纷被罗摩掌中的利箭射落，终于自取灭亡。迦多维尔耶的王子们一心为父报仇，趁罗摩离家之机袭击了食火仙人的居所，杀害了虔诚而不肯抵抗的圣哲——他只是反复而无果地呼唤着刚毅的儿子之名。

"父亲的死令罗摩悲痛万分。他点燃火堆，为父亲举行了最后的葬礼，立誓屠灭整个迦多维尔耶族。冷酷而危险的复仇之火熊熊燃烧，罗摩先是诛杀了迦多维尔耶的儿子们，其后，只要遇见迦多维尔耶的族人，便毫不留情地一概击杀。他曾二十一次灭尽大地上的刹帝利种姓。[①] 最后终于彻底将其铲除。迦多维尔耶的遗孀们纷纷投奔婆罗门，祈求诞育子嗣。虔敬的众婆罗门摒除欲望，与女人们同房，令勇猛的迦多维尔耶族得以绵延其血脉。"

《摩诃婆罗多》的另一篇章教导说，罗摩之所以有能力诛杀刹帝利，乃是由于圣哲阿帕瓦的诅咒。国王曾允准阿耆尼焚毁仙人的隐修所，于是，仙人为复仇许下诅咒，宣称其千臂皆将被持斧罗摩斩去。

《罗摩衍那》记载了一则有趣的传说，称身为毗湿奴之化身的持斧罗摩，见到了毗湿奴的下一个化身罗摩旃陀罗，此次会面宣示了后者的权威。"十车王（Daśaratha）与其子罗摩（旃陀罗）一道返回国都时接到示警，一种特殊的鸟儿向他揭示了凶兆，示警的内容与持斧罗摩的造访有关——其形貌可怖，明亮如火，且手持利斧，肩负神弓。

"持斧罗摩获得了阿逾陀的礼貌接待，他对十车王之子罗摩道，此前已听闻他曾拉断遮那迦（Janaka）所制之神弓的伟力，故而携来了另一副神弓，若王子能拉开神弓，开弓放箭，就将与他单独比试。

---

① 持斧罗摩之所以反复行此使命，乃是因为有些刹帝利的儿女藏身于其他种姓，从而躲过了其怒火，且于日后长成了战士。当其使命终于结束时，已无一名刹帝利生还。刹帝利的遗孀与婆罗门结合，如上所述。

他继续说道：为罗摩所折之神弓乃属于湿婆，今日他携来的这副神弓，则属于毗湿奴。

"天神们急切地想知道湿婆与毗湿奴究竟何者更加伟大，为抓住这天赐良机，他们求助梵天。梵天随即为二位罗摩注入激情，于是，大战爆发。但见湿婆之神弓那骇人的威力竟已力松劲泄，三眼大天终于在默诵中被禁锢。天神们心满意足，裁定毗湿奴为获胜的一方。不料，持斧罗摩并不认同这一裁定，他将毗湿奴的神弓递给罗摩，想再试试他的力量。

"罗摩接住神弓，拉开弓弦，搭箭其上，向其对手道：由于他是一名婆罗门，故不会遭戮，然此箭一出，或者其超人的行动力被剥夺，或者其通过苦行求得的蒙福的居所将不复存在。持斧罗摩恳请保全其行动之力，但同意其居所可能被毁。'当你拉开此弓之际，'其后他道，'我已认出你即是不朽的诛杀摩度者，伟大的主。'罗摩开弓放箭，摧毁了持斧罗摩的居所。"

关于这则奇特的传说，为东方学者们所普遍接受的一种解释是：史诗中提及罗摩乃是毗湿奴化身之一的篇章，实际是在晚于成书时间的年代篡入的，而持斧罗摩与罗摩旃陀罗的这次会面，就是为了圣化这些篡入的教导——倘若就连获得正式承认的毗湿奴之化身持斧罗摩，亦承认罗摩较他更为崇高，那么，这又何尝不是强有力地确证了罗摩的神性呢？

7. 化身罗摩旃陀罗

在印度北部，罗摩旃陀罗也许是毗湿奴的所有化身中最受欢迎的一位了。毫无疑问，其事迹见诸《罗摩衍那》，其中包含了印度圣典中最美丽的一些传奇。《罗摩衍那》的主体部分叙述了罗摩的故事，诗人们也在这些传说中找到了创作唯美诗篇的绝佳题材——但凡是为这名最受欢迎的英雄抒写传记，便总能洋洋洒洒地写完一整卷。不过，此处需仅仅着眼于其事迹之大旨。

格里菲斯先生在其所译的《罗摩衍那》之序言中云："史诗所述之英雄伟业及其主旨，乃是罗摩向巨人罗波那发动的战争，后者是楞伽或锡兰的狂暴而又强大的国王，亦是诸神与天女、圣哲、人类的可怖压迫者。"此处不妨借格雷西奥（Gorresio）所言，"如诗歌中所述，罗摩的远征所倚重的军队，很大的一部分来自频陀（Vindhya）山区 ①，史诗中，这些受召而来的种族以猴子为其象征，究其原因，或是出于对其野蛮本性的鄙视，或是由于他们对当时的印度教徒所说之梵语几乎一无所知。"诗人称罗摩所攻击者为"罗刹"。依据印度的普遍信仰，罗刹是一种恶毒的存在，许多时候其形为魔，恐怖而残忍，常扰乱婆罗门的祭祀与宗教仪式。

"很显然，《罗摩衍那》的史诗作者将'罗刹'这一可憎的称谓加诸一个引人嫌恶而又充满敌意的族类，并非真正的历史意义上的命名，而更多体现为一种带有嫌恶与畏惧的表达。"以下所引述的罗摩之事迹，源自格里菲斯先生所译之《罗摩衍那》颂诗。

阿逾陀的国王十车王膝下无子，决意举行马祭（Aśvamedha）以

---

① 居住在频陀山区的土著部落至今仍留有许多关于罗摩和悉多的传说，此为对这位英雄的潜在历史性的一个奇异而又可靠的证明，尽管这些土著并非印度教徒，也几乎对印度教一无所知。他们的外表与印度教徒亦有显著的不同，肤黑，发卷曲，厚唇，与一些非洲民族殊为相似。

求子嗣。为达到献祭的标准，准许所献之马随性奔跑一整年，以向邻国王储们宣示其主人的权威。

化身罗摩旃陀罗

人民爱戴其国王，在其统治期间亦安居乐业；可是，由于一心求子，国王的安乐与统治皆受到了牵连。马祭势在必行，圣所已选定，马儿亦已释放，在众婆罗门的鼓舞下，国王邀请了邻国的王储们前来参加盛大的誓师大典。仪式终圆满举行，主持仪式的婆罗门向十车王道：

> 您的四位王子，君王啊，
>
> 将延续您王室的基业。
>
> *   *   *   *
>
> 另一场仪式即将举行，
>
> 您盼望的儿子们即将降临，
>
> 一切皆有条不紊，
>
> 首先需阅读阿闼婆。

诸神为集会增光添彩，履行仪式的圣哲对他们道：

> 十车王杀死了祭马
>
> 献予你们，以求一子；
>
> 国王已兢兢业业履行了仪式，
>
> 向你们宣示信念的坚定。
>
> 此刻，绝无一丝一毫之懈怠，
>
> 第二个仪式亦将举行。
>
> 因此，诸神哪，请赐以恩惠，
>
> 满足祈请者之所愿。

诸神对婆罗门的祈祷深感喜悦，于是，在因陀罗的率领下觐见梵天，呈上其共同的祈愿，其中提及了他们许给十车王之子罗摩的伟大功业，如次：

梵天哪，凭借你的伟大恩典，

巨人族的统治者罗波那，

以其愚昧的傲慢折磨我等

与虔心苦行的圣哲们。

因你在古时曾被喜悦，

赐以恩惠，令其强大，

神魔被诛，无休无止，

凭借你的意志，他福禄双全。

我等敬重这无上之请，

故承受其狂怒，却苦不堪言。

彼巨人之主，狂暴而又堕落，

统治着地界、天界与下界。

你的恩惠令其疯狂，他那狂妄的怒火，

令虔信者、歌者、天神与圣哲受到牵连。

太阳隐去了他的光芒，

由于恐惧，风儿不再咆哮；

只要是在可怖的罗波那脚下，

火焰亦不肯显露它的热力，

翻卷的波涛，仿如他的项链。

在他面前，大海羞于扬起波澜。

俱比罗本尊在伤感的失败中，
被拽下了他那受祝福的宝座。
我们看见、我们感受魔王之力，
为此，已被惊骇与困苦吞没。
主啊，你的祈请者向你祈祷
愿以妙法，将此瘟疫治疗。

对此，梵天答道：

我在想，杀死此邪魔的唯一妙法——
他曾向我祈求，不会死在
恶魔、天神及天界的诗人手下，
地界与空界的神灵亦难有建树；
我应允了这一祈求。
可是，这傲慢的巨人，其轻蔑
仿佛并非来自由女人所生之人。
无人能取走他的性命，
除他之外，此魔难赴黄泉。

此时，毗湿奴现身，受到了众神的热烈欢迎。他问起了诸神适才
所求之事：

十车王大声呼告，
已率众热切地苦行多日，

祭马亦已宰杀，

愿求一子，却是徒劳。

此刻，他绝望地向我等求告，

愿我等降生为其王子，

他的三位王后，每一位

皆富于美丽、谦逊与声名。

愿您分身为四份，其三成为

三位王后的娇儿；

流露其英雄本色，在战斗中

杀死罗波那——是他嘲笑天界之力。

这共同的祸害，这痛苦的刺……

三界已受其拖累，累月经年。

毗湿奴问起为何需要他的救赎，在提及梵天曾向罗波那许下的恩惠后，毗湿奴最终允准降生为人，以诛杀巨人及其全族。

其后不久，一名来自毗湿奴的使者，携盛有甘露的金色净瓶拜见了国王，并嘱他将甘露交予王后，道：

汝之祭祀与祈祷已足够绵长，

夫人将诞下高贵的王子。

国王将甘露的一半赐予了王后憍萨丽雅（Kauṣalyā），她将成为罗摩的母亲；余下的甘露则被分与诸位王妃，她们也将一一诞下娇儿——吉迦伊（Kaikeyi）将生下婆罗多（Bhārata），苏弥德拉（Sumi-trā）将生下罗什曼那（Lakṣmaṇa）与设睹卢祇那（Śatrughna）。

动身离开天国前，毗湿奴敦请诸神，念在此行乃是为其福祉而承担的责任，务必设法相助，尤其需生下强健有力的儿子们，加入其军队。

每一位天神、每一位圣哲皆成祖先，
每一位天国歌队的歌者，
每一位农牧之神，
皆诞下强健而善良的儿女。

响应此请而助罗摩一臂之力的一些领袖如下：

领导森林众生的钵利乃因陀罗之子，
高大如摩罕德拉（Mahendra）那崇高的峰顶。
高贵的火焰、伟大的太阳，
乃是伟大的妙项之后裔。

强大的神猴多罗（Tārā），
乃毗诃波提的子孙；
无敌的酋长达罗（Tāra），
因猕猴（Vānara）之主的智慧而豪情万丈。

香醉山（Gandhamādana）的人民勇敢无畏，

173

其父乃黄金的主人。

英武的那罗（Nala）威名赫赫，

其父祖乃是工匠之神毗首羯磨。

如火焰一般的明亮，得自阿耆尼。

他的光辉、力量与价值

超越了生养他的祖先，

天国的阿史文双神，迅捷而俊美，

正是这一对高贵的双生子之父。

他们以提毗毕达（Dvivida）和梅因达（Mainda）为名，

其俊美一如他们那声名远扬的祖先。

婆楼那乃苏舍那（Suṣeṇa）之父，

与鹿（Śarabha）交合，生下了雨神（Parjanya）。

猴族之冠哈努曼，

以风为呼吸者就是其父；

如同烈火中的雷锤，

迅捷如迦楼罗本尊掠过天际。

诸神创造了无数的英勇战士，

天赐之神力，无人可匹敌。

以神猴之形相随心变化，

一心所愿，唯有诛杀仇敌。

十车王的四个儿子如期降世，自孩提时代起，长子罗摩与罗什曼那、婆罗多与设睹卢祇那之间，便保有了深厚的兄弟情谊。

罗摩长到大约十六岁时，圣哲众友仙人抵达十车王的宫廷，向他求助，以期除去摩梨遮（Marica）和苏婆护（Suvahu）这两名恶魔。他们受命于罗波那，令他不胜其扰，使其祭祀不得完全。起初，国王以王子太过年幼，不宜承担如此艰巨的职责为由推拒此事，但他最后打消了顾虑，派罗摩与忠诚的罗什曼那出发前往仙人的隐修所。当他们抵达萨尔居（Sarju）河畔时，仙人赐予罗摩两道咒语，令他在沐浴时使用——咒语是如此的强大，令罗摩从此在天界与下界再无对手：

世上无人可与你相匹，

无罪者啊，你由是拥有——

知识、财富、机智、敏捷、谋略，

与行动的能力。

在前往隐修所的途中，他们参访了数个重要的所在，众友仙人以为数众多的传说混淆了时间，同时也将各种武艺与力量传授给了罗摩。他们最终抵达了行程的终点，需在此静候恶魔六个昼夜，就在祭祀行将告终时，圣所的侵扰者们再度现身，不出所料，他们败在了罗摩手下，其随从亦由罗什曼那一一击退。仙人对罗摩道：

王子啊，此刻，我已满心喜悦：

你遵从我的意志；

这处曾经宁静圆满的所在，

从此将更加圆满。

次日清晨，仙人告诉罗摩，密提罗（Mithila）的遮那迦王即将举行一场祭祀，邀请他们前往出席。罗摩受邀同行，他十分喜爱国王名下的那副无与伦比的神弓。据云，无人能将神弓拉满——它本是湿婆的赏赐，用以嘉许祭祀的履行。

在前往密提罗的路上，他们途经一片小树林，圣者乔答摩的妻子阿诃梨耶就在林中，她因受到诅咒而化身为石，神、人皆对她视而不见。她已苦行了漫长的岁月，只为能减轻与因陀罗私通的罪行。彼时，因陀罗化作她丈夫的模样意图亲近，尽管她识破了其伪装，却未能狠心拒绝。其后，丈夫诅咒她无声无息地流落于森林，直至有朝一日罗摩前来解救。此时，她解脱的一刻终于到来：罗摩看见了她，触碰了她的双足，诅咒解除了，丈夫与她冰释前嫌，再度将她迎回身边。

一行人如期抵达了密提罗。仙人将王子引荐给遮那迦王，受到了国王的热情欢迎。他向来宾介绍了这副享誉世界的神弓之历史，引他们一睹其风采。他还提及，正是这副神弓，令参加生主祭祀的众神惊怖万分——其时，众神皆受邀出席祭祀，独独湿婆不在此列，由此引发了一场大祸。事后，神弓由遮那迦王族的国王们代代相传，既是王权的象征，也用作制敌的武器。

这弓箭之中的臻品，

将众神之神自危难中拯救，

我们伟大的祖先珍藏着它，

永以为珍宝和荣耀。

　　一日，遮那迦正在犁地时，一名婴儿自大地中跃动而出，为纪念其秘密的身世，圣王为其取名为"悉多"，意为"犁"。《后篇》（*Uttāra Kāṇḍa*）中记载有一则传说，其中指出，悉多正是女神拉克什米的又一形相，其降世的目的，是达成杀死罗波那的夙愿。

　　"就在漫游的途中，罗波那曾抵达过喜马拉雅山，他在那里遇见了一位美丽非凡的少女。少女名为韦陀婆底（Vedāvati），身着苦行者的衣衫，过着虔信的生活。罗波那向她求爱，少女义愤地拒绝了他的逾矩，声言其父一心想将她许配予毗湿奴为妻，在她心中，亦已认定自己就是至上之主的妻子。她道，无人可辱没至上神。

　　"罗波那听罢并未放弃，反而伸手触摸了少女的秀发。少女又惊又怒，朗声道，她将在他的面前跃入火中。赴死之前，她道：'我于林中受到你这恶毒之人的欺侮，待我重生之际，便是你的毁灭之时。女子无从手刃恶徒，若对你祭出咒语，我苦行所积累的善业亦将前功尽弃；但是，若我的天赋之责、生命意义即是为了除掉你，则另当别论。愿我降生为义人之女，却并不从凡人的子宫出生。'言毕，她纵身跃入了熊熊火焰。罗波那，这山一般的仇敌，几已被她的怒火摧毁，现在，她已与毗湿奴的至上能量联结，为了彻底摧毁他，即将再度转世为人。"

　　对这位并非由凡人所出的神秘的女儿，圣王对络绎不绝的求婚者们总是如此作答：

我不能亏待我的女儿；

她是只属于英雄的奖赏。

那名能以神力拉满湿婆神弓的英雄，命中注定将成为她的丈夫。多少来自邻国的王子曾满怀希望地向她求婚，皆心碎而回。此刻，遮那迦道：

这光辉异常的天界之神弓，

隐士啊，在场的青年们是为见证，

若年轻的罗摩能拉响

那令上主与国王皆沮丧而归的弓弦，

我在此立誓，将把并非生自凡人的

悉多，许配予他为妻。

神弓呈上，罗摩领命一展其力量。他轻易便执弓在手，在众人惊奇而又敬畏的目光下，他拉开了弓弦，弓弦应声断成了两截。于是，罗摩成了悉多的如意郎君。遮那迦王立即派出使者，邀罗摩的父亲十车王前来出席儿子的婚礼。罗摩的另两名兄弟亦一道前来，其后，不仅罗摩与悉多结成了夫妻，他的三位兄弟也都与遮那迦王的另三位女儿联姻。婚后，四对佳偶一同返家，生活甜蜜而又富足。

光阴似箭，十车王嘱意传位于长子罗摩。吉日已定，国王召来罗摩，嘱他彻夜进行神圣修习，以便为继位做好准备。国王的心意遍传天下，人们皆为其圣明欢欣鼓舞，城市流光溢彩，夜幕降临时，人们载歌载舞，气氛有如节日。

这时，一位忠仆将此事禀报予婆罗多之母吉迦伊，并成功地挑起了她的嫉妒之心。她将自己关在王宫内的一处幽僻之所，当国王前来探望她时，她道：

你若肯听我祷告，
　就请许下诺言。

国王对其意图一无所知，便懵懵懂懂地答应她，在她讲述以前，已先行立下了承诺。吉迦伊召来众神作见证，要丈夫毋忘遵守其承诺与誓言，还不忘提醒他：昔日他身处险境时，自己曾怎样地生死相随。在确认十车王已许下恩惠后，她终于道出了丈夫有待完成之事：

若你不肯履行已然立誓的承诺，
　我将在拂晓前悲愤而死。

她要求国王立其子婆罗多为太子，同时，罗摩需放逐森林十四年，度过隐士的生活。

这一祈愿令十车王既悲又怒，然而，由于立誓在先，此时已是箭在弦上，不得不依言行事了。昨日洋溢着喜悦的阿逾陀城，顿时化作一片泪海，原本为罗摩精心筹备的即位典礼，此时将被用于婆罗多的加冕，这确然违背了十车王的心意。

罗摩试图说服悉多准他独自前往森林，悉多如何肯依？二人之间的这场对话，堪称整部《罗摩衍那》中最为美丽动人的篇章之一：只要能与丈夫长相厮守，她便无惧困苦、险阻与艰辛；她向丈夫表明心

179

迹：唯死亡可令二人分离。

罗什曼那恳求追随兄嫂共赴森林的誓言同样十分感人：

> 无须高居于众神的居所，
> 亦不必长生不老，
> 我只愿追随兄长，
> 踏遍三界，矢志不移。

最后，罗摩、悉多与罗什曼那三人一同离开了阿逾陀城，整座城市皆为之心伤不已。当他们抵达弹宅迦林（Daṇḍaka）时，觅得了一处幽静之所，最终安顿于妙峰（Citrakūṭa）。

罗摩等人走后，由于悲伤，十车王很快便离开了人世，阿逾陀城再度被泪水淹没。婆罗多寻访了他那被驱逐的兄弟，表示希望能迎回长兄，继承王位，却遭到了罗摩的拒绝。婆罗多只好继续代理阿逾陀城的王位，但他始终认为，只有罗摩才是名正言顺的国王，他甚至保存了罗摩曾于公开场合穿过的一双鞋，以表明只是暂代兄长摄政的心迹。

罗摩等三人于森林中历经险阻，亦始终过着苦行者的生活。一日，他们望见了一位名为毗罗塔（Virādha）的巨人，他身披虎皮，并且——

> 他携着钢铁长矛，
> 猎杀了三狮、四虎、十鹿。

巨人带走了悉多，威胁将把她杀死并吃掉，不过，一段时间以后，他又改变了主意，答应留她性命。巨人自觉应对罗摩表现出大度，于是允他毫发无伤地离开。不过，巨人与罗摩最后展开了一场激战，由于兄弟二人的武器无以击伤巨人，罗摩一方并未占优。随后，巨人将罗摩和罗什曼那举了起来，分别扛上了双肩，带着他们逃之夭夭。兄弟二人趁此机会，从巨人的肩上，一人砍下了他的一只手臂，巨人轰然倒地，因失血过多而气若游丝。胜利的一方发现凭借武力无从夺其性命，最终将其活埋。

此次历险后，兄弟二人抵达了隐修之地，罗摩也成了该地区隐士们的守护者。

十年的林栖生活一晃而过，罗摩一行出发前往投山仙人的隐修之地。投山仙人曾以其苦行积累了伟大的善业。他们于彼处建造了居所，不料，风平浪静的日子并未持续很久。一日，罗摩与悉多同坐树下，罗波那的妹妹、一位名为首哩薄那迦（Śūrpaṇakhā）的女巨人途经此地，竟然疯狂地爱上了罗摩。

> 她双目丑陋，面容脏污，
> 她爱上了他那温情的一瞥与仁慈的天庭；
> 然她的模样实难令人亲近，
> 他的形象却庄严而健美；
> 她暗淡的头发杂乱地低垂，
> 他明亮的额发柔卷于修眉。

首哩薄那迦问起罗摩流落山林的原因，罗摩讲述了他与悉多的来历，随后问起了她的身份。巨人道，她是罗波那的妹妹，接着，情不自禁便向罗摩诉起衷肠：

> 把丑陋的悉多赶走吧，
> 把我这更美好的眷侣，留在身边。
> 看看我这秀美的容颜，
> 佳偶天成，远胜于她，引人珍惜留恋；
> 我将吃掉这名不相宜的女子，
> 你的兄弟，亦会与她共赴黄泉。
> 来吧，亲爱的，来我身边，
> 与我一同漫游于这林荫之中的家园。

　　罗摩微笑着相告，他已与悉多成婚，故不能接受她的美意，不如考虑嫁给他的弟弟。首哩薄那迦便去找罗什曼那，后者又将她推回给罗摩。首哩薄那迦一心认为悉多才是拦阻其美好姻缘的绊脚石，于是决意杀死她。罗摩阻止了这场无妄之灾，罗什曼那则削去了女巨人的鼻子与双耳。

　　受伤的女巨人逃回了兄长身边，对其毁容一事，魔王狂怒万分。他派出了十四名巨人，严令诛杀罗摩、悉多与罗什曼那。巨人们很快悉数被杀，魔王得知其死讯后，愈加怒不可遏。他很快召集了一支拥有一万四千名战士的军队，浩浩荡荡杀向仇敌，不料，罗摩仅凭一己之力，便将其灭尽。

　　其中一名巨人名为阿坎帕那（Akampana），他飞奔回罗波那身边，向他禀报了这场大劫难。怒火中烧的罗波那喝道：

瞰遍地界、天界与下界，

有谁胆敢徒劳地与我为敌？

毗沙门（Vaiśravaṇa）、因陀罗、毗湿奴，

纵是死国之主宰，亦需敬我三分；

至为强大的上主，如违抗

我的意志，亦难处之泰然……

我这势不可当的威力，

纵是死神，亦不得脱身。

魔王随即问起大战的详情，决意为妹妹复仇。信使告诉他，想以武力战胜罗摩实属徒劳，不妨掳走悉多，因为——

失去了挚爱的妻子，

不出数日，悲伤必将他吞噬。

罗波那独自驾驭车去找摩梨遮，意图请求其帮助，孰料，恶魔反而劝他莫与罗摩为敌。可是，当面容残破的首哩薄那迦出现在他的面前时，魔王的愤恨再度被点燃了。他高坐于王位之上，道：

纵使他身具二十臂与十颈，

纵使他战车精良，用兵如神；

纵使他英武如高耸的山峰，

纵使他臂力无穷，齿白如玉。

*　　*　　*　　*

巨人花费了一万年之久，
一心一意，严苛苦行；
他以其众首为祭，
呈献于自存者的面前。

首哩薄那迦再度诉说起她的伤心往事，其兄的怒火重被引燃。他立即出发前往恶魔摩梨遮的隐修地，请他化身为有银色斑点的金鹿，助其完成复仇大计。魔王相信，此鹿必能吸引悉多的注意。

她望见了俊美的金鹿
藏身于林间，毫无疑问，
她必央求丈夫与兄弟，
把这美丽的动物带回。

摩梨遮忆起罗摩正是昔时襄助众友仙人的那名少年，彼时，他便已在其手下负伤逃遁，于是力劝罗波那放弃此念。然而此事势在必行，恶魔并无躲闪之机，但闻罗波那道：

若是领命，
或许性命不保；
若敢违抗，
今日便是死期。

摩梨遮只得依言化作鹿形，潜入隐修所附近，他成功地引起了悉多的注意。她是如此地渴望拥有它，罗摩命罗什曼那留下守卫家园，自己动身前去猎鹿，一箭射中了它。恶魔濒死之际，化用罗摩的声音高呼，确保他的妻子与兄弟能听见："啊，悉多！啊，罗什曼那！"二人误以为罗摩遭遇了不幸，罗什曼那急忙赶往呼喊声传来的地点，不料却给就在近旁的罗波那留下了可乘之机——他迅速带走了无力反抗的悉多。

魔王想方设法，只为其猎物乖乖就范。尽管悉多奋力挣扎，对每一位过路人皆大声呼救，却无一人能救她脱困。罗波那带着悉多乘坐其魔法御车抵达楞伽，将她安置于一处宫殿。然而，无论是好言相劝还是恶语相逼，皆不能令她动摇一分——在她对罗摩的爱情面前，威逼利诱皆属徒劳。

为安慰悉多，梵天遣因陀罗避开守卫的监视，向她表达了诸神的同情，天帝向她保证：一切皆会重回正轨，她与丈夫都将平安无事。

与此同时，罗摩已悲伤得几乎发狂。罗什曼那杀死金鹿回到他的身边时听闻了此事，亦是惊怖万分。他们连忙赶回居所，然悉多踪迹全无。罗摩痛苦难抑，他狂奔于山林，希望树木山川告诉他，他的爱人究竟出了什么事，可大自然中的一切，始终宁静而庄严。

这时，一只奄奄一息的秃鹫为罗摩带来了悉多的消息。为救悉多，它曾与罗波那激战。它道：悉多已被魔王掳走，身在楞伽。（参见第三部分第七章）

罗波那

在漫游的途中,罗摩与罗什曼那遇见了一位名为"无头"(Kabandha)的巨人。由于身受诅咒,巨人必须忍受狰狞的外表,直至罗摩将其双臂砍下方可解脱。念在他将兄弟二人扛在肩上一路疾行的情分上,罗摩答应遂其心愿,事实上,除此之外,亦别无逃生之机。

当巨人得知罗摩兄弟的身份后,简直喜出望外,他向二人请求恩惠,望能焚尽己身,以求再世为人、回归原貌,从而荣升天界。就在他被熊熊烈火包围时,其天界形象终于显现,升至半空中时,他向二位恩人吐露了悉多的所在,并建议他们寻求妙项的帮助——妙项乃猴族部落之王，得其援手方可救悉多脱困。[1] 二人依言行事，不日便抵达了妙项位于庞帕河（Pampā）的居处。湖光山色旖旎动人，却令罗摩悲从中来：

> 目睹这静谧祥和之美境，
> 因爱而生的绝望再度将我吞噬。

妙项见到罗摩兄弟时，将其视作其兄婆利（Vālin）的友军。他曾因其兄长而丢掉了王位，故不免草木皆兵。猴王旋即派出其统帅哈努曼前去一探究竟，意图查明罗摩一行是敌是友。

哈努曼领命，不费吹灰之力便探明了兄弟二人所为何来，他想道：倒不如借二人之力，助主人夺回王国。于是，他承诺说服大王出兵协助，尽全力帮助罗摩救回悉多，不过有一个条件：需先行佐助大王夺回猴族的国王之位。罗摩慨然应允。一支同盟军很快成立了，在罗摩承诺必将篡位者绳之以法后，妙项信誓旦旦道：

> 无论她被掳去了天国，

---

[1] 湿婆曾预言，当魔王行至喜马拉雅山时，罗摩将得群猴之助，以不辱使命。湿婆化身为侏儒，现身于罗波那面前，试图阻止他踏上一条特殊的道路，魔王不顾劝阻，反倒无礼地将他呵斥，问他究竟是谁，胆敢下令禁止来人行于此路。不仅如此，他还讥笑侏儒的容貌看上去宛如猴儿。喜乐自在天（Nandeśvara，湿婆）答曰：群猴正是其天敌，且已被赋予了消灭其全族的力量。罗波那不服，为展示其力量，他以双臂举起了群山，不料，湿婆仅以脚趾便将之悉数踏回。罗波那的手臂被碾碎，不禁痛呼出声。其后，罗波那苦行千年，方令湿婆的怒气得以平息。湿婆在放他脱困时道：从今以后，魔王应以其痛呼（Rāva）为名，称为罗波那。

还是因于深深的地狱，

我必念她在心，

定要救她脱困，送回你身边。

妙项拿出了悉多在被掳走的途中失落的衣裙、手镯与脚镯，罗摩一眼便认出了那副脚镯，尽管妙项告诉他，此时此际尚无从得知悉多的下落，他依然如获至宝、大感安慰，相信猴王定会助他一臂之力，救回悉多。妙项随即讲述了自己与兄长婆利的恩怨纠葛，不过，尽管罗摩的诚意已毋庸置疑，妙项仍想考察他是否如传说中所言，乃是一位臂力无穷的大英雄、神箭手。直至他亲眼看见罗摩一箭穿透七棵棕榈树时，才终于大喜过望，确信自己果然慧眼识英雄——罗摩的利箭不仅洞穿树干，射穿了藏于其后的小山丘，甚至一箭横贯地下六界，并最终折返，落入箭囊之中。

妙项眼见盟军勇武异常，便再无挂虑，豪情万丈地向婆利发起了总攻。大战之中，尽管猴王力有不支，罗摩还是一箭射死了其兄婆利。不过，对死去的婆利而言，这显然是一桩憾事，只因罗摩不及向他通报姓名，便已一箭将他射死，若能有幸得知罗摩的身份，他必十分乐意助他夺回悉多。

婆利死后，妙项登基为王，他是如此地陶醉于胜利者的喜悦，竟全然忘却了曾向罗摩许下的承诺，全然不顾正是仰仗罗摩之力，才能重获权柄，达偿所愿。哈努曼却对罗摩的来意耿耿于怀，他提醒妙项道：

王国已赢回，圣王美名扬，

王室荣光显，磐石无转移。

此刻，理当全力襄助盟友——

他曾在我们危难时予以救援。

然而哈努曼出于责任的善意提醒纯属徒劳，国王依然自私地醉心于胜利的喜悦，直至罗摩派罗什曼那送来一封措辞强硬的书信，告知他仍在等候国王履行责任的事实。彼时，罗摩已有所行动，他召集了一支强大的军队，林中的众多部落皆被其纳入麾下：

数以千计，不，数以百万计的将士，

将听从其君王的号令。

*　　*　　*　　*

凶猛的熊、猴之部落已经集结，

数不尽的猿类亦在其列，

他们形相可怖，

居于岩穴与密林深处。

国王向各个地区的长官们下令，命他们在辖区内搜寻失踪的王后。人们相信，罗波那已向南方行进，身在哈努曼所辖之区域，于是，找寻悉多的重任落在了他的肩上。临行前，罗摩交予哈努曼一枚戒指，并告诉他，若顺利找到悉多，可以此戒为信物，言明罗摩的使者之身份。

漫长的搜寻始终杳无音信，若非哈努曼的勇力与决心，一场搜寻或许也便就此作罢。就在他们行将放弃搜寻时，竟遇见了秃鹫商婆底

（Saṃpatī），正是其弟迦达羽（Jaṭāyu）为救悉多，而不幸遭到了罗波那的毒手。商婆底得知其弟死于罗波那之手的消息后，便一心一意想要报仇，他知道迦达羽曾率先为罗摩指明了救回悉多的正确方向，决定借罗摩之手完成夙愿，于是告知：悉多被囚于楞伽岛。

> 汝之道路必充满艰险，
> 海角天涯须走遍。
> 一路向南，一路向南，
> 罗波那就在海的那一边。

这时，难题出现了：茫茫大海足有一百里格宽，纵是英雄盖世，又如何能一跃而过？哈努曼再一次挺身而出，朗声道：

> 以罗摩的羽箭铸成箭桥，
> 我将亲赴罗波那的巢穴。

此言既出，哈努曼纵身一跃，传奇就此写就。历经不计其数的艰险之后，神猴终于抵达了楞伽的首都。他缩小身形如猫儿一般，悄无声息地穿过城市的街道，最终抵达了关押悉多的无忧林（Aśoka grove）。哈努曼恰巧目睹了罗波那如何对他那美丽的囚徒百般引诱、妄图娶她为妻的情景，而悉多却始终对丈夫忠贞不贰。罗波那拂袖而去时，早已不再是满口甜言蜜语，反而咬牙切齿道：不出两个月，她必会就范，做他的新娘：

厨师的钢刀将把你大卸八块，

为我呈上丰盛的早餐。

当悉多终得独处时，哈努曼呼唤起她的名字来。起初，悉多听见竟是一只猴儿对自己说话时，仿如身在梦中一般，但是，当她见到丈夫交与她的戒指时，便立即相信了这名奇异的使者乃是一位朋友。她喜出望外，倾听着他所述说的一切：

"你来救我，"她喜极而泣，

"我的眼泪中，既有欣喜，也有心伤：

为他依然挂念着我而欣喜，

为他的心碎与别离而心伤。"

尽管哈努曼已寻见了悉多，并打算背着她离开楞伽，以便与失散已久的丈夫团聚，却还是面临着一个问题：悉多担心长途跋涉、翻山越岭会使她晕头转向，故而不得不紧紧抓住哈努曼，然而身为妻子的正法，就是不得与另一男子过从甚密。于是，她婉拒了神猴的美意，打算姑且留在无忧林，由哈努曼带回讯息，向罗摩禀报自己的下落，并呈上一枚宝石，表明她已收到了夫君的信物。

哈努曼不愿就此无功而返，于是，他向敌人发起了进攻，破坏了树林与神庙，甚至诛杀了罗波那的数名大将。然他最后失算被俘。当被带至罗波那面前时，哈努曼坦言他正是罗摩派来寻找悉多的使者，他诚恳地建议魔王：务必速速放回悉多。这一切对魔王的冒犯是如此的深重，他气急败坏，对于这名敌将，简直想立即杀之而后快。最后，使者之身份救了哈努曼，只因使者的生命神圣而不可侵犯。罗波那的一些部众点燃了神猴的尾巴，孰料这并未给他带来太多的痛苦，反倒令他设法引燃了城市中的数个场所。

哈努曼完成了身在楞伽的使命。他纵身一跃，返回印度大陆，将悉多的宝石交予罗摩，并如实讲述了魔都发生之事。听闻妻子的坚贞，罗摩很觉欢喜，可是，一想到要将一支军队从大陆运送至一百里格外的楞伽，便依旧愁眉不展——与悉多的重聚仍遥遥无期，这实在使人绝望。相形之下，手握权柄的妙项更关心应当如何采取行动，他道：

> 欲救悉多，必架一桥，
>
> 跨越大海，直抵敌巢。
>
> 当我们踏足山海之上的王座时，
>
> 欢呼胜利吧！必置仇敌于死地。

原本驻扎于一些距离以外的军队，此刻悉数集结于海岸。罗摩也想知道，该以何等妙法，建起一座宏伟的跨海大桥。他强抑心中痛楚，吁请大海退潮，允其部众沿干涸的海底陆地穿行而过。尽管大海不肯应许这一祈请，却还是为其指点了迷津，他告诉罗摩，需仰仗麾下的达娑部落（Dāsyas，仆人）之贡献，他们将与猴族的主人一道，于五日内建起一座跨海桥梁。

很快，大桥建成，讨伐大军浩浩荡荡疾行而过，哈努曼扛起罗摩，臂严（Aṅgada）则扛起了罗什曼那。罗波那的侦察官打探到消息，不禁为征讨大军的声威所深深震慑，故而建议罗波那设法与敌方和谈。罗波那坚决拒绝这一提议，最后，罗摩的军队向其城池发起了总攻。

一场激战一触即发，战争中，双方皆死伤惨重。罗摩与罗什曼那因罗波那之子因陀罗耆（Indrajita）的攻击而身负重伤，幸有毗湿奴的神鸟迦楼罗衔来仙草，这才化险为夷。在第二次受伤落败之际，哈努曼即刻取来了喜马拉雅山的药草，助其再度转危为安。最后，罗摩与罗波那对面相逢，罗摩的毁灭之箭，似是第一次遭遇了棋逢对手之劲敌：

利箭直击其宿敌，

坚利的棍棒，丑陋的头颅，

魔王的身体分崩离析。

三界凝视着这饰有黄金的头颅，

所有人皆目睹——

一首既除，一首又出。

疲于应对的罗摩听从了摩陀利（Mātali）建议，对准魔王的心脏射出了一支利箭——"全能之主为它点燃熊熊的烈焰"，它刺穿了魔王的心脏，令其死在了王子的脚下。罗摩遣哈努曼向悉多通报拘禁者的死讯，不多时，罗波那的兄弟与继任者怖畏（Vibhīṣaṇa）以一乘小轿战战兢兢地送回了悉多。

罗摩本该掀开轿帘迎接，只是，如此一来，群猴就将见到悉多的容颜。于是他道：

守护一名女子的，非其闺房，

非高墙与坚塔，

亦非一位国王的伟大与庄严——

其行止即是最好的护卫。

此言一出，四下人等皆大骇，悉多更是心如刀绞。不承想，迎接她的并非为相思所苦的爱侣，而是冷若冰霜的疏离：

女人，吾之使命已竟，

亦赢得了你——胜利者的奖赏。

*　　*　　*　　*

若我的王后从我身边被掳去，

那么，这副臂膀亦已惩治了仇敌。

此时此地，令我蒙羞的污点，

已尽数扫除。

*　　*　　*　　*

但是，女人，令我率军横渡大海的

并非我对你的爱恋。

*　　*　　*　　*

我一心复仇，只因

荣誉与正法已因你而蒙羞。

你的名誉，蒙上了罪孽与羞耻之污点，

我的爱情，早已烟消云散。

你之可恨犹如光线，

闪烁于受伤的双目前。

你已被全世界遗弃，走吧，

不论去向何方，切莫与我同行。

*　　*　　*　　*

罗波那曾携你掠过天际，

邪恶的双眼凝视着你，

他的双臂环住了你的腰身，

令你依偎于他的怀抱。

魔王以其力量将你俘虏，

汝之深闺，在其宫中。

面对这番意料之外的恶言，悉多发出了至为悲伤的哀吟。她坚称自己的清白，若是丈夫不肯接纳这一点，她宁可赴死，又或跃入火中，以自证清白。她命罗什曼那准备好火葬所需的柴堆：

此等羞辱、绝望与凄怆，

已令我不堪重负。

苦难将于燃烧的火焰中终结，

唯有它，才是我的最可信赖的良伴。

罗什曼那只得依言行事，肩负起这令人心碎的使命。一切准备就绪时，悉多走向柴堆，弃绝生命前，她对阿耆尼道：

美德从未遭弃，此心亦从不曾动摇，

罗怙之子永在我心。

宇宙的见证者啊，火神，

请于柴薪之中护住我的身躯。

听我，助我——

罗怙之子竟如此指控他的悉多。

向阿耆尼发出祈请、再次声言自己的清白后，悉多纵身跃入火中。诸神携其荣光自天界下降，对罗摩道：

万有之主，创世者啊，

你如何能允许你的王后、你的爱侣

心如死灰地步入火中，

将她的身躯，献予柴薪？

无上的智者啊，难道你尚不曾

辨认出你的神圣本性吗？

罗摩坦言，他知道自己不过是一名凡夫，梵天曾试图令他觉悟，称他是毗湿奴的化身，为诛杀罗波那方才降世，而因其残忍、此刻正投身于火中的悉多，正是他的天界眷侣拉克什米。闻听此言，阿耆尼自火中涌现，他以双手托起悉多，将她交还予丈夫罗摩，并宣示了她的纯洁与清白。罗摩热泪盈眶，他接纳了悉多，这才道出心声：自始至终，他一直坚信妻子的清白，只是旁人势必对此疑神疑鬼、妄加指责，故而不得不出此下策，使心爱的妻子受此磨难。

此时，罗摩的父亲十车王自天界下降，他告诉儿子：纵使身在极乐世界，目睹爱子身陷如此惨剧，亦不禁悲从中来。因陀罗随后现身，应罗摩之请，令战争中死去的众多猴族将士一一复生。其余诸神亦纷纷向罗摩酬以谢意——英雄罗摩终于为其诛杀了魔王罗波那。

礼赞已毕，罗摩、悉多与罗什曼那驾着怖畏借予的神车，一日之间便已从楞伽返回了家园。行将抵达时，哈努曼奉命先行向婆罗多禀报，忠诚的婆罗多喜出望外，臣民们亦百感交集、欣悦万分。罗摩很快登基为王，阿逾陀城之繁盛富饶更胜从前：

得益于罗摩之法度，
阿逾陀万年尽享和平安宁。
再无遗孀为死去的丈夫哀悼，
再无家屋满目荒凉。
从无瘟疫染此乐土，
成群的牛羊繁衍兴旺。
大地女神慷慨地呈上果实，
再无歉收的荒年，再无孩儿早夭。
疾病与祸患已被遗忘，
这是一个和平幸福的年代。

然而，此种普世的喜悦未能永续。阿逾陀城的人民质疑其王后的忠贞，流言蜚语终于传到了罗摩耳中，于是，他以满足悉多的愿望为名将她抛弃，令其从此以苦修度过余生。当二人的双生子降生于悉多的林中居所时，她将其遣回了父王的身边。

罗摩见到儿子，再度深深感受到了自己对悉多的不公，他决定不惜一切代价将妻子迎回王国，恢复其王后的身份。悉多抵达时，罗摩命她在人潮涌动的宫廷中为其清白进行辩护，悉多再难忍受这一切，她唤来生身之母大地女神，要她将自己迎回来处。大地裂开了，女神将悉多迎回了她的怀抱。

此后，罗摩对其现世人生深感疲倦。这时，时神现身，告知其人生的使命已然完成。闻听此言，圣王迈步走向圣河的岸边，舍弃了其身体，荣升天国，返回了家园。

对大多数印度教徒而言，罗摩不仅仅是阿逾陀城的国王，关于他的一切，亦不仅仅是《罗摩衍那》所述的有限之历史，他不仅手刃仇敌罗波那，赐诸神以恩惠，更是其救主与挚友。印度的逝者被运往河畔火化时，故友们会反复地高喊"罗摩，罗摩，真正的罗摩"，也即"罗摩，罗摩，真正的名"。之所以如此，许是因为罗摩拥有强大的为死者调停之力，他对信徒的这份仁慈与关爱，强化了人们对他的信任。据云，罗摩曾携其所热爱的阿逾陀之全体民众升至梵界，从而为其免除了死后的苦难。在其调停下，罗波那的侦察官获得了救赎，猴族在战争中的死难者，亦全部得以复生。他还为婆罗多之母吉迦伊免除了其父十车王所立下的诅咒，尽管正是由于吉迦伊的一念之差，他才被放逐于森林。

8. 化身克里希那

古茨塔克教授曾云："克里希那是毗湿奴最富趣味的化身，究其原因，一方面是由于他的出现为追溯印度古代的尘世英雄如何逐渐转变为神的显现提供了机会，另一方面则是由于有不计其数的传说与之相关，亦包括其对毗湿奴宗产生的影响。

"克里希那之名的字面含义为'黑色者或深色者'。《摩诃婆罗多》中，他有时表现出对湿婆的敬意，亦即自认稍逊湿婆一筹，有时则会提及他对湿婆之妻乌玛的崇拜，同时亦接受上述诸神的恩惠。一些篇章中，克里希那似乎只是被塑造成了一名勇武过人的英雄；另一些篇章中，其神圣本性甚至受到非议，遭到仇敌们的否定，尽管此等无信仰之辈最终难逃制裁。

"作为阿周那的亲密同盟，克里希那曾对他表露出其至上之神的身份，但在《摩诃婆罗多》的另一些篇章中，湿婆的至上神地位获得了确认。为了中和这两种针锋相对的说法，人们试图宣称：二者实乃同一位尊神。进而言之，该史诗中的克里希那只是毗湿奴之神圣存在的很小的一部分，即所谓'一部分的一部分'。

"《摩诃婆罗多》中的克里希那相对沉默，相较于诸往世书对其人生故事与冒险经历的完整而详尽的记载，在毗湿奴宗的许多往世书中，对毗湿奴这一化身的崇拜并未获得普遍的承认与确立。其时，对克里希那之化身身份亦存在分歧，而不似后期的著作那般有迹可循。"

关于该化身的最早记述，见于北印度的《薄伽瓦谭》——《爱之海》（*Prema Sāgara*）中。秣菟罗（Mathurā）有一国王名叫猛军（Ugrasena），其妻美丽无匹，却始终无法怀孕。一日，当她行于密林中时，与同伴失去了联络，就在其落单之际，一名恶魔对她心生邪念，化作她丈夫的形象，令她受孕生子，此子便是甘沙（Kaṃsa）。

化身克里希那

    还在孩提时期时，甘沙便显露出了一种极其残暴的天性——小小少年的一大乐事，即是捕杀儿童。甘沙渐渐长大，成为其父王、家族与国家的心头大患。

    他敦请父王放弃对家族之神罗摩的敬拜，从此只对摩诃提婆（大天）发出秘密的呼求。国王满心愁苦道："罗摩乃是我主，他将我的悲伤——驱散，若不能敬拜他，身为有罪之人，我该如何穿越这无边的生死海呢？"甘沙闻言，竟废黜父王，篡夺其王位。他张榜天下，颁布律令：王国全境禁止敬拜罗摩，必须敬拜湿婆。

    甘沙的暴政终令人不堪重负，于是，大地女神化作牛形，面见因陀罗声讨这一切。女神控诉道："放眼世界，邪灵正犯下可怕的罪行，出于对暴君的恐惧，宗教与正义已销声匿迹。若蒙允准，我亦当弃绝此世界，遁入更深处的下界。"因陀罗见状，连忙与其余众神一同面见梵天，意图设法补救。梵天引其向湿婆求助，湿婆举荐了毗湿奴，道：以往毗湿奴之化身下凡时，皆曾为诸神与人类带来解脱。

诸神请求毗湿奴再度降世为人，以期毁灭甘沙，同时，亦许诺在他出手相助时，皆会离开天庭，伴其左右，助其完成尘世之旅。于是，毗湿奴钦点罗什曼那、婆罗多、设睹卢祇那随行——在其化身为罗摩期间，罗什曼那乃其兄弟和至为亲密而忠诚的同伴，婆罗多与设睹卢祇那亦是其兄弟。除此之外，悉多将以艳光为名，再度与他结为连理。

以下传说大多出自《毗湿奴往世书》，然对毗湿奴如何回复诸神的描述有所不同。克里希那化身是"至上存在之一部分的一部分"。当众神恳请毗湿奴再度化身为人时，"至上之主拔下了两根头发，一白一黑，"接着他对众神道："我这两根头发将下凡至大地，令大地女神从不幸与重负中获得解脱。"白色的头发化作大力罗摩（Balarā-ma），黑色的头发则化作克里希那。"群魔就此被除。我的黑色头发将在婆苏提婆之妻、女神般的提婆吉（Devakī）第八次怀孕时降生，他将杀死实为恶魔迦罗尼密（Kālanemi）的甘沙。"[①]

正当婆苏提婆与妻子提婆吉乘坐于甘沙王的御车时，"天空中传来了震耳欲聋的雷霆之声，此声音对甘沙道：'庶子当真愚昧之极！

---

① 值得一提的是，注疏者指出，此节所述的毗湿奴以两根头发化身为人的事迹，不可仅从字面上进行理解，而是指：对尊神而言，此次所需完成的功业实在不值一提，甚至仅用两根头发便可。不过，毗湿奴本尊亦显现于克里希那。

你车中少妇的第八位孩儿，将取走你的性命！'"甘沙闻言立即拔剑在手，就要一剑刺死提婆吉，婆苏提婆急忙护住妻子，劝道："伟大的战士，请不要杀死提婆吉，放她一条生路吧，我保证，她生下的每一个孩子，都将呈献给您。"甘沙接受了这一许诺，他饶过了提婆吉，但派出守卫日夜监视二人的居所，以防万一。一俟孩子诞下，便呈送于他，杀之以绝后患。

甘沙满以为提婆吉的子嗣皆已死绝，不料事实并非如此。呈献予他的孩儿皆是金装的子嗣，此魔为毗湿奴的人狮化身所戮。凭借"毗湿奴的伟大幻力"——瑜伽睡眠（Yoga nidrā），这些孩儿被从地府运至提婆吉腹中，只为使甘沙鞭长莫及。毗湿奴对女神道："去吧，尼德拉（Nidrā，睡眠），前往地府，依我之令，将有六名阿修罗王子先后自提婆吉的子宫中诞下。当甘沙一一置其于死地后，第七位孩儿将是湿舍（蛇神）的一部分，蛇神又是我的一部分；这一次，你需在孩子出生前将他转移至婆苏提婆的另一位妻子——戈库拉（Gokula）的卢醯尼体内。"

第七子即大力罗摩。"甘沙将收到提婆吉不幸流产的消息，我本人将成为她的第八个孩子。你将故伎重施，使之成为牧人难陀（Nanda）之妻耶输陀（Yaśodā）之后。在那帕月（Nabha）月晦之际的第八夜，我将降世为人，你则于第九夜降生。在我之力量的驱使与藉助下，婆苏提婆将把我抱到耶输陀的床上，你则会出现于提婆吉的身畔。甘沙夺过你，重重地掷于巨石，但你将逃出生天，因陀罗会与你见面，他对我十分敬畏，亦将向你表达敬意。"

提婆吉生下第八个儿子后，婆苏提婆抱起孩儿，设法避开守卫的监视，飞快地穿街过巷，蛇神湿舍紧随其后。他们成功抵达了亚穆纳河畔，但见河面宽阔，河流深邃湍急。蛇王携婆苏提婆飞行于其上，河水仅仅没过了他的双膝。就在抵达难陀的屋宅之际，耶输陀生下了其子，婆苏提婆一把接过，将提婆吉的孩儿留下，便赶紧动身返回，再度小心翼翼地潜入那牢笼一般的家宅。

很快，守卫听见了新生儿的啼哭，甘沙得知提婆吉生下孩儿的消息，风驰电掣而来，一把夺过孩儿，将他砸向巨石。然而，此子之命运是如此的桀骜，一俟触地，"便跃升至空中，拓展成一个巨大的形体，身负八臂，每一手皆执有令人生畏的武器"。他对甘沙大笑道："你砸我在地又有何用？众神之中的最强大者——你命中注定的克星现已降世。你曾被他诛灭，亦将再度为他所灭。"最后一句所言，乃是指其他往世书中的记载：甘沙乃恶魔迦罗尼密转世，此魔曾死于毗湿奴之化身罗摩之手。

甘沙的计划遭到了意想不到的挫败，他召集其盟友，公然宣布道："卑鄙无耻的天界居者忌惮我的威力，处心积虑坏我大事，可是，在我的眼中，他们皆轻如鸿毛，不值一提。君不见，所谓天帝，当冒险一战时，亦只敢转身以脊背抵挡我的利箭，而不敢正面应战、挺身而出吗？阴险邪恶的众神哪，我必大大羞辱之。

"那些慷慨布施（向诸神与婆罗门献礼）者，那些因献祭而远近闻名者，都将被处以极刑。诸神赖以维系的供养由此不复存在，必会变得羸弱不堪。乔装为提婆吉之子的女神曾宣称，注定要来杀我之人曾置我于死地。既如此，我就搜遍全国上下，凡于近日出生的男婴，如显露出一丝一毫的勇者迹象，即刻诛杀，绝不留情。"

由于对魔王再无威胁，婆苏提婆与提婆吉很快被释放。甘沙不愿正面遭遇劲敌，躲在王宫的内殿中暂避。

重获自由后，婆苏提婆拔足赶赴难陀家，此时的难陀尚不知婆苏提婆将孩子调包之事。在向喜得贵子的牧人表示祝贺后，婆苏提婆建议他及时返家才是上策，既已缴清税款，便再无驻留城中的必要了。婆苏提婆实在害怕，万一甘沙的探子注意到儿子的非凡，必将依令痛下杀手。

与此同时，婆苏提婆将卢醯尼生下的另一个儿子（大力罗摩）亦交托予难陀，嘱他待如亲子、好好抚养。如此，正如之前的化身罗摩与罗什曼那总是形影不离那般，克里希那与大力罗摩亦不分彼此、亲密无间。

就在诛杀男婴克里希那的计划正紧锣密鼓地部署之时，牧人难陀及其家人亦已做好了动身离开戈库拉的准备。

其时，有一名叫布怛那（Putanā）的女魔乘着夜色悄悄潜入了难陀宅中。其乳汁毒性甚巨，婴儿若吮吸之，顷刻便会死去。她将克里希那抱于臂弯中哺乳，不料，婴儿以其双手抓住了她的乳房，竭尽全力且狂暴地吮吸着。邪魔大声痛呼，浑身关节脱臼，倒地毙命。村人听见尖叫声，纷纷赶来一探究竟，耶输陀挥舞着牛尾刷为儿子除晦，难陀则将干牛粪置于儿子头上，又将护身符置于其手臂，以祈求毗湿奴的护佑。

有关克里希那孩提时代的传说甚多，皆提及了其非凡的异能。还是一名婴儿时，克里希那躺在难陀的马车里，哭闹着呼唤母亲前来哺乳，由于耶输陀不能及时出现，他便踢翻了马车，令路人大惊失色、面面相觑。

克里希那与大力罗摩时常捉弄并折腾小牛犊，故而总是惹得耶输陀怒气冲冲。为阻止类似的事情反复发生，耶输陀把克里希那捆在用于打谷的沉重的木臼上，便接着干活去了。克里希那想要挣脱木臼，便拖着它，直至它被两棵阿周那树卡住——他用力一拉，竟把树木连根拔起。并无飓风来袭，树木却莫名其妙地被拔起，此事令村民大为惊骇，他们由此认定此地乃是不祥之地，于是纷纷搬离了毗林达瓦纳（Vṛndāvana）。《薄伽瓦谭》称，二树实为财神俱比罗的两个儿子，因那罗陀仙人立下的诅咒而变形于此，克里希那完成此一壮举，正是为了救其脱困。

克里希那诛杀巴伽修罗

身为世界守护者的克里希那与大力罗摩，亦曾是毗林达瓦纳牛栏的看护者。据《薄伽瓦谭》所述，二人年满七岁前，简直是沉迷于各种顽皮的恶作剧——他们最喜欢的娱乐，即是偷盗隔壁牛倌的黄油。

《薄伽瓦谭》还记载了关于甘沙如何设法躲避宿敌的一些传说。一日，当克里希那于林中牧牛时，甘沙麾下的一名恶魔想要吓唬他，孰料男孩早就识破了其伪装，抬脚制伏了他，拧断脖子，重重地掷于地面。恶魔旋即毙命。次日，另一名恶魔化作了一只巨大的仙鹤，用喙叼住了克里希那，不料口中的娃儿突然变得滚烫，仙鹤只得立即放下了他。克里希那随即踩碎其喙。

一条巨蛇发动了另一次袭击。它将克里希那及其同伴——牛倌和乳牛——囫囵吞下。克里希那于巨蛇腹中不断变大身形，转眼便撑开了这座牢笼。

克里希那并不总是为自己而战，亦常常惠及同伴。一次，梵天偷走了一些牛犊，还一并带走了照顾它们的牛倌，克里希那便造出了另一些牛犊与牛倌，以使牧人们（Gopas）不必承受失窃之苦与丧子之痛。

此刻，我们不妨再度回到《毗湿奴往世书》的叙述中。话说巨蛇迦利耶（Kāliya）居住于亚穆纳河，其激情之火令河水沸腾，河岸上的树木整日承受烟熏火燎，不久便纷纷凋残了，鸟儿们亦耐不住如此之高温，难以为继。克里希那眼见毗林达瓦纳的朋友们饱受其扰，牧人们亦万分沮丧，便一头扎进水中，向巨蛇发起挑战，意欲为民除害。这时，雌蛇介入求情，令克里希那大为感动，于是允巨蛇活命，条件是立即携家人离开亚穆纳河，迁至大海中居住。

另一次，克里希那有意戏弄因陀罗。他见牧人们正准备祭祀雨神，便劝说他们放弃此念，又敦促其祭祀山神，以便喜悦之，好继续为牛犊提供食物。克里希那指出：如此方能源源不断地获得牛奶。牧人们觉得言之有理，便向戈瓦尔塔那山（Govardhana）呈上了"凝乳、牛奶与鲜肉"。殊不知，这仅仅是克里希那将人们对因陀罗的崇拜转移至自己身上的妙计罢了，因为"登上山顶时，克里希那现身道：'我即是山神。'接着便享用了牧人们呈上的大部分食物，其后又以克里希那之身份与一众牧人一同登山，敬拜自己的其他分身"。

克里希那举起戈瓦尔塔那山

在许下诸多恩惠后，山神克里希那消失无踪。愤怒的因陀罗现身于难陀等人的面前，斥责他们对自己的不敬，发下洪水意图将村人与牛犊一网打尽。克里希那一掌便托起了戈瓦尔塔那山，像擎着一把巨伞一般，令他的朋友们躲过了七天七夜的暴雨侵袭，转危为安。于是，因陀罗只好当面称赞克里希那的惊世壮举；趁此机会，其妻因陀罗尼恳求克里希那与其子阿周那结为友朋。

早先混迹于牧人中时，克里希那并不仅仅着眼于牧人们的需求。一次，太阳神的崇拜者真胜（Satrājit）自主人那里收获了一枚名为夏玛达卡（Syamantaka）的珍贵宝石，便来到多门城（Dvārakā）拜访克里希那。真胜将宝石饰于其首，明亮无匹的光辉使人们误以为是太阳神本尊驾临此地。此宝石灿烂无比，能令其拥有者"日进斗金，并免除对异兆、野兽、烈火、强盗与饥饿的一切恐惧"。不过，拥有此宝有一项奇特的附加条件："对高尚者而言，此宝是为永世不竭的富贵之源，然对品行恶劣者而言，它却是致其死命的原因。"

考虑到一旦得知此宝之妙，克里希那有可能萌生强占之心，真胜便将宝石交予其弟明显（Prasena）保管。明显携带着宝石外出打猎时，不料竟为一头狮子所杀。熊王伽姆巴瓦特（Jāmbavat）眼见宝石就要落入狮子之口，急忙杀死狮子，夺走了宝石。明显不曾按时回转，雅度族的人们（Yādavas，克里希那的族人）不由揣度道：莫非是克里希那对其下了毒手？

为了证明自己的清白，克里希那带着数名亲随追寻明显之马匹所遗下的蹄印，找到了狮子行凶的地点，事情的真相由此被揭露，冤屈终于洗清。随后，他跟踪熊王来到其洞穴，发现熊族王子苏库摩罗（Sukumāra）正把玩着宝石。克里希那闯进山洞，与熊王大战了整整二十一日。

克里希那音信全无，多门城的朋友们不由断定他已凶多吉少。他们不曾料到，为克里希那举行葬礼时所供奉的食物与清水，为其提供了给养，令其在这场鏖战中胜出，并赢得熊王之女贾巴瓦蒂（Jamba-vati）为妻。

克里希那凯旋后，把宝石还给了真胜，并接纳了其女真光。引发数起纷争后，此宝石最终归属于贤王阿科卢罗（Akrūra）。人们曾想把宝石献予克里希那，然他坦言，自己已有 16,100 名妻子，断不可留下此宝，同时，其妻真光亦不愿遵奉宝石加之于拥有者的种种条件。

牧牛女们（牧人之妻）乃是疯狂迷恋克里希那的人们之代表。当克里希那与大力罗摩吹起笛子时，她们会立即围拢在其身边，翩翩起舞。当她们起舞时，并非人人有幸可与克里希那牵手，于是，克里希那变幻出众多不同形相之分身，令每一名女子皆深信自己在与真正的克里希那牵手共舞。[①]

一次，克里希那眼见牧牛女们前往亚穆纳河沐浴，便偷偷藏起了她们的衣服，坐上树去，拒绝归还。直至牧牛女们高举着双手苦苦哀求，方才归还其衣物。

《薄伽瓦谭》教导说：尽管牧牛女们亲近克里希那乃是由于激情的驱使，却借由薄伽梵神摆脱了罪恶，达至最终的解脱。"无论以何种方式敬拜他，都将获得拯救。有人知他、追寻他如同亲子，有人待之如挚友，有人视之为仇敌，有人以之为爱人……最终都将收获拯救与解脱之祝福。"

所有的女子当中，克里希那最喜爱阿衍那戈沙（Āyanagoṣā）之

---

① 在罗萨迦特里（Rāsajatta），每年都会为克里希那的这一历史事迹举行庆祝活动。

妻罗陀（Rādhā）。罗陀丈夫之姊将她的不当行为告诉了弟弟，不由令她大为忧心——丈夫可以此为由将她处死。罗陀向爱侣诉说了心中的恐惧，克里希那轻而易举便化解了她的不安。他道：当她的丈夫回来时，他将呈现出迦梨之相，如此，阿衍那戈沙不仅不会撞见与情人私会的妻子，还会以为她正虔心敬拜着女神。不出所料，罗陀的丈夫很快便看见妻子正躬身行礼，敬拜着迦梨形相的克里希那。

诸圣诗、颂歌、祷文与绘画中，罗陀总是亲密无间地与克里希那在一起。克里希那的诸位妻子早已被遗忘，罗陀却总是与她的爱侣一同被敬拜。

罗陀敬拜迦梨形相的克里希那

210

一次，当克里希那正与牧牛女们一道起舞时，一位名叫阿里斯达（Arṣta）的恶魔化身为狂暴的公牛，凶恶地对他发动了袭击。克里希那静待其走近，如鳄鱼捕食般捉住了它，他握住牛角，用膝盖从侧面顶住其身体，接着，如同绞动一件湿衣服般，不费吹灰之力便拧断了它的脖子。最后，他折断牛角，以之为利器，杀死了恶魔。

几年后，甘沙得知了克里希那的存在。诚如上文所述，魔王派出了各路恶魔，意图斩草除根。然而，这些企图皆以失败而告终。为摆脱必死的诅咒，魔王布下天罗地网，制订了"大计划"。

甘沙派出阿科卢罗——王国中为数不多的几名善人之一——以最隆重的礼节，邀请克里希那与大力罗摩兄弟前往都城与他会面，一同观看体育比赛。甘沙暗自盘算：倘若二人掉以轻心，无人保护，自会轻易落入魔掌。他命恶魔阎摄（Keśin）化身为马，守在二人的必经之路，伺机行事。

魔王不曾料到，恶魔远非克里希那之对手。当他遇见这匹马时，竟毫无顾忌地把手伸进它的嘴里，令其身体不断膨胀，最终迸裂为两半。由此，克里希那得"吉娑婆"之美称，意为"诛杀阎摄者"。

阿科卢罗向克里希那坦言，他对甘沙极其厌恶，还将甘沙意在夺其性命的诡计和盘托出。克里希那安慰道：三日之内，甘沙及其亲信必悉数遭戮。阿科卢罗闻言大喜。

一行人抵达秣菟罗城时，阿科卢罗与客人们道别。兄弟二人乔装成平民百姓潜入城中，看见甘沙麾下的一名洗衣工正在劳作。他们故意乱丢衣物引其反感，在他意图喝止时，一击致命。于是，二人顺利地换上了甘沙的衣服。

一名卖花人看见了这两名衣着华丽、身形强健、仪表堂堂的青年，虔诚地向他们献上了精心挑选的鲜花。因其慷慨，克里希那赐予恩惠，令其一生富贵，死后将步入天堂。其后，他们遇见了一位名叫库布迦（Kubja）的残疾少女，正携着一些药膏与香料前往王宫。在克里希那的请求下，她分予了他们一些。这份善意令其收获恩惠——少女的残疾被治愈了，变得容貌昳丽、神采飞扬。她欣喜地邀请二人到自己的家中做客。

次日即甘沙为体育比赛定下的佳期。日程已定，锣鼓喧天。两名魁梧的摔跤手依甘沙之密令，无论采用何种手段，定要置克里希那兄弟于死地。为防万一，甘沙还部署了一头巨象，只待一声令下，便要将克里希那与大力罗摩踩成肉泥。

不料，摔跤手与巨象出师未捷命已殒。眼见精心设计的伟大计划转眼之间便化作了泡影，魔王气急，大吼着命令其部众诛杀两名青年。眨眼间，克里希那已飞身而至，于人群之中手刃魔王，接着一步便已拜倒在父亲婆苏提婆与母亲提婆吉面前。事后，克里希那将王位托付于甘沙之父猛军，随后便与兄长大力罗摩一同出发，返回住地秣菟罗。

克里希那对秣菟罗的人民而言意义重大。返回后不久，甘沙的岳父妖连（Jarāsaṃdha）便向他发动了袭击，一连十八次败在其神力之下。就在城中的人民为保卫城池已精疲力竭之际，又一支敌军在耶婆奈族（Yāvanas）之王的带领下集结于迦罗耶婆奈（Kalayāvana），意在与克里希那领导的雅度族一决雌雄。

强敌来犯，克里希那思忖道：双线作战必使人民疲于奔命，不如建一座新城，妥善安置臣民为上。新城稳如泰山，纵是女人亦可守卫之。一切安排妥当后，克里希那不着盔甲，独自现身，成功地吸引了耶婆奈国王的注意。其时，大军已兵临城下，秣菟罗被重重包围。克里希那眼见国王尾随着他，转身步入一座山洞，隐去了身形。国王看见有人躺卧于洞口，心想必是克里希那。他上前踢了那人一脚，顿时化作一堆灰烬。

这一场毁灭的奥秘在于：诸神曾向木库坤达（Mucukunda）许下恩惠，令其拥有了长眠的能力。在其深眠时，若有人试图将其唤醒，那么，无论是谁，都将立即被其身体所放射之火焰焚为灰烬。耶婆奈族国王对此毫不知情，踢了此人一脚，为其愚蠢付出了代价。

克里希那逃出生天，接掌了群龙无首的大军及其所携之财宝。

芸芸众生之中，克里希那爱上了毗达尔帕（Vidarbha）国王具威（Bhīṣmaka）之女艳光。艳光的兄长宝光（Rukmin）憎恨他，于是听从妖连的建议，拒绝允准这门亲事，反而将妹妹许配予童护（Śiśupā-la）。童护的前世正是此前死于毗湿奴之手的金装与罗波那。就在举行婚礼的当晚，克里希那带走了艳光，留下大力罗摩与其他同伴善后。当宝光率大批追兵赶到时，克里希那毫不费力地化解了危机，因艳光出面求情，这才放妻兄一条生路。艳光乃是女神拉克什米之化身，而悉多等更早的化身，皆与上主缔结了相同的姻缘。

此事过后，因陀罗前来面见克里希那，意图唤起其同情之心，助其逼退巴拉由迪沙（Pragyotiṣa）之王那拉卡（Naraka），此魔王正犯下各种恶行，已然殃及整个存在界。"掳走本属于诸神的天女，诸圣哲、邪魔与国王，将其关在自己的宫殿。他窃走了婆楼那的神伞，和以天界甘露制成的我母亲阿底提的耳环，眼下正对我的大象发号施令。"

克里希那立即同意救援，并即刻出发与邪恶的国王会面，战而杀之，将丢失的珍宝悉数追回。宝物的主人们这才松了一口气，纷纷向上主致谢。

在女眷的寝宫，克里希那找到了 16,100 名少女。"依从仪规，择一吉时，于不同的屋舍中，握住了所有人的手。少女共有 16,100 名，此亦为克里希那的仇敌摩度可变幻之形相的数量。每一名少女皆以为自己是克里希那唯一的妻子，他亦分别居住于每一位妻子的居所。克里希那拥有如此众多的妻子，乃是由于湿婆之妻乌玛之馈赠。"

克里希那与湿婆之间曾发生过一次激烈的冲突。克里希那之孙阿尼卢陀（Aniruddha）爱上了巴纳（Bāna）王之女、湿婆之信徒乌莎（Uṣā），二人密会时，被巴纳的守卫当场抓住，王子被囚。双方交涉无果，巴纳王不肯释放阿尼卢陀，于是，克里希那对其发动了袭击，不承想湿婆与其子迦绨吉夜乃巴纳王之盟友。

双方正面遭遇的时刻很快来临，形势十分严峻。湿婆端坐于战车之中，迦绨吉夜巡行于战场。战场的另一边，克里希那早已厌倦了使用普通的武器，他祭出了妙见神轮——此法宝总是能完美地达成尊神的意愿，从未出现过任何闪失。神轮祭出，巴纳的数百手臂纷纷被砍落。就在克里希那打算再次祭出神轮之际，为保全朋友的性命，湿婆亲自出面为巴纳求情。对于大天提出的这一要求，克里希那道："你明知你我二神本无不同，彼即余，彼即尔。"

诚如前文所述，克里希那大举进攻血城（Śoṇitapura），乃是由于其孙被囚。不料，他在此地遇见了一名奇特的敌人："大自在天（Maheśvara，湿婆）散发的热力，有六足三首，为保护巴纳，与克里希那决一死战。其灰烬撒在巴拉提婆（大力罗摩）身上，燃烧的热力将他攫住，令其眼皮颤抖。然一俟接触克里希那的法身，便得到了拯救。

"在与执神弓者的这场大战中，湿婆散发的热力很快便被克里希那的法身所生出的热力驱散了。目睹这场天尊之战的梵天，胆战心惊之余，恳请制服摩度者息怒，收回所生之热力。克里希那依言行事，对战的两股热力倏然分离，他对湿婆道：'凡念及你我之间的这场大战者，将免于瘟疫之侵袭。'"

不过，克里希那并非从未遇见过挑衅。有一人名为庞得拉卡（Pauṇḍraka），曾公开宣称自己才是真正的毗湿奴之化身，而婆苏提婆（指婆苏提婆之子）不过是沽名钓誉之徒。贝拿勒斯国王受人引诱、信以为真。应庞得拉卡之请，国王下诏传召真正的克里希那前来宫廷，要他向假化身宣誓效忠，并交出神轮及其他法宝。克里希那接诏后毫不迟疑，次日便动身赶赴都城，一俟抵达，顷刻之间便揭去了敌人的伪装，他道："你派来使者，想取走我的法宝，我现在便将它们交予你。这是我的神轮、权杖和金翅鸟，有能力驾驭它们，乃天经地义。"言罢祭出神轮，仇敌被斩成了碎片。贝拿勒斯之王依然不肯放弃，其项上人头被斩，落入城中。

人们绝望地呼喊着湿婆。大天应其祈请，派出了一名形相可怖的女分身出手相助。神轮依克里希那之命紧追着她，不幸的是，神轮的光芒太过耀眼，竟然将其藏身的整座城市彻底吞噬。

在克里希那完成其功业，诛灭群魔与全部奸佞之徒，尤其是诛杀了甘沙后，返回天界的时刻也便到了。然离开以前，尚需应对一名愤怒的婆罗门所立下的诅咒——因克里希那而生的雅度族将被灭尽。这一诅咒原是对数名雅度族少年的报复，他们在履行虔信服务时，侮辱了那罗陀仙人与其他圣仙。顽皮的少年们为克里希那之子桑巴（Sāmba）穿上女装，将他领至仙人面前，故意问道："此女将诞下

215

何等亲子？"仙人不耐烦地答道："她将生下一根棍棒，摧毁整个雅度族。"棍棒果然自桑巴体内生出，猛军王下令将之研成粉末，抛撒入海。落入海中的粉末化作了灯芯草，尽管只是棍棒的残片，却如同长矛之矛尖，仍旧坚不可摧——海中的一条鱼儿吞下了它，接着被渔夫捕获，最后被猎人迦罗（也译"吉耶罗"，Jarā）制成了一枚弓箭的箭镞。

众神的使者来到克里希那面前，细述事情的原委，告诉他：其人间事功已竟，是时候返回天园了。克里希那自然愿意重登天界，可是，在此之前，尚需拯救族人摆脱此一灭族之危机。为此，他建议雅度族人放弃其城市，前往光明地（Prabhāsa），世事难料，该建议反而加速了雅度族的灭亡。当他们抵达海边时，人们纷纷痛饮起美酒来，接着便因酒醉而开始自相残杀，为争夺武器，他们抓住了从桑巴的棍棒灰烬中生出的灯芯草。克里希那与大力罗摩试图调停，却只是加速了一切的毁灭。最后，整个雅度族只剩下了兄弟二人。

劫后余生之人坐在河畔，谈论着刚刚发生的一切。这时，一条巨蛇自大力罗摩的口中蜿蜒而出，正是蛇王湿舍。大力罗摩乃是湿舍之化身，这一幕意味着大限已至。

现在，克里希那是雅度族唯一的幸存者了。他席地而坐，置双足于膝上，步入了冥想。此时，携有致命之箭的猎人迦罗路过此地，误把克里希那认作了一头鹿。箭矢飞出，恍惚之间，被诅咒的棍棒这最后的致命一击，就这么悄然发生了——迦罗的箭射中了克里希那。他惊愕地发现自己铸成了大错，急忙拜倒在克里希那的脚下请求宽恕。克里希那对他道：

"不必忧惧。去吧，猎人，在我的赐福中，你将抵达诸神的居所。"一乘天界御车应声而至，把猎人送往了天国；克里希那亦舍弃了其肉身。

关于上述事件的描述，我们采用了《毗湿奴往世书》中的说法，《薄伽瓦谭》中的记载与之大体一致，尽管加入了许多其他的传说，然大旨不变。往世书作者们毫不怀疑克里希那的神性，事实上，这些著作皆以大量的篇幅向克里希那献上颂赞与祝祷，视其为至上存在，但是，《摩诃婆罗多》中的克里希那，除一些较主体部分年代明显更为晚近的篇章外，其地位只是略胜于一名英雄。在史诗形成的年代，克里希那被描绘为湿婆的信徒之一，其所受之天恩，皆得自大天的恩惠。

《摩诃婆罗多》中对克里希那的介绍如下："克里希那的言语、心意、洞见与行动皆洋溢着对湿婆的崇敬。"譬如，当他陪伴阿周那前往湿婆之居所向他求取武器时，湿婆答曰："克里希那对我的敬拜恰如其分，对我而言，无人比克里希那更亲近。"克里希那曾在一首颂诗中如是赞美湿婆：

我乃知大天者，
知其古老的功业。
因他是万物的
起始、绵延与归处。

毗湿摩（Bhīṣma）道："凭借对楼陀罗的虔信，勇武的克里希那遍在于全世界。摩陀婆历经一千年的苦行，喜悦湿婆，蒙赐恩惠。"借由湿婆的恩惠，克里希那与贾巴瓦蒂喜得一子，因此子取得妙见神轮，并获赐八大恩惠，为此，乌玛另赐八大恩惠——湿婆所赐之恩惠中，包含有"成百上千的儿子"，乌玛则赐予他 16,100 名妻子。对克里希那而言，湿婆乃"三界之中最崇高的存在"。他乃众神之中的最伟大者，总是为一切人的一切行动赐下丰盈，故而被称为"大天"，寻求福祉的人们亦称他为湿婆。

以下传说彰显出在《摩诃婆罗多》成书之际，对克里希那的神性信仰尚未开始流行。

在一次献祭中，坚战王（Yudhiṣṭhira）提出，作为最伟大的列席者，克里希那理应接纳祭祀之供品。此提议遭到了童护的坚决反对。为证明其动议合理，童护提出了种种不利于克里希那的有罪指控。克里希那耐心地倾听了片刻，最后宣布时辰已至，此刻，他必须诛杀这名诽谤者：

"我曾许下承诺：饶恕童护的冒犯一百次，不幸的是，他对我的冒犯已数不胜数。"话音刚落，从无闪失的妙见神轮即完成了使命。

《摩诃婆罗多》的其他篇章中，湿婆曾以一种极尽华丽的言辞赞美克里希那，仿似受雇于他。此种行止与史诗中湿婆的一贯立场大相径庭，令人不禁怀疑这些段落是在克里希那崇拜兴起以后才被加入其中的。彼时，薄伽梵神取代了湿婆的地位。

《摩诃婆罗多》中刻画的克里希那，不仅不避讳使用诡计，甚至鼓励他人也这么做。当俱卢族与般度族于俱卢之野展开生死大战时，般度族的将士们曾因俱卢族的主将德罗纳（Droṇācārya）而分外沮丧。上师德罗纳有一爱子名为马嘶（Aśvatthāmā），若军中谎报此子已遭戮，哀恸之下，为父者必无心恋战。德罗纳果然得知了儿子的"死讯"，他要坚战亲口确认此事，否则不肯信以为真。

正直的坚战王起初拒绝以谎言欺骗曾经的恩师，然克里希那建议

218

他道，只需重复"马嘶已死"即可。此言原是指一头名为"马嘶"的大象已然毙命，然慈爱的父亲必会将之认作儿子的死讯。诡计果然奏效。贤明的坚战王自认为难辞其咎，故此，甘愿亲眼看见地狱中的凄惨景象，也不肯前往天国。

克里希那的众多称谓中，以下称谓最为常见：

瞿波罗（Gopāla）："牧牛者"。

哥宾纳特（Gopinath）："牧牛女之主"。

秣菟罗纳特（Mathurānāth）："秣菟罗之主"。

9. 化身大力罗摩

关于毗湿奴化身的一些说法中，大力罗摩乃其第八化身，此时，克里希那不再被视为可以"化身"相称者，而成为大神本尊的某种显现。另一些传说中，兄弟二人同为毗湿奴的第八化身，皆生自毗湿奴的头发：黑、白两根头发分别化作了克里希那与大力罗摩。

化身人间时，兄弟二人总是形影不离，故此，许多有关罗摩的英雄事迹，已在讲述克里希那的人生经历时做了介绍。不过，仍有少数传说以罗摩为主角。

大力罗摩乃宇宙巨蛇湿舍①的化身之一，湿舍则是毗湿奴的一部

---

① 湿舍（终结者），又或阿南塔（无限者），皆指千首蛇神，形如王座时，即是劫末与劫初之间，毗湿奴休憩的所在。据称，世界栖居于湿舍之首，湿舍则居于神龟之上；当神龟移动其足或湿舍打起呵欠时，即地震发生之时。搅拌乳海时所用之绳索亦乃此蛇，劫末之际，整个大地将覆灭于由此蛇所生之末世烈焰。湿舍有时亦被称作迦叶波与迦德鲁之子，后者乃生主达刹之女。

分，故有"大力罗摩乃是毗湿奴一部分的一部分"之说。为使痛苦的诸神自甘沙的暴政中获得拯救，罗摩出生的前一年，毗湿奴以瑜伽睡眠将其胚胎自提婆吉腹中转移至卢醯尼腹中，以此躲过甘沙之暴政——其时，甘沙下令：凡提婆吉所生之孩儿，格杀勿论。罗摩的生身之母卢醯尼居住于戈库拉，乃是婆苏提婆的另一名妻子。

大约一年后，罗摩被托付予牧人难陀与妻子耶输陀抚养，二人亦是克里希那的养父母，兄弟二人由此相伴长大。克里希那出生的当晚，婆苏提婆曾把他送至难陀家，又将牧人之女带回，以此偷天换日。

大力罗摩

大力罗摩所拥有之神力仅次于克里希那。一日，他与几名年轻的牧人一同行走于密林之中，同伴想吃恶魔特奴迦（Dhenuka）果树上的果子，便央求他摇下果子。就在罗摩依言行事时，恶魔化身为驴怪，现身于他们面前。恶魔向罗摩踹去，反被英雄捉住后腿，双手举过头顶，重重地掷于地面。恶魔当即气绝身亡。罗摩将其尸首抛至棕榈树顶，引其亲友前来营救，借此将其一网打尽。

特奴迦死后，其果园成为牧人们最喜爱的场所之一。当他们于彼处嬉玩时，恶魔帕兰拔（Pralamba）化身为一名男童，潜入其中，与之一同嬉戏，并劝说罗摩骑上他的肩头。就在罗摩攀上其肩膀的一霎，恶魔拔足飞奔。他感到肩头的英雄十分沉重，于是不断扩展其身躯，直至如同一座山峰般大小。罗摩大惊失色，不由大声向克里希那求救。克里希那提醒他，勿忘自身之神性本质："力大无穷者啊，速速记起你的真实本性，亲自摧毁这恶魔吧。暂时抛却你的凡人秉性，为所当为。"罗摩听取了世尊的建议，以双膝夹住恶魔，又以双拳猛击之，直至恶魔倒地而死。其后，在秣菟罗，当与甘沙派出的摔跤手决斗时，他轻易便战胜了对手。

为保证秣菟罗居民们的安全，克里希那曾将其安置于多门城，罗摩亦曾于彼处居住过一段时日。其后，克里希那遣他前往毗罗舍（Vraja），探望二人孩提时期的牧人朋友。这时，婆楼那对妻子婆楼尼道："美酒（Madirā）啊，强大的无限蛇（湿舍）总是悦纳你，下凡去为他增添一些乐趣吧。"

婆楼尼领命，于一棵柯昙婆树（Kadamba）上安置了居所。这一日，罗摩行于林中时，为此树所散发的迷人芬芳所迷，心中对烈酒的渴望顿时再难遏制。酒酣之际，罗摩命亚穆纳河来到自己身边，以便沐浴其中。在遭到亚穆纳女神的拒绝后，他抛犁入河，强拉她面对自己，又令其追随着自己，无论海角与天涯；直至怒气平息，方才作罢。

返回多门城后，罗摩先是拜访了朋友们，后与梨婆多王（Raivata）之女梨婆蒂（Revatī）成亲。国王为了给女儿觅得一位如意郎君，曾向梵天寻求建议，梵天向他细细讲述了毗湿奴之荣光，使其在天国驻留了漫长的岁月。当他重返地界时，不由惊愕地发现：在他离开的这段时日，他的人民无论是品性、体格，还是力量，皆每况愈下。依从梵天的建议，梨婆多王赶往多门城，将女儿献予罗摩，罗摩答应承其美意。孰料，公主身形巨大、顶天立地，令罗摩大为震惊，最终动用宝犁，方才使她恢复了适宜的身形。

一次，当罗摩与提婆吉在一起时，遭到了恶魔提毗多（Dvivida）之侵扰，此魔擅长各种变化。他化身为猴，骚扰神、人，尤以扰乱祭祀为乐。罗摩以重拳将他制伏。

尽管大多数时候，克里希那与大力罗摩兄弟二人相亲相爱、手足情深，然二人之间亦曾爆发过一场极为激烈的争吵。彼时，一个名叫"百弓"（Satadhanvan）的男子被疑窃走了至为贵重的珠宝。克里希那与大力罗摩追踪他来到王国之一隅，发现此处的道路崎岖坎坷，以至于难以驱车前行。罗摩因此而落下，唯克里希那一人继续拔足追踪疑犯。

眼看疑犯近在咫尺时，克里希那祭出了从无虚发的神轮，男子应声栽倒，宝石却不见踪影。罗摩见弟弟空手而回，坚信他已将宝石据为己有。"他向婆苏提婆大声怒喝道：'不想你竟是如此贪财之人！有你这样的兄弟，当真羞耻。从今往后，你我各走各路，无论是多门城，还是城中的家宅，再不想与你有任何的瓜葛。别再狡辩了，我不会相信你的花言巧语。'"罗摩随即前往毗提诃（Videha），于彼处作为遮那迦王的座上宾度过了三年时光。此后，其怒气渐渐消散，方才醒悟到，可能错怪了自己的兄弟，这才返回位于多门城的家中。

兄弟二人同死于一场横祸。关于大力罗摩人生尽头的有关事迹，参见本书克里希那之章的讲述。

10. 化身佛陀

毗湿奴的这一化身，"起初本不在其化身之列，故而在一些往世书中总是被一笔带过。而佛陀最终成为毗湿奴的化身之一，必然是婆罗门教与佛教之间某种妥协的结果——意指对于前者而言，后者之宗教并非全然不可调和的外道"。

佛陀

另一方面，肯尼迪上校辩称，诸往世书所述之佛陀，与佛教宗教系统的奠基人佛陀，除名字相同以外，实则毫无瓜葛；至于试图令二者同一的种种尝试，不过是欧洲学者提出的假说罢了——搜集的资料尚不充足，掌握的证据也未必足够可靠，毫无疑问，肯尼迪上校的观点实难自圆其说。

不同宗教的拥护者之间曾经存在尖锐的对立，认识到这一点，便不难理解为何有关佛陀生平的记述从未见诸婆罗门教典籍的原因了——就连仅有的一点贫乏记述，亦只是试图将其塑造为一名可鄙者。婆罗门教的作者们是如此的精明，他们不肯承认仅凭佛陀的一己之力，便为这世界带来了如此巨大的影响，亦不肯承认他已赢得了如此众多的信徒，他们只肯将他认作神的化身之一。由于佛陀的教导与婆罗门教的教导殊为相异，于是，他们巧妙地辩称：佛陀宣扬其教义，乃是为了误导诸神之敌——因此过错，他们变得软弱和伪诈，必将再度求助于先前被忽视者，以期收获救赎与祝福。

以下乃是往世书中所记述的佛陀生平事迹，一些生平与事功之细节则补充自佛教著述。

《薄伽瓦谭》中，有关佛陀的内容仅四个篇章。"卡利纪发端之时，毗湿奴之化身降生于吉迦塔（Kīkaṭa），成为刹帝利之子，托名佛陀，意在变乱诸神之敌的心智。""无可辨识之存在，化为凡俗之躯，于摩耶之上的三座城池（及迦尸）传播异端学说，意在惑其心智，令其覆灭，因彼众神之敌，恪守吠陀所述之信仰。""向纯粹者佛陀顶礼，他是底提耶与檀那婆的欺瞒者。""借由佛陀之言，毗湿奴欺哄了异教徒。"

《薄伽瓦谭》中一语带过的一则传说，在《室建陀往世书》中被详细记载。史上曾出现过一场严重的大饥荒，一连六年久旱不雨。为此，梵天忧心忡忡地下凡与一位名叫利般伽耶（Ripanjaya）的王子见面，告知其若能登基为王，将以迪沃陀娑（Divodāsa）为名，得诸神之侍奉。当王子问及自己缘何被拣选时，梵天道："其余诸王皆十分伪诈，除非你肯接掌社稷，诸神不肯为干涸的大地降下甘霖。"迪沃陀娑接纳了梵天的美意，也提出了条件：梵天需亲自辅佐他治理天下，其余诸神则需离开地界，如此，其统治便再无忧患，新王将成为唯一能为世人带来福祉的明君。梵天答应了这一条件，但在说服湿婆离开迦尸（贝拿勒斯）时遭遇了些许阻力——斯地乃湿婆最喜爱之居所。

迪沃陀娑一心一意治理迦尸，在位时间长达八千年，其间，人民安居乐业，一派祥和宁静。诸神对此深感嫉妒，纷纷前去面见其上师毗诃波提。在提及圣王治国的成就时，他们不住地埋怨其贪图享乐，不肯将所得觐献予神。湿婆尤其因为被迫离开迦尸而感到闷闷不乐——他曾多次派人打探迦尸居民之近况，不料使者们竟于人间乐不思蜀，无人返回天界向他禀报。

应湿婆之请，毗湿奴在拉克什米和迦楼罗的陪伴下现身。"随后，世尊下凡至迦尸，在其北部不远处，以神力建起了一座名为'正法之田'（Dharmakṣetra）的怡人居所，化身'佛陀'安居彼处，佳偶相伴在侧，拉克什米成为该教派的一名女修士。迦楼罗同样以帕尼亚基尔提（Paṇyakīrti）之名现身，成了一名手持圣贤书的弟子，热切地聆听着上师（佛陀）的异端教导——其声低沉、甜美、极富感染力，所言乃是关于自然与超自然宗教的各个分支。"

作为佛陀的毗湿奴教导说："宇宙并无创造主，倘若声称宇宙有唯一普世的至上之神，诸如梵天、毗湿奴、楼陀罗，又或其他种种名号的诸神，须知，他们不过是如我等凡人一般的有形存在而已。死亡乃是一场平静的睡眠：何惧之有？"他又进一步教导说："应小心照看他人的生命，一如守护自己的生命。乐乃唯一之天堂，苦乃唯一之地狱，自无明中解脱乃唯一之祝福。祭祀不过是愚蠢之举而已。"借由帕尼亚基尔提的努力，如是教导很快传遍了全城，拉克什米亦向妇女们示下妄言："一切幸福皆来自感官享乐，既然肉身势必衰朽，且让我们在其化作尘烟之前，尽情享受其赐予。至于种姓之别，不过是子虚乌有的臆想罢了。"拉克什米向其信徒许下了不计其数的恩惠，其影响力不断地扩大，其教导亦广为流传。

这些言论在迦尸城甚嚣尘上，令迪沃陀娑渐渐意志消沉。毗湿奴化身为一名婆罗门来到他的面前，聆听其烦恼，在得知国王想要放弃王位时，他表现得十分欣悦。国王坦言，诸神之力使有德之人饱经痛苦、饱受煎熬，他向面前的这位婆罗门发出请求，请教如何才能蒙赐终极的恩典。毗湿奴对他道，将湿婆逐出迦尸城实属不智之举，建议他为湿婆造像，声称唯敬拜此神，方能所愿成真。

迪沃陀娑依言而行，他将王位传予太子，从此日夜敬拜为湿婆所奉之林伽。湿婆终于现身，引其前往吉罗娑（湿婆的天国）。在印度西部，人们普遍认为，在对迪沃陀娑施加影响，令其脱离正教以后，毗湿奴终被劝服，不再传播异端邪说，消失于伽耶的一口深井之中。

关于佛教的兴起，以下来自《湿婆往世书》的传说给出了另外一种解释。其中提到，著名的仙人乔答摩，携其贤妻阿诃梨耶，曾在南部靠近婆罗贺摩利山（Brahmāri）处履行了长达一千年的严苛苦行。在这场世所罕见的大旱中，为造福苍生，乔答摩怀抱极大的虔敬之心，连续六个月敬拜婆楼那，直至尊神应许恩准任何的愿望。乔答摩向其求雨，不料婆楼那道："我怎能违反神的旨意呢？在我力所能及的范围内，求取别的愿望吧。"于是，乔答摩向他求取了一处风景秀丽、无与伦比的隐修之地，以长满芬芳果实的佳荫遮蔽炎炎烈日，为处于神圣冥想中的男男女女献上清凉，助其自愁烦中获得解脱。

"你既身为水神，就降下一座永恒流淌的瀑布吧。"婆楼那应许了该祈请，自此，隐士乔答摩成为"世上最可亲爱者"。

一日，乔答摩的弟子们正要往瀑布取水时，几名婆罗门妇人因尚未装满自己的水罐而意图阻拦。阿诃梨耶亦曾遭遇同样的烦忧：婆罗门妇人们在满足自身所需前，硬是不肯让她取水。女人们侵扰了隐士的苦修仍不知偃旗息鼓，她们向丈夫们抱怨，声称自己遭受了阿诃梨耶的不公对待。为夫者急忙向伽内什（Gaṇeśa）求助，象头神喜悦其素日的虔敬，答允应许一个恩惠。

众人随即要求道：乔答摩必须即刻离开，同时，他们不会因驱逐圣洁的仙人而获罪。伽内什勉强应许了这一祈请。为实现此恩惠，象头神化身为一头疲惫不堪的乳牛，途经乔答摩所在的一片稻田，向他乞食。仙人对象头神的伪装毫不知情，拾起一根稻草便开始驱赶它，不料，一俟稻草触碰牛身，它便立即倒地而死。杀死乳牛乃是重罪，可怜的仙人只得离开了家园。

乔答摩仙人与妻子迁至了稍远处，只是，仙人在清偿其罪以前，无法履行任何必需的敬拜。仙人找到众婆罗门，询问该如何从罪孽中解脱，婆罗门告诉他，需绕行梵天之山一百周，其后于恒河中沐浴，并为湿婆制一千万尊塑像，不断敬拜。湿婆终被乔答摩的热忱喜悦，现身道：其被逐出隐修之地，皆是由于伽内什的把戏。接着，大天引来恒河，以便仙人沐浴其中。据云，乔答摩自此对婆罗门深感厌恶，进而脱离其群体，创建了一个全新的宗教系统，并渐渐蚕食了婆罗门教。

以下引文所记载之佛陀事迹，源自《方广大庄严经》（*Lalita-Vistāra*），由 M. 巴泰勒米·圣希莱尔（M.Barthélemy St. Hilaire）所著的《佛陀及其宗教》（*La Boudda et sa Religion*）曾以之为文献资料。

"佛陀，或者更准确的称呼：彼佛陀——'佛陀'乃是一个称谓，意为'觉悟者'——降生于迦毗罗卫（Kapilavastu），乃同名王国之都城。这是一座位于尼泊尔境内群山脚下的王国，位于今奥德（Oude）地区北部。其父净饭王（Śuddhodhana）统领着源自乔答摩谱系的释迦族（Śākya），其母乃善觉王（Suprabuddha）之女摩耶夫人（Māyādevī），是首屈一指的美人，净饭王亦力量强盛、公正严明。佛陀出生于刹帝利种姓，也即武士种姓，以宗族之名'释迦'为名，乔答摩则是其谱系之名，宣示着他与荣耀的乔答摩一族之灵性亲缘。

"佛陀之名源于乔答摩王子日后的人生，在其孩提时期，曾以'悉达多'（Siddhārtha）为名，寓意'实现修行目标者'。诞下王子七日后，其母摩耶夫人即告辞世，其父净饭王于是将他交予亡妻之妹、自己的另一名妻子进行抚养。

"悉达多王子渐渐长大，仪表堂堂、英姿勃发，学业上亦十分出众，很快便超越了诸位上师。王子不喜与同窗一争高下，唯有独处静坐时，才会感到无上的喜悦，故而情愿独步于密林深处，遁入冥想之中。有一次，甚至令父王误以为他已迷失于森林。为阻止年轻的王子沉迷于梦境，净饭王命他即刻成婚。当年高德劭的大臣们向未来的继承人提及此事时，悉达多王子提出需考虑七日。最后，王子确信：即便是婚姻，亦无从搅乱其心意的平静，于是同意大臣们为他寻访一名公主为妻。

　　"大臣们为悉达多王子选定的公主是一名容颜秀丽的释迦女（Gopā），乃执杖（Daṇḍapāṇi）之女。起初，由于误会年轻的王子缺乏男子气概与勇者才干，执杖不肯应允这门亲事，但在目睹这位出身王室的求婚者以其力量与智慧击溃了全部对手以后，当即慨然应允。

　　"悉达多与耶输陀罗（Yaśodharā）的婚姻极其美满幸福，不过，王子一如往昔，依然十分钟爱于冥想中参悟生死之终极命题。'世上并无一物恒常不变,'他时常喃喃自语，'无一物为真，一切皆如钻木取火时迸溅的火花般易逝——它们如是亮起，又如是消殒，甚至不知起于何时、归于何处。一切皆如同一把七弦琴所发出的琴音一般，纵使智者对其始终发出追问，亦注定将徒劳无功。存在界必有无上之智慧，可令人栖居其中。若能臻达彼处，即当福荫世人；若能得此解脱，便可令此世界俱得解脱。'

　　"净饭王觉察到了年轻的王子心中的忧郁，于是想方设法改其初心，生怕己之忧惧成真。然命中注定之事，终究还是无可避免地发生了。悉达多王子的生命中发生了三件寻常之事——它们有可能发生在任何人的身上。事实证明，正是这三件事改变了他的一生。

　　"一日，王子携其仪仗队伍，自东门而出，前往一处行宫。途中，王子路遇一名衣衫褴褛、身体衰朽的老者，甚至一眼便能望穿其周身的筋脉血肉。老者的牙齿不住地打战作响，脸上皱纹密布，头发亦已掉光，几乎无从发出那空洞刺耳的话语声。老者挂着拐杖，四肢与全身的关节皆在战栗。

229

"'此人是谁？'王子对车夫道，'他看上去瘦弱而可怜，他的血肉已经干枯，他的肌肉粘着皮肤，牙齿松动，形销骨立，靠着这根拐杖，才勉强得以行走，却仍旧一步一摇，颤颤巍巍——如此这般，是出于其家族的缘故，还是世上人人如此？'

"'王子啊，'车夫回答道，'此人不过是老了，岁数到了，诸感变得晦暗不明，痛楚摧折了他的力量，令他遭到亲友的蔑视。他年迈无用、无依无靠，人们已经抛弃他了，现时的他，仿似森林中的一截枯木。然此情形并不鲜见——一切风华正茂者，都将遭遇耄耋之年的摧残。您的父王、母后，您的一切亲眷，您所有的朋友，皆难逃此境：这才是万物命定的归宿啊。'

"'天哪！'王子惊呼，'世人怎就如此愚昧、软弱与无知？明知命途的前方必是垂垂老矣之苦痛，却仍旧迷醉于年轻时的一切，并为之雀跃不已。于我而言，必当抽身远离这一切。车夫啊，速速掉转车头吧。我是谁？不过是未至将至的老年之猎物罢了——如此，岂能继续心安理得地享受呢？'年轻的王子随即返回城中，取消了原定的行宫之旅。

"第二次，王子自南门驱车而出，前往其乐园。途中，他注意到路边有一名男子正饱受疾病之苦，因发烧而痛苦焦灼，身形消瘦，满身尘泥。他的身边既无友人，亦无亲属，不仅如此，他几乎不能呼吸，对近在咫尺的死亡满怀恐惧。

"王子又一次向车夫发问，在听到车夫意料之中的回答后，叹道：'唉，身体之康健，不过是一场如梦似幻的游戏而已，对痛苦的恐惧势必揭露出此等可怖之形相。世上可有一名智者，在洞悉了此种本质后，仍对享乐充满渴望？'王子又一次掉转车头，返回城中。

"第三次，王子自西门驱车而出，前往其乐园，这一次，他望见了路中央的一具尸体，躺卧于棺，身覆麻布。死者的友人站在一旁号哭、抽泣、拉扯头发，涂灰于面，捶胸顿足，高声尖叫。

"王子再一次唤来车夫，要他望一望这幅令人心碎的画面，随后高呼道：'呵，青春何其可悲，注定毁于年迈！健康何其可悲，注定毁于无数的疾病！生命何其可悲，人这一生，注定是一名匆匆过客！'王子再次改变了此行之初衷，道：'我们回去吧。定要参透解脱之道。'

"最后，一次偶遇终结了悉达多的冥想之旅。王子自北门驱车而出，前往其乐园，路遇一名托钵僧人，看上去宁静而克制，目光低垂，身着庄严的僧袍，手中持钵。

"'此人是谁？'王子道。

"'王子啊，'车夫回答道，'此人乃众比丘（bhikṣu）之一。他弃绝了一切享乐和欲望，过着苦行的生活。他试图征服自我，成为一名虔信者。不怀激情与嫉妒，靠乞食为生。'

"'如是甚妙，所言甚善。'王子道，'世上的智者历来推崇虔信之生活。我亦将托庇于彼，世间万物亦当托庇于彼。苦行生活将引领我们抵达生命之真境界，助人臻达幸福与不朽。'言毕，王子掉转车头，返回城中。

"在向父王和妻子禀明弃绝世界的决定后，佛陀于夜深人静之时、全部的侍卫皆沉入睡梦之际，动身离开了王宫。整夜行旅之后，他将马匹与周身衣饰交与随行而来的马夫，命他返回迦毗罗卫。'王子遣回马夫之地的遗址至今仍在，供人瞻仰。'《方广大庄严经》的作者道。玄奘大师亦曾于一座广袤森林的边缘目睹同一处圣迹，其时，他正在前往拘尸那迦（Kuśinagara）的途中。斯地位于戈勒克布尔（Gorakpore）以东约五十英里处，今已殁于尘烟。

"佛陀首先抵达毗舍离（Vaiśālī），成为一位著名婆罗门的弟子——已有大约三百名弟子聚集在上师身边。一俟发现婆罗门无法揭开心中所求之真理，佛陀便失望地离开了。他依然未能找到心中所系的救赎之途。

"随后，佛陀在摩揭陀（Māgadha）或比哈尔（Behar）之国都王舍城（Rājagṛha）拜入了另一位婆罗门门下，七百名弟子簇拥着的上师，依然未能示下解脱之道。

"佛陀再一次离开了上师。他带着五名师弟弟子，于弃绝的孤独中苦寻六载。在成为全世界的导师以前，他于一处名为优楼频螺（Uruvilvā）的村庄旁，步入了最严苛的苦行。当一切行将结束之际，佛陀终于确信：苦行无法带来心意的和平，更不能为获得救赎铺平道路，不仅如此，苦行反而是寻往真理途中的陷阱与绊脚石。他舍弃了这些修习，然此种背叛立即使他遭到了五名弟子的背弃。最后，他孤身一人，终于为开示自身之教导系统做好了准备。

"佛陀发现，不论是婆罗门的学说教导，还是其苦行，皆对达成解脱毫无用处——它们并不能使人摆脱对年迈、疾病与死亡的恐惧。在长久的冥想与出神之后，他感到已然洞悉了揭示生命之一切内在变化的真知，由此战胜了恐惧。自得此真知的一刻起，悉达多王子即以'觉悟者'——'佛陀'为名。

"对于此知识应当秘而不宣，还是昭告天下、福泽世人，佛陀曾有过片刻的犹豫。最后，是对世人所受之苦的悲心占据了上风，年轻的王子由是成了一脉崭新宗教的奠基人。两千多年以后，佛教仍然为号称四亿五千五百万名追随者所信奉。

"关于这位新出世的上师的进一步介绍显得十分简略。佛陀去往了贝拿勒斯——印度古往今来的学术重镇，其所遭遇的首个转变，即昔时在他抛下婆罗门仪例时背弃他的那五名弟子，重新回转于身边。其余的众多弟子亦纷纷云集而来，不过，诚如《方广大庄严经》对佛陀的记述戛然止于此一般，关于佛陀抵达贝拿勒斯后如何迅速弘扬其学说的进一步史实，皆不得而知。关于这一切，我们仅可自佛教经典中撷取只言片语：佛陀曾应摩揭陀国王频婆娑罗（Bimbisāra）之邀，前往其都城王舍城，诸多佛法皆开示于彼处的迦罗园（Kālavāṭa-ka）——一处由诸王与富商相赠的所在。其余的讲经要地还包括古都周围的五大名山之一——灵鹫峰。

"佛陀驻留摩揭陀期间，三位最重要的弟子舍利弗（Śāriputra）、迦旃延（Kātyāyana）和目犍连（Mahāmaudgalyāyana）相继聚集到了他的身边。佛陀与摩揭陀国王亦保持了多年的友谊。频婆娑罗王后来遭到其子阿阇世（Ajātaśatru）的暗杀。此后，佛陀于恒河以北的舍卫城（Srāvastī）居住过一些岁月，彼处乃憍萨罗（Kośala）之首都，国王波斯匿王（Prāsenagit）亦皈依于佛陀之教导。

"在一段为期十二年的空白后，佛陀回到了迦毗罗卫，拜见昔日的父王，亦示下多起神迹，使得全体释迦族人转而皈依了佛教信仰。过去的妻子亦成为佛陀的信徒之一，与他的姨母一道，皆是印度次大陆女性佛教徒的先驱者。

"其后的详尽记述乃是关于佛陀生命的最后岁月。佛陀年届七十之际再度回到王舍城，彼时，昔日的敌人、弑父者阿阇世在公开忏悔其罪后，亦加入了佛教信众之列。回程途中，佛陀身后跟随着一大批信徒，行至与恒河交汇的所在时，佛陀端坐于一块方形岩石之上，回望着身后的王舍城，不由心潮起伏：'此是我最后一次凝望王舍城了。'其后，他访问了毗舍离，在身衰力竭前，几已抵达拘尸那罗（Kuśinagara）。

"佛陀最后的命途息止于林中：他端坐于娑罗树下，舍弃了其灵命，或依佛教之说法：释迦牟尼佛步入了涅槃（Nirvāṇa）。"

以下诗偈由穆伊尔博士译自《方广大庄严经》的一部分，上述事迹由之而来：

> 喜马拉雅山孤绝的削崖之上，
> 居住着一位古老的圣哲，
> 他因年迈而身形佝偻，
> 日复一日，冥想不辍。

> 当伟大的佛陀降生之际，
> 为拯救这绝望受苦的世界，
> 一切神圣的恩典，皆赋予了
> 释迦族之荣光。

> 圣哲望见了异象。
> 它告诉智者：于此吉时，
> 一些盈满宇宙性祝福的
> 崇高的事迹，将被见证。

欢喜的诸神齐集于天穹，
他听见诸神欣悦的妙音之中，
佛陀之名萦绕不绝，
诸神之声经久回响。

存在之枢机所涉甚广，
圣哲心怀敬畏地一一凝望，
在那襁褓之中，他所看见的
远非一名婴儿，而是释迦之荣光。

圣哲的目光久久追随着婴儿，
凝望并握住他的手掌，他深深致敬，
又施展法术，如天鹅一般，
划过天际。

圣哲走进净饭王的宫门，
步入那令人向往之所在：
"去吧，侍卫，告诉国王，
一名古老的圣哲想要觐见圣上。"

侍卫听命，来到驾前双手合十：
"一位身形佝偻的圣哲，
其形老迈，就在门外，
我的王，圣哲坚定而立，

谦恭地想要面见圣上。"

净饭王道:"于此吉祥之日,

得此荣幸,定将礼数周到,

隆重地迎接圣哲的造访。"

圣哲在君王面前站定,

道出了他的祝福:"愿他健康,

长寿,拥有力量与财富,

永为人民之福祉而行动。"

国王合宜地向圣哲致敬,

引他与自己相偕而坐,才道:

"伟大的圣哲啊,我忆不起

曾有幸目睹您庄严的面容,

请容我细问——

究竟是何事,引您路远迢迢,

现身于迦毗罗卫的王宫中?"

"我专程自喜马拉雅山的绝壁而来,"

圣哲道,"只为一睹王子的丰姿。"

国王应道:"犬子正在熟睡,

请稍候片刻,容我唤他醒来。"

"不必着急,"圣哲出言阻止,

"此等伟岸者，纵使深眠，依然警醒，
他们从不贪恋舒适的睡眠；
王子很快便会醒来。"

无与伦比的孩童倏然醒转，
睡容已然消失不见。
在父王的臂弯中，王子
现身于圣哲渴望的双眸前。

婴儿凝望着他，威仪天成，
比天上诸神更富荣光。
全部的吉兆尽皆显现，
圣哲之狂喜溢于言表。

"王啊，我将赐予王子
吾力所及的全部恩典！"
言罢拜伏于佛陀脚下，
双掌合十，绕其而行。

随后，他把婴儿抱在怀中：
"两项宏图伟业之一，
不日即将实现。王子
已显露出全部的吉兆。

"此等人，若是家居者
则为国王，在其治下
一支强大的武装
将集结于大地，威震八方。

"若他看淡红尘，
选择遁入一种平静的生活，
离开家宅与妻子前去云游，
就将成为一名佛陀。"

在婴儿目光的注视之下，
圣哲不由老泪纵横；
他深深地叹息，胸膛起伏；
国王净饭王颇感惊奇：
"圣人哪，缘何落泪，
缘何叹息？可有厄运
拦在吾儿面前？愿无上之神力
护吾儿平安。"

"全仗此子所种之福祉，
从此再无恐惧将我侵袭。"圣哲道，
"王啊，从无灾祸降临其身；
吾之热泪源于吾之伤悲。

"荣膺全部的恩典，此真理之子
将获得圆满之洞见，
其高扬之声名，
胜过古往今来的立法者。

"他乃正法之轮，
隆隆旋转于大地之上，须知
从无祭司、圣哲，又或古老的诸神
曾得此殊荣。

"三界之人、神俱受恩典，
安宁与和平之途自此显现，
汝子将弘扬神圣之法则——
无瑕的正法。

"受苦之人因他而得解脱，
再无虚弱、疾病、痛苦与悲伤；
人们因他自一切疾病中解脱，
再无爱憎与虚妄。

"他将亲手解开众生之锁链，
尘世束缚中的哀叹宣告终结；
在他疗愈的轻抚之下，伤口悉数痊愈，
一切痛苦与烦忧，消失不见。

"其话语的力量，将驱散
铅灰色的浓云，它们
曾遮挡于凡俗的双眸前。
自此，目力清明，富于洞见。

"他赐无知者以教导，
将误入歧途的浪子
引向圆满的圣道，令其
臻获平静之依归。

"王啊，无数的岁月间，
无花果树也许会开花，
无数的时代如白驹过隙，
才能迎来一位佛陀，降临世上。

"此刻，吉时终于到来：
他就依偎在你的面前
襁褓中的这名婴儿，
即是理想中的佛陀。

"他将获得彻底而完美之洞见，
自狂暴的轮回之洋中，
拯救无数的迷途众生，

赐予其不朽与永恒。

"然我已老弱颓败，
无缘亲眼见证，
你这光芒万丈的孩儿，
拯救世界脱离苦海。

"此即吾之不幸命途，
它令我哀恸、饮泣与叹息；
佛陀的千秋功业近在眼前，
我却捱不到那一天。"

圣哲激情四溢地讲述了
关于王子的所有伟大事迹，
令国王欢欣鼓舞，
并以虔诚之心热情高唱：

"皇儿，你乃万众景仰的不朽者，
伟大的医者，生来便能
疗愈一切灾患与顽疾；
我亦当向你顶礼，我的皇儿。"

至此，圣哲的使命已竟，
他婉拒了谢礼与犒赏，

再度如天鹅般划过天际，

回归了群山环抱的圣所。

佛教，这一由佛陀所创下的宗教系统，其学说的发端之处与印度
教的轮回学说异曲而同工。①其后，佛学教导指出，苦乐不过是业（行
动）的作用，无关乎神乃存在抑或非存在。该教导认为，所存在者不
仅是、也必须是可度量的，而至善已彻底摆脱了受限之存在。死亡并
不能带来此种解脱，甚至可能是一个起点，由之将步入较之苦难现世
更为凶险之境地。

11. 化身伽尔基

与此前提及的化身有所不同，化身伽尔基（Kalki）尚未降世。
它是印度教徒的希望所在，人们相信，曾为重建秩序、重现幸福而一
再降世的尊神，必将再度降临，以开辟一个拥有普世之善良、和平与
富饶的崭新时代。

当毗湿奴化身为克里希那自天界下降时，第四纪元卡利时代已然

---

① 印度教学说认为，灵魂在臻达圆满、与神合一、回归本原以前，将一再地自低级
界域向高级界域轮回。人在其命终之际都将受到谨慎的审判，若善性占据主导，
则降生于更高的界域，若恶性占据主导，则与之相反。佛教学说否定灵魂的存在，
因而轮回的形式有所不同。当一个人死去时，一个全新的存在将即刻生成，其所
处之境遇则依据过往诸世的善业与恶业之总和而区分出不同的痛苦程度。此类学
说在技术上并无绝对的分野。尽管在印度教看来，同一个灵魂将连续不断地历经
无数轮回，然灵魂并无对此前经验的记忆，因而每一次生命皆属独立，有别于过
往的人生。故此，二者之间的差异只介乎形式，而非实质。

发端。诚如其名"卡利"（黑铁）所揭示的，这是一个充满了冲突与纷争的时代。《毗湿奴往世书》中对该纪元特征之生动描述颇具预言性质：卡利时代结束之际，毗湿奴将一如既往地再度现身，以伽尔基之名，终结一切邪恶，建立起一个如第一纪元圆满时代（Kṛta Yuga）、也即真理时代般的正义国度。

四个时代总是以相同的顺序与特质一再缔演于存在界，直至万物灭尽的时刻到来。以下文字摘选自《毗湿奴往世书》，将令我们对所处时代之邪恶有所了解。此即将要由伽尔基拯救的时代。

伽尔基

"摩揭陀有一位统治者，名叫毗湿伐帕提卡（Viśvasphatika），他剪除了刹帝利种姓，提拔渔人、野蛮人、婆罗门及其他诸种姓，赋予其力量，使得被驱逐者和野蛮人成为印度、达尔毗卡（Darvika）、旃陀罗薄伽（Candrabhāgā）与克什米尔人之主。国王们脾气暴躁、性情乖戾，沉迷于虚伪狡诈之行止。他们残害妇女、儿童与乳牛，掠夺臣属之财富，然其权力有限，往往倏忽而起，须臾而终；其命途短暂而又贪得无厌，几无虔敬之心可言。各路外邦人聚集在其周围，群起而效仿之，一众野蛮人在王公贵胄的扶持下日益强大；纯洁的部族反遭遗忘，人民濒临毁灭。财富与虔敬日益衰减，直至整个世界彻底堕落、分崩离析。

"彼时，唯财产决定等级地位，世人之奉献只为求财，两性之间的纽带仅余激情，谎言凌驾于正法之上，世间女子皆已沦为感官满足之对象，大地所受之崇敬皆因其矿藏（也即再无圣所）；梵书传承塑造了婆罗门，不同的生命阶段间仅余外在之分别，宇宙之生存法则即是伪善与欺骗；人们因虚弱而依赖，出于威慑与揣测而学习；挥金如土即奉献，日常洗漱即圣化（也即献礼仅仅出于普通的感情冲动，而与宗教仪式或奉献行为无关，沐浴亦非以典礼、祈祷为目的的宗教仪式，而仅仅是为了享乐和舒适），两情相悦即婚姻，锦衣华服即尊严，远途取水即圣泉。贪婪的暴政使黎民百姓不堪重负，纷纷避祸于深山幽谷，唯以蜂蜜、草根、野果、野花、树叶果腹，再无衣饰，仅以树皮覆体，顶着寒风、烈日与暴雨，挣扎求生。无人之寿命可届三十二岁。

"卡利时代是一切丰盈的归处，直至整个人类抵达覆灭之终点。"

可以说，该往世书的作者将所能想象出的极端痛苦不幸的景况悉数加诸彼时的人类，这一点令人称奇。须知，身披树皮、以树根野果为生的人类，曾是早期先民们的进步写照。古代的圣哲们曾如此这般生存于世，赢得了人们的高度尊重。

"当吠陀之教导实践及社会法度几乎散尽之际，卡利时代临近了终点。彼时，以梵天为秉性、以其灵性本质存在的神圣者的一部分将下降于人间。他既是开端，亦是终了，理解万有，将以伽尔基之身份，降生于香巴拉（Śambhala）的杰出婆罗门毗湿奴耶娑（Viṣṇuyaśas）之家。他拥有八种超越于人类的神通，以其摧枯拉朽之神力，必摧毁全部的被驱逐者（Mlecchas）与品性不洁者。由是，他将为大地唤回正义，那些生活于卡利时代末期的人们，心灵被其唤醒，变得如水晶一般澄澈透亮。于彼特殊时期，那些德行已然转变的人们成为新时代的人类之火种，因其而茁壮的种族，依从纯洁的圆满时代之正法。"

在其图像表达中，伽尔基被描绘为身骑白马或于白马前躬身的白皮肤人类，手持利剑——他是此堕落时代的净化者，必将重建世界的纯粹与善良。

12. 贾甘纳特

往世书中的贾甘纳特，未被列为毗湿奴的化身之一。传统上，人们相信、接纳，并宣称他为毗湿奴本尊的某种显现，而非其部分本质之化身。不过，关于世界之主贾甘纳特起初是否与毗湿奴有关，确实有理由存疑——他可能只是某些如今已不为人所知的部落所信奉的地方神明。此类信仰后来被纳入了印度教，贾甘纳特也以新神的身份位列于万神殿，且被视为毗湿奴的又一个化身。

更加令人信服的解释是，由于普里（Puri）是佛教的重要中心之一，当该系统遭到禁止，其信徒亦遭受迫害时，佛教寺庙即被用作了印度教神庙，而贾甘纳特虽在名义上乃印度教之神祇，实际却是佛教神明。至于他那奇异的未完成之造像，亦只是为了给佛教信仰之核心教导的诸般象征符号增加伪饰而已。

贾甘纳特

贾甘纳特被教导为毗湿奴之形相的原因，很可能是为了免除迫害之苦。关于这一广受敬拜之形相的种种事迹，有数则传说存世，尤其与普里的圣所有关，斯地也是贾甘纳特崇拜的核心要地。参拜其神龛者所使用的言辞有一特殊之处：总是言及即将前去朝觐贾甘纳特，而非如敬拜别神一般地敬拜他。与此同时，亲眼看见神庙中的造像，为其沐浴，牵拉沉重的御车，皆被热切地视为摧毁诸种罪孽的敬拜之法。

古茨塔克教授从阿克巴则利（Ain-i-Akbari）中撷取了以下传说，其中描述了贾甘纳特敬拜者们的一些基本观念。

曾有一位国王，热切地想要建设一座城市，于是委派一名博学的婆罗门，为其拣选适宜的地点。婆罗门一路搜寻，长途跋涉之后来到海边，看见一只乌鸦正一头扎进海水中，并在涤净身体后向大海顶礼。婆罗门精通鸟类的语言，他从乌鸦处获悉，若于此地逗留片刻，即可领会大地之神迹。

国王听闻此事后，就在乌鸦现身之地的附近建起了一座大型城市，还一同兴建了庙宇。一天夜里，国王在梦中听见一个声音对他道："于指定的时日看向海边，彼处将有一块五十二英寸长、十八英寸宽的木片自海水中涌现——此即尊神之真容。携回此木片，将其藏于房中，七日后，无论其呈现为何等形相，皆供奉于神庙。"国王醒来后，果真依言行事，供奉起得自海边的神像，称其"贾甘纳特"，也即"世界之主"。渐渐地，贾甘纳特成为广土众民的敬拜对象。

对此，沃德（Ward）给出了更加详尽的介绍。当克里希那意外地被猎人迦罗射中后，遗骨在其死地的树下腐坏，直至一些虔信者将它们收集起来，装入盒中。[①] 世尊的遗骨如是被保存，直至一位名叫

---

① 更为可信的说法是，佛陀的一些富有价值的遗骸，曾被置于造像之中。彼时，由于任何公然宣称与佛陀有关或公开敬拜佛陀的行为皆属大逆不道，其遗骸也便因之归入了克里希那的名下。依据印度教教导，接触尸体乃属不洁之行为，由是看来，遗骨置于造像中似与印度教精神全然相悖。然而，唯以此虚言，方能使佛陀的遗骨得以保存。普里的许多仪式皆支持这一观点：看似印度教之胜地，实乃佛教之圣所。

因陀罗图穆那（Indradhumna）的国王，因急切地想要抚慰毗湿奴而接获神谕：需制作一尊神像，与遗骨一同装入盒中，该善行将得到丰厚的奖赏。

因陀罗图穆那决意依从此建言，于是向毗首羯磨祈祷，请求襄助造像。诸神的建筑师应许了信徒之祈请，却也格外谨慎地对其强调：制像的过程中，不得有人在旁窥视，亦不得有人搅扰，如若违反，便将立刻停止善功，神像亦将无法完成。

国王向建筑之神保证，必不会受到侵扰，于是，毗首羯磨开始了造像的工作。他选定了一个晚上，在奥里萨（Orissa）的蔚蓝群山之上立起了一座伟大的神庙，接着便开始造像。国王小心等待了十五日，愈发急不可耐，最后竟愚蠢地想要看一眼建筑之神究竟如何工作。受到惊扰的毗首羯磨怒发冲冠，顿时消失无踪，尚未完成的神像也便伫留于脸孔最是丑陋的样貌，不仅如此，它甚至无首亦无足。

国王为一己之鲁莽所酿成的后果而感到万分沮丧，只得悲伤地面见梵天。梵天安慰他并承诺道，此像将以今日之面目闻名于世。神像落成之际，国王邀请诸神前来出席典礼，一些天神接受了邀请，梵天本尊更是担任了司礼祭司，赐予神像双目与灵魂。闻名遐迩的贾甘纳特像这才得以完成。

贾甘纳特原初的造像几乎原封不动地在普里以外的一些地区被复制保存，造像中，克里希那最为喜爱的兄长大力罗摩常常陪伴在侧，与之相伴的还有其妹妙贤（Subhadrā）。

有关贾甘纳特的如下事迹，译自孟加拉地区的有关传说。

那罗延那（毗湿奴）携其妻，于奥里萨的蔚蓝群山建立了居所，世尊由此得名宁玛陀婆（Nilmādhava），前来参拜的诸神与百姓络绎不绝，与之毗邻的地方亦收获了"解脱之地"（Mokṣyakhettra）的美名，寓意从生死轮回中获得解脱。

有一位国王名叫因陀罗图姆那，乃太阳神之子，亦是毗湿奴的虔诚信徒，极其希望亲自参拜宁玛陀婆。动身前，国王委派家族祭司之胞弟毗迪亚波底（Vidyāpati）先行探访前往奥里萨之路线，以为向导。毗迪亚波底返回后，将所见所闻悉数禀告予国王，国王的亲赴之念愈加强烈，更甚于以往。一切安排妥当后，国王携家眷一同上路，毗迪亚波底为其引路。然而，当其抵达时却万分失望地发现：尊神已然隐遁，不再现身于公众面前。

因陀罗图姆那悲伤难抑，不由泪如雨下。这时，一个声音响彻耳际："既未得见宁玛陀婆，便为其制一尊木像加以敬拜吧。那罗延那将寓居其中，有幸得见此像者，不论是谁，都将臻获最后的救赎。"国王依言行事。就在他为制像做准备时，那罗延那本尊化身为一名年迈的婆罗门，托名毗首羯磨，来到他的面前，并表示：将于十五日内完成木像。国王应允，果然，婆罗门在约定的期限内完成了贾甘纳特之木像，一同完成的还有其兄弟姐妹之像。

贾甘纳特崇拜的特殊之处，在于其像不仅于指定的神庙中接受敬拜，亦在一年中指定的三日内，出现于公众的视野。三日之中的第一日被称为"沐浴节"（Snān Jāttra），神像将从神龛中被取下，置于高台，于众人瞩目之下，由祭司为其沐浴。人们认为，此等露置或令其为风寒所侵，故此，于十日后举行"御车节"（Rath Jāttra），彼时，神像将被置于一驾专程定制的大型御车上，载往另一座神庙，以期呼吸新鲜空气。兴高采烈的人群拉着御车，贫穷与无知者则相信，协助牵拉御车亦是一桩难得的善功。

御车游行持续数日后，还将举行第三个节日——"回归节"。彼时，民众的热情减退，神像被运回故园。

普里被认为是信众最受此神福荫的所在。饶是如此，亲见神像、于故园附近协助牵拉御车，仍被视为虔诚的善行。几乎所有的城镇及每一座大型村庄，皆有专属于贾甘纳特的节日——人们热切盼望着亲见世界之主原不足为奇，毕竟，尊神许下的恩惠令人向往：由罪孽中获得救赎。

13. 契檀尼耶

在信徒的眼中，契檀尼耶（Caitanya）乃毗湿奴的化身之一。值得注意的是，契檀尼耶生活的历史时期，也即大约三百年前，恰是人们设法视人为神的年代。

在孟加拉地区的纳迪亚（Nadiya），人们敬拜契檀尼耶，其神龛之上，一幅巨大而醒目的契檀尼耶画像身侧，尚有一幅小小的克里希那画像。如是安排的原因，是契檀尼耶乃是克里希那的弟子与信徒。承认此神的印度信徒声称，在毗湿奴为数众多的化身中，有四个化身最为重要：其一是源自真理时代，被称作"白色者"（Śuklavarṇa）的阿南塔；其二是源自三分时代，被称作"红色者"（Raktavarṇa）的迦毗罗提婆（Kapiladeva）；其三是源自二分时代（Dvāpara Yuga），被称作"黑色者"（Kṛṣṇavarṇa）的克里希那；最后则是于卡利时代现身的"黄色者"（Pītavarṇa）契檀尼耶。

契檀尼耶教派以契檀尼耶本尊为至上光辉之成员，其奠基人乃是生活于孟加拉桑地普尔（Śāntipore）的一位名为阿戴提亚（Adaitya）

的婆罗门。另一领袖较之契檀尼耶略为年长，乃是出生于纳迪亚的尼提亚南达（Nityānanda）。

契檀尼耶的父亲是一位名叫贾甘纳塔·弥湿罗（Jagannātha Miśra）的婆罗门，其母名为舒齐（Śucī），二人的长子毗湿万帕罗（Viśvaṃbhara）是一名虔诚的托钵僧。当那位于后世闻名遐迩的儿子出生时，舒齐确已老迈。由于新生儿看上去十分孱弱，依据彼时盛行的风俗，被装入篮中，吊在树上等死。这时，阿戴提亚恰巧途经此地，忽而念及这名无依无靠的婴儿可能就是他所期待与预言的神之化身，于是以足点地，写下了当一名弟子步入克里希那之神秘崇拜时所使用的咒语。婆罗门的这一举动打动了婴儿的母亲，她把孩子从树上抱了下来。孩子立即快活地吃起了之前曾不屑一顾的食物，并显露出了力量与活力之象。

契檀尼耶颇擅学习。十六岁时，他与毗湿奴普里亚（Viṣṇupriyā）成亲，直至四十四岁时，二人皆一同生活。彼时，他被阿戴提亚及其他苦行僧人说服，弃绝了婆罗门之传承（Poitā），加入了后者的宗教生活。这一举动令其失去了身为婆罗门的尊贵身份。他离开了家族、双亲与妻子，移居贝拿勒斯。人人皆认为他铸下了大错，只因他舍弃了一整个庞大的、仰赖于他的大家庭。

抵达贝拿勒斯后，契檀尼耶开始教导其教派的学说，身边很快聚集起了众多的弟子。他把弟子们称为毗湿奴之信徒。尽管其教导在许多重要方面皆与正统的印度教学说相悖，但仍旧取得了巨大的成功。许多此前主要敬拜湿婆与别神的人们，因其教导，转而奉克里希那为至上神。其学说之基本教义如下：人应弃绝世俗生活，将时间投注于参访圣所；应摒弃种姓之分，与加入此教派者一同化缘为食，而不论其种姓为何；皆应荣耀毗湿奴之名，行巴克提（或称虔信）之道，以神为救赎之途。

契檀尼耶允许寡居的女子再婚，禁食鱼肉，亦不许敬拜那些需以动物献祭供奉之神祇；不仅如此，弟子们亦不得与如此行祭之人为伍。好巧不巧，几乎就在同一时间，路德正于欧洲传信仰之道，契檀尼耶的学说则在印度占据了主导地位，契氏认为，唯有以对克里希那的虔信（巴克提），方能臻获救赎。

契檀尼耶由贝拿勒斯前往普里——贾甘纳特的伟大圣所，并于彼处向所遇的众多朝圣者们弘道。据云，彼时他获得了另外四条手臂。阿戴提亚和尼提亚南达引其就任领导人一职，于是，契氏于贝拿勒斯逗留了数载，履行相同的弘道之事功。尽管他们最终回归了世俗之境，其后继者们却受到了该教派成员们的热情敬拜。据推测，孟加拉地区曾有十五分之一的印度教徒拜入了契檀尼耶门下。邪恶的女人们常常自称是其弟子，因其行止，她们被驱逐出了正统的印度社会，故而无法得体地履行其葬仪，作为这一无种姓教派之成员，则不会因此而受到排斥与拒绝。

14. 迦摩神

迦摩神（Kāmadeva）乃是印度人的丘比特，常被视为化身为克里希那与艳光的毗湿奴与拉克什米之子。一些文献亦将其描绘为梵天诸子之一。

至于后一种有关迦摩神之起源的说法，其出处大致如下：《梨俱吠陀》中，迦摩被描绘为自彼一中升起的首个动作，其后，生命才借由热望与吸引之力而得以缔现。《阿闼婆吠陀》中，欲望之神迦摩并非司掌感官享乐，而是司掌普遍意义上的善性，故而拥有高于其余诸神的伟力。人们敬拜迦摩，亦向他祈求自仇敌手中得拯救。

迦摩神

依据《梨俱吠陀》中一首颂诗的说法，迦摩所受之敬拜与其余诸神不可同日而语；另一颂诗则称，他乃爱欲之神，一如希腊神话中的厄洛斯（Eros）与拉丁神话中的丘比特。人们由是向他祈请：

愿迦摩射出其神箭，
携走痛苦，成全渴求，
以愿欲为轴，
直刺汝心。

253

迦摩也正是以此种品性见于诸往世书。

湿婆杀死迦摩神

印度神话中的迦摩乃是湿婆之怒的牺牲品。曾有一位名叫多罗迦（Tāraka）的恶魔，诸神不堪其扰，属意灭之，然唯有湿婆之子方可建此善功。然而，由于痛失爱妻萨提，湿婆已变得冷漠，无法重燃爱火。

于是，众神唆使迦摩向湿婆射出爱神之箭，以令其动心。最后，当帕尔瓦蒂就在大天近旁时，迦摩不辱使命，射中尊神，令其立刻迷醉于爱妻。迦摩的放肆行止令湿婆震怒，其第三眼即刻迸射出一团烈焰——迦摩，这一打搅湿婆修行的爱神，顷刻间化作灰烬。

《筏摩那往世书》对迦摩之箭的影响作了长篇叙述。受创的大天再也无法重回平静，他跃入迦林狄河（Kālindī）中，然而"河流立即干涸，化作一片焦土；暗黑的河流尽管依然神圣，流经林中时，却已如同为少女束发的头绳"。为求解脱，湿婆从一地漫游至另一地，居住于达儒林（Dāruvanam）的圣哲之妻们，纷纷抛下旧家，追随于他。

被遗弃的丈夫们由是诅咒湿婆，要他为迦摩之恶行所激怒，将他焚为灰烬。

《薄伽瓦谭》继续讲述了这则故事：因痛失丈夫，迦摩之妻罗提（Rati）几近疯狂，她向帕尔瓦蒂苦苦哀求，恳请她介入调停，以使湿婆允准迦摩复生。帕尔瓦蒂向其示下了达偿所愿之法，以为鼓励。"他将降生为室利·克里希那之子，并以明光（Pradyumna）为名。一位名叫商巴罗（Śambara）的恶魔会带走他，并把他抛掷入海。克里希那之子由是进入鱼身，于恶魔的食物中重现。去吧，前往商巴罗的家宅中安立居所，当你的丈夫抵达时，迎接他，抚育他。最后，他将手刃商巴罗，与你幸福相依。"罗提依言而行，来到恶魔家中，屈尊为仆。

由《毗湿奴往世书》所述，此故事终得以完全：在明光降世六日时，恶魔于育婴室中将他窃走，使其遭遇了命悬一线之危机。恶魔（因圣哲那罗陀相告）知晓若留明光活命，就将死于他手，于是将其抛掷入海，留他处身于深海巨兽出没之处。果有一条大鱼将他吞入腹中，令他自其体内再度降生。鱼儿为渔夫所捕，又被呈送至大阿修罗商巴罗面前。其妻摩耶提毗（Māyādevī，《薄伽瓦谭》称其为仆人），恶魔家中的女主人，亲自监督厨师动手——当鱼腹被切开时，英俊的娃儿果如女神所言，现身其中。

正当摩耶夫人思忖此子是谁、所从何来时，那罗陀仙人适时出现，一解其疑窦。仙人对善良而仁慈的夫人道："若问他是谁，整个世界之生灭皆缘于他。恶魔商巴罗自分娩室窃走了毗湿奴之子，抛掷入海——他于彼处被鱼儿吞下。此时此际，他已全然仰赖于你，端庄秀丽的夫人啊，请温柔地照料人类之珍宝吧。"

在那罗陀的建议下，摩耶夫人承担起了养育孩子之责，悉心呵护幼子。不料，待他渐渐长成时，摩耶夫人竟为其俊秀之丰姿而着迷不已。当他青春勃发时，这份喜爱之情更是愈加炽烈难抑。举止优雅的摩耶夫人，满心满眼皆是心灵高尚的明光，珍爱他更甚于自己的生命，亦将一切神通与杰出的技艺倾囊相授。

"克里希那之子察觉到了全部的爱之迹象，他对莲花眼的摩耶夫人道：'既为人母，岂能沉迷于此种与一己之身份毫不相衬之情感呢？'夫人答道：'汝并非吾子。须知，汝乃毗湿奴之子，为迦罗·商巴罗所窃，后抛掷入海，又为大鱼所吞，最后是我自鱼腹之中把你救出。你那挚爱的生身之母，依然在为你伤心落泪。'闻听此言，英武的明光怒上心头，立即向商巴罗宣战。大战中，摩陀婆之子诛杀了商巴罗之主。他七次挫败巫师之幻术，又化身为第八名巫师，将对战的矛头引向商巴罗，终除之而后快。

"凭借着相同的伟力，明光升入空界，抵达父王的居所。他面带喜色地携摩耶夫人来到内室。女眷们见到明光，只当是望见了克里希那本尊。艳光满含热泪地深情言道：'有子如斯，正值青春，当是何等幸福之事。若明光仍然在世，想来亦是此等年岁。你那幸运无匹的母亲是谁？从你的面庞之上，从我对你的喜爱之情里，你必是诃利之子。'

"就在这时，克里希那与那罗陀一道回宫了。那罗陀仙人对艳光道：'他正是汝之亲子呵。如今，他已诛杀了婴儿时曾将他窃走的恶魔商巴罗，这才前来拜见父母。他的身旁是高贵的摩耶夫人，乃其正妻，而非商巴罗之妻。细听其中的因由吧，当爱神曼摩塔（Manmatha，迦摩）灰飞烟灭时，美丽的女神一心只盼助他复活，于是假托人形，迷住了恶魔商巴罗，又想方设法讨他欢心。汝子正是迦摩神转世，其妻则是女神罗提。'"

迦摩常显露出青春洋溢的丰姿，手持鲜花制成的弓箭。在罗提的陪伴下，他畅游于三界之中，所到之处，尽是杜鹃的歌唱与蜜蜂的低吟，和煦的风儿唤醒了春之女神。在孟加拉地区，尽管并无迦摩之神像，仍然会在适逢婚嫁之喜时敬拜他，以求婚姻幸福、子嗣绵延。印度的结婚典礼上，人们亦会复诵取自《阿闼婆吠陀》的部分颂诗。

迦摩乃是赐予世人丰盈富足的神祇，其众多的称谓皆与此相关。以下称谓颇值一提：

摩陀那（Madana）："迷醉于爱情者"。

曼摩塔："搅动心意者"。

魔罗（Māra）："制造创伤者"。

明光："征服一切者"。

阿南迦（Anaṅga）："无身者"。

库苏梅抒（Kusumeṣu）："执花箭者"。

第六章　湿婆

　　湿婆是印度三相神的第三位。梵天司创造，毗湿奴司维系，盛极而衰乃世间常则，为保系统完全，毁灭者原属必需，故由湿婆司掌特殊的毁灭之职。关于这一点，似是很难与其惯常所呈现之形象相协调。

湿婆

然须谨记，印度教教导中，谈及"死亡"时，并非指通常意义上的死亡，而是指遁入了非存在（Non-existence），故而只是奔向某种崭新生命形式的一次转变——毁灭者湿婆乃是万物迈向新的存在形式的引领者。如是看来，毁灭者反倒是真正的再创造者。湿婆亦由此得名。湿婆一词意为"明亮者"或"幸福者"。显然，从通常的意义上理解"毁灭"一词，是无法理解此命名之含义的。

位于贝拿勒斯的湿婆神庙

　　后期印度教中，诚如史诗与诸往世书所教导的那般，湿婆扮演了至关重要的角色，一些文献即是为了颂赞湿婆所写；不过，以"湿婆"为名的神祇并未现身于诸吠陀中。为使湿婆赢得更加尊崇的地位，人们宣称他即是诸吠陀中的楼陀罗。吠陀的一些篇章中，楼陀罗与阿耆尼同一，不过，"《梨俱吠陀》所赋予他的独特称谓已充分证明：在早期的敬拜者眼中，他已与阿耆尼具有普遍之分别。"

梵书文献中所提及的楼陀罗，与史诗中所能找到的对同一神祇的最早描述，存在着显而易见的巨大鸿沟。就目前所知，并无真正可用作"桥梁"的古代材料。《摩诃婆罗多》中的楼陀罗与有关楼陀罗的群神赞（Śatarudriya）所刻画的同名尊神，其主要的特质并无显著差异；不过，在后期的文献中，其重要性已远非昔时可比，其特质与属性也得到了更为清晰的刻画，为其赋予的诸种概念亦变得更为明澈。此外，为实现这一点，还追加了种种附加特征与为数不少的传说。由此，楼陀罗不再是吠陀时期的从属神祇，更彻底超越了昔时的阿耆尼、伐由、苏利耶、密特罗与婆楼那；尽管因陀罗在史诗传说中依然地位非凡，却已降格为从属神，无论是力量又或是尊贵程度，皆无法与楼陀罗相匹敌——此时的楼陀罗，已与毗湿奴一道，几乎在婆罗门世界中享有了压倒性的崇拜。

以下关于楼陀罗的记述来自吠陀，后期文献中所记载的关于湿婆的一些传说，或可从中一窥端倪："该如何形容楼陀罗啊，此聪慧、强健、仁慈的神祇，心中总是盈满了无上之喜悦，故而阿底提才会向我等引荐其疗愈之道，以此守护牧牛、人类、牝牛与儿童。我们追寻着楼陀罗，这位颂歌之主与祭祀之主，其所拥有的疗愈之道，正是他那吉祥之恩慈。唯他有太阳般光辉，如黄金般闪耀，唯他乃诸神之中的至善者与至仁者。""我等谨以臣服唤请天界之红色野猪，其毫卷曲缠结，其形昳丽。""愿你那足可灭尽乳牛与人类之武器，远离我等。"同一颂诗还将楼陀罗称为风暴众神摩鲁特之父。为解释这一点，注疏者引入了后期的一则传说，其中记载了有关摩鲁特的事迹。

另一首吠陀颂诗如是称呼楼陀罗："你举止合宜，弯弓搭箭；你

260

（戴着）各式各样的（美丽）项链。"

湿婆之名与楼陀罗产生关联，乃源于瓦杰萨内伊（Vājasaneyin）学派对《白夜柔吠陀》的注释之一颂，其中如是称呼楼陀罗道："汝以仁慈（湿婆）为名。"见诸各大传说的其余诸称谓，亦见于同一吠陀之颂诗："群山的居者啊，请以遍满吉祥与祝福之身，泽被我等。""愿青颈红皮的滑翔者，示吾等以恩慈。""顶礼青颈、千眼的仁慈者，顶礼诸灵之主，顶礼窃盗者之主。"

以下关于楼陀罗出身的记载中，称他与阿耆尼同一："存在之主乃是一位家居者，乌莎（黎明女神）乃其妻。二人于一年内诞育了一名男孩。男孩涕泣不止，生主对他道：'孩子啊，缘何哭泣？难道是因为你诞生于勤勉的苦行吗？'男孩答道：'吾之恶业尚未涤净，亦不曾蒙赐佳名。请赐我一名。'生主道：'汝乃楼陀罗。'既已得名，阿耆尼便成为男孩之身体，故此，楼陀罗即是阿耆尼。之所以被称为'楼陀罗'，乃是由于他曾哭泣的缘故（源自词根 rud，意为'哭泣'）。"关于楼陀罗之出身，《毗湿奴往世书》与《摩根德耶往世书》皆认同这一事迹，余者所述亦大致相仿。

想要连贯地记述此神的生活轨迹几无可能。其功业不似毗湿奴的化身般可清晰界定，亦无法从生到死地抒写为一部人生传奇。尽管常以人之形象现身于大地，且频繁地居住于最喜爱之城市——贝拿勒斯，其天界的居所仍然是喜马拉雅山中的吉罗婆。唯一可确定者，似只是于圣典所述的诸多传说中搜寻蛛丝马迹，以期了解其性情与事功。由此类关于湿婆的叙述中，或可依稀窥知彼时观念之一二。

依《罗摩衍那》所述，楼陀罗娶达刹之女乌玛为妻，女神在湿婆生命的不同阶段曾以帕尔瓦蒂、杜尔迦、迦梨等身份一再现身。众神担心如此父母于儿女多有不利，便恳求湿婆与乌玛夫妇过一种守贞的生活。二神允准了这一请求。孰料，此举犹未能及时阻止神子迦绨吉夜之降世。既无从生子，乌玛宣布其余神妻亦将度过无嗣之生活。

楼陀罗在搅拌乳海时享有重要的地位。他仰首饮下了先于不死仙药涌出海面之毒液，一如痛饮甘露。此举使其颈部变成了深色，尊神亦由此得一神号：青颈（Nīlakaṇṭha）。

一次，当乌玛陪伴丈夫安坐于吉罗婆山中的家园时，望见众神正驱车经过。当被问及前往何处时，众神答曰：乃是应其父达刹之邀，前去参加一场即将举行的盛大祭祀。湿婆向来与达刹不睦，故不在受邀诸神之列。

《薄伽瓦谭》讲述了生主达刹轻慢湿婆之缘由："曾有一次，生主举行祭祀庆典时，诸位天神与众位仙人齐聚一堂，进门时，皆向其致敬，未曾如此行事者，只余生主之父梵天与大天（湿婆）。在向父亲顶礼后，达刹依父命落座，然却对湿婆之不敬耿耿于怀。眼见湿婆已先行落座，达刹更是无法容忍此等失礼冒犯，他睨向湿婆，仿佛要将其生吞活剥一般：'婆罗门众仙人、众神、众阿耆尼，且听我言。我将细述有德之人的言行，然既非出于无知，亦非出于义愤。这位恬不知耻的湿婆，有违世界的守护者之盛名，他妄自尊大，早已背弃了追求真理之道路。他占据了我门徒之席位，仿如一位有德之人，面对着众婆罗门与祭火，牵起我那容颜一如萨维德丽的爱女之手。

"'此猴眼（神）尽管已握住了我那美目（之女）的柔荑，却从未待我以哪怕是一句合宜得体之言语——为婿者理应向我躬身顶礼，只因尽管万般不愿，我已允准了这门亲事，将女儿许配予这名不洁的高傲者。他目无祭祀之仪，不守规矩，一如吠陀中形容首陀罗之话语。

262

他游荡于可怖的墓地，在一众鬼魂与幽灵的簇拥下，疯疯癫癫，赤身裸体，头发缠结，项戴由死人（头骨）制成的项链，身覆人骨制成的饰物，佯装吉祥（湿婆），实乃不祥（阿湿婆）。唯疯癫者钟爱疯癫者，此众灵之主，本性晦暗。此易怒的邪恶之主，其纯净之心已然泯灭。可叹我已奉梵天之命，向他献上了我那德行出众的女儿。'

"为其不敬言辞所辱的湿婆，并未出言反驳，然而狂怒的达刹已手触圣水，对其立下了诅咒：'愿此存在者（湿婆）——众神之中的最低贱者，永不受人敬拜，永不能享有堪与因陀罗、乌般德罗（Upendra，毗湿奴）及其余众神比肩之地位。'

"达刹旋即离开了众人。在他离去以后，大天的亲随之一对他发出了一个诅咒，为缓和局面，众婆罗门道：'就让凶猛的达刹尤其向女人行奉献服务，并立刻化生山羊头。就让这蠢物继续流连于无知仪式的世界。'婆利古仙人（达刹的兄弟之一）随即向湿婆之亲随发出了反咒：'愿奉行存在者之仪式者，皆成为异教徒与真正圣典的反对者。他们将失去纯洁，囿于迷惑，头发缠结，身涂骨灰；他们信奉湿婆之引领，奉烈酒为神。'

"此咒一出，湿婆当即率众离去。其后的一千年里，达刹及其他的生主们皆以毗湿奴为敬拜之对象，举行祭祀仪式。"

湿婆与达刹从此不睦。其结果便是：当岳丈以生主之首的身份，筹划举行一场盛大的祭祀时，湿婆竟然不在受邀众神之列。乌玛为此伤心不已，丈夫好言相劝："诸神先前举行祭祀时，已定下了不把任何祭品分配予我的规矩。此举不过是依从早先定下的惯例而已，诸神只是依例不许我参与祭祀罢了。"

据《摩诃婆罗多》云，湿婆随后率众一同出发，终止了这场祭祀，又化身为鹿，升入天界。一滴汗珠自其额前滚落，从中生出一团火焰，化生出一种名为吉瓦罗（Jvara，发热）的可怕生物，他焚尽了为祭祀准备的各式物品，令诸神受惊而逃。梵天只得面见湿婆，允诺从今往后诸神将分予他应得的一份祭品，作为不让吉瓦罗再度下降地界之交换。

关于达刹祭礼之终结，《薄伽瓦谭》给出了篇幅更长、描述亦有所不同之介绍。萨提（乌玛）十分渴望出席这场祭祀，尽管丈夫曾试图劝阻，她依然"无视其警告而执意前往；在遭遇父亲的怠慢后，她痛斥父亲，认为他不应与丈夫湿婆作对，同时出言威胁：她将于火焰中舍弃肉身，因之乃是她与父母相连相系的最后依凭。萨提旋即自愿舍弃了其灵魂。尾随萨提前来的湿婆亲随目睹了这一切，他们立刻冲上前来，意图杀死达刹"。

此举受阻后，湿婆之亲随一哄而散。当大天获悉其妻的死讯后，不由怒发冲冠，他"拔下了一缕头发，从中生出了一位名叫雄贤（Vīrabhadra）的巨魔。雄贤奉命诛杀达刹，毁掉祭祀"。雄贤果然不辱使命，拔下了婆利古的胡须，撕裂了薄伽的眼眸，打落了补善的牙齿，最后，削去了达刹的脑袋。

一场混乱与沮丧之中，众神只得同意好生安抚湿婆。为表诚心，他们齐聚于吉罗婆，望见湿婆"正携着信徒们所渴求之林伽，涂灰，执一权杖、一缕头发、一块羚羊皮与一弯弦月，周身闪耀如晚霞"。湿婆终于让步，允准为达刹安上山羊头。祭祀业已完成，毗湿奴口称至上神，以示他已承认湿婆的至尊地位。不过，这一决定令其信徒颇为懊恼，他们只好想象自己与上主所想有所不同。达刹本人亦向湿婆与乌玛俯首称臣。由于自愿弃绝己身于火焰，萨提开创了自焚之妻（Satī）^①的先河，又重生为喜马拉雅山王喜马万（Himavat）与梅娜（Menā）之女帕尔瓦蒂。

湿婆不改其装束，依旧过着苦行者的生活。尽管人们通常敬拜其象征物林伽，他"仍以人类之形象，在帕尔瓦蒂的陪伴下安居于喜马拉雅山，有时亦下山降妖除魔。蛇王盘绕于他的青颈，其上还佩戴着骷髅项链，其余之配备亦十分齐全：其坐骑乃是一头白色的公牛，兵刃为三叉戟，衣饰为虎皮与象皮，更有拨浪鼓与套索等法器"。

"湿婆有三眼，第三眼位于其前额，喻指三吠陀与过去、现在、未来之三时。其前额还饰有一弯新月，乃是月神作为搅拌乳海之礼物觐献于他的缘故。

"不过，大天，又或伟大的尊神湿婆，有时亦现身为一种与上述描绘迥然相异之人格特征。他不再是头发缠结、居于森林、为其信徒做出表率的严苛的苦行者，而是借由苦行禁欲与克制激情所臻获的力量。不仅如此，作为抽象的冥想之伟大德性，他亦乃通往至为崇高的灵性知识与终极联结之圣道，彼时，心灵将实现与伟大宇宙之灵的真正合一。"

以下传说出自《侏儒往世书》，叙述了苦行者湿婆的日常生活。饱受酷暑折磨的提毗（帕尔瓦蒂，萨提）对其上主道："主啊，炎夏一日胜似一日，可有屋舍供你我修葺，以抵御狂风、严寒与暑热？"商迦罗（湿婆）答道："爱人哪，我始终漫游于林中，从无庇护之所。"此言既出，商迦罗与萨提仍旧于炎炎酷暑中休憩于树荫之下，只是，酷暑一过，雨季便携着乌云一同前来造访了。

---

① 仿效乌玛身为妻子之奉献，后世的寡妇们常追随其丈夫的尸身自焚——她们因此被称为"萨提"，意为忠诚者。

萨提见状，对湿婆道："凛风劲吹，我心不安，摩醯首罗（Maheś-vara）啊，风暴已咆哮而至，容我恳求你于吉罗娑建起一座屋舍吧，好让你我安适地居于其中。"湿婆答道："爱人哪，我不过是一名身披象皮与群蛇者，何来兴建一座房屋的财富呢？"

萨提听闻如是话语，只觉所述仿如实情，却无关于真理，当真刺耳万分。她心中一凛，又羞又怒地望向大地，道："那么，慈悲者（Śambhu）啊，你我身在树荫之下，如何安然度过雨季呢？"湿婆道："爱人哪，你我身披祥云，自不会有任何一滴雨水滴落于身上。"言毕，湿婆令一朵云儿停伫，携达刹之女一同迁居其中，他也因此得一神号：以云为旗者（Jimula-Kitu）。雨季结束时，二人复又居住于曼德拉山。

湿婆与妻子的家居生活，并不在极之甜蜜幸福的伉俪之列。因二人皆可赐福于信徒，故而有时会出现夫妻中的一人想要赐予恩惠，另一人却一心诅咒之情形。《罗摩衍那》与《摩诃婆罗多》曾记载了二人的一次冲突，其时正值罗摩与罗波那之间纷争不息。起初，由于湿婆从旁相助，罗摩并无战胜其仇敌之能力。这时，因饱受罗波那欺凌而寄希望于罗摩的诸神，前来请求湿婆收回其对恶魔之佑助。

湿婆同意于战争的第七日与诸神一同见证罗摩如何摧毁其仇敌。杜尔迦（帕尔瓦蒂，萨提）闻言正色责备丈夫，质问他如何能亲眼看见一己之信徒遭遇灭顶之灾。须知，此信徒曾立于炙热无比的四堆火焰之中向他祈祷；亦曾不顾严寒刺骨屹立于冰水中，矢志不移地向他奉献；还曾冒着倾盆大雨，倒立祈请以示决心坚定。随后，女神对湿婆出言不逊，称他为一名形容枯槁之老朽，成日薰着使人迷醉的药草，居于墓地，浑身骨灰；接着又问他是否想让她一同前去见证这场大战。

这下，湿婆再难抑制其怒气，他提醒妻子道：不过是一名目光短浅的妇人，却不知依妇德行事，常常东奔西走，热烈地想要参与战争，宛如酗酒的醉汉，只识于堕落存在的陪伴下，斩巨人，饮其血，将其头骨悬挂于脖颈之上。

眼见这些冒犯的言语已然唤起了杜尔迦的雷霆之怒，诸神一个个惊骇得魂不附体。他们恳求罗摩与其一同向女神祈祷，否则罗波那绝无就戮之可能。罗摩依言行事，女神旋即现出了吉祥相，应许了诛杀恶魔一事。

当杜尔迦现身为湿芙芭迦延那（Śivopākhyana）时，会变得极其善妒。究其原因，无外乎湿婆曾于乞食的途中，到访过村镇的一些地区，而声名狼藉的女人们正居于斯地。《罗摩衍那》还曾记载，二神曾因持斧罗摩痛打其子迦绨吉夜与伽内什一事，爆发了一场可怕的争执。

《侏儒往世书》中的一则传说，解释了为何湿婆采用宗教托钵僧人的衣饰行止。古时的观念认为，当万有皆被毁灭时，只余一片浩瀚的海洋，不可思议之主（梵天）将于其中沉睡千年。当沉沉的夜幕终于被掀开之际，精通吠陀者渴望再度创造三界，于是以其有德之属性化为拥有五首之肉身（梵天）。与此同时，亦有三眼、头发缠结、佩戴念珠、手持三叉戟之形相自晦暗之属性中生出。

紧接着，梵天创造了我慢（Ahaṃkāra，个我存在之意识），它立刻遍及于二神之自性；在其影响下，楼陀罗对梵天道："说吧，上主，洋溢着热情的你，究竟由何人所创造？"梵天反问道："那么你又所从何来？"此问引发了一场剧烈的争吵，狂怒的湿婆砍掉了梵天那喋喋不休自吹自擂的第五首。然而，当他试图将此首丢弃时，它却怎样也不肯落地，始终牢牢地留在他的手中。梵天趁机造出了一名巨人，意图向湿婆复仇，以惩治他竟敢伤害众婆罗门之父梵天的大罪。

为躲避梵天的追杀，湿婆逃往贝拿勒斯，其罪于斯地得以赦免，贝拿勒斯也因之成了一处特殊的圣地。湿婆终于摆脱了不肯脱落的梵天之首——他本想以此为苦行，无论前往何处皆携此首同往。据云，湿婆之所以成为一名漫游的苦行僧人，原是为了从弑杀婆罗门的重罪中获得解脱。

湿婆最广为人知的称谓是大天，也即"伟大的神"；此称谓之源起记述于《摩诃婆罗多》。众阿修罗曾向梵天求得一个恩惠，建起了三座城堡，除非"有神明可一箭射穿三城，否则无从毁之"。得益于三城之护卫，阿修罗从此作乱无数，令诸神不胜其扰。于是，他们向梵天求助，梵天随即率众面见大天。湿婆坦言相告：他无法独自摧毁三城，不过，只需其一半之力，诸神便可自行完成这一功业。

诸神答道，他们无法承受大天一半的力量，请求大天以诸神之力的二分之一，代为完成此一壮举。大天允准，转瞬之间，其强健便已胜过了所有众神，故此被称为"大天"。尽管如此，在持斧罗摩的有关事迹中，曾有一则传说揭露出毗湿奴之地位在湿婆之上，不过，献予湿婆的诸往世书中，显然已对湿婆位在梵天与毗湿奴之上做出了断言。

以下传说教导了诸神之合一。当拉克什米与杜尔迦一同面见湿婆时，拉克什米声称，其夫（毗湿奴）较之湿婆更加伟大，因湿婆曾敬拜于他。言谈间，毗湿奴已然现身。为劝服其妻，证明他与湿婆原不相上下，他当即步入湿婆之身躯，与之合而为一。

该故事的另一版本见于《室建陀往世书》：搅拌乳海时，毗湿奴曾应湿婆之请化作一名绝色女子，以期吸引阿修罗们的注意，令众神得暇痛饮甘露。毗湿奴依计而行，孰料湿婆一见此女，便为之心荡神驰，立即伸手抱去。毗湿奴拔足而去，湿婆在后紧追，尽管毗湿奴急忙变回了一贯之形相，湿婆却已紧紧拥住了他，以至于二神之身躯融合为一——合一的二神被称为"诃罗–诃利"（Hara-Hari）。

诃罗–诃利

湿婆总是被描绘为前额正中有一第三眼，此异能之由来记述于《摩诃婆罗多》。当湿婆正端坐于喜马拉雅山中，沉迷于苦行中时，苦行者打扮的乌玛在一众侍女的陪伴下，来到他的身后，调皮地以双手覆住其眼。不料，此举造成了严重的后果。

突然，世界一片漆黑，再无生命之迹象，祭品亦不复存在。然而，此种晦暗顷刻间便已一扫而空——一大团火焰自大天之前额迸射而出，明亮如日轮的第三眼就此缔现。第三眼之火焰使群山化为焦土，世间万物皆不复存在。乌玛恭顺地立于丈夫面前，就在此刻，其父王喜马拉雅山已然恢复了往昔之面目。

在对诸位神祇的描绘中，每一神皆有其最为喜爱的鸟兽，旅行时则以之为坐骑（Vāhana）。湿婆的坐骑乃是一头公牛，因深受大天喜爱，此牛之画像亦常出现于众多的湿婆神龛前。一种奇特的风俗由是盛行，且在诸多方面皆与以色列人放生其代罪羔羊相类似。当湿婆的敬拜者离世之际，若其亲友足够虔诚并拥有一定的财力，便会为其放生一头公牛，允其四处漫游。印度教徒通常认为，喂养神圣的公牛乃属善行，反之，若伤害它们，则是犯罪。在印度，公牛无处不在，它们于农田中恣意游荡，为农民们增添了不少麻烦。不过，尽管造成了相当大的破坏，由于并无主人，赔偿一事也便无从谈起。若有人极度虔信，又或其友人尤为虔信，在其离世之际，则最多会放生七头公牛。

其中所渗透的观念仿佛是，既然湿婆极喜爱南迪（Nandi），那么，他自然会接纳人们献上的象征着南迪的公牛。

不仅如此，由于湿婆过着苦行者的生活，亦修习着严苛的苦行，人们亦相信，采用同样的生活方式便能喜悦他。于是，众多湿婆之信徒修习起强烈的苦行，也举行各种使人产生痛苦的仪式，以期博取大天之青睐。

印度全境漫游着数以万计的桑雅士（Saṃnyāsin）或称朝圣者，他们靠布施生活，忍受着严寒酷暑等种种严苛的生存环境，坚信如是度过一生便能喜悦湿婆。其中一些人甚至通过使手脚常年保持某种姿势，直至无法再行移动之方式，刻意为自己制造躯体上的痛苦；亦有人任其拇指指甲恣意生长而不管不顾；还有人双目死死盯着太阳，致使眼盲；另有一些人，一再与自己缔约，命自己不得说话、持守缄默，终于再难发出一语。在为荣耀湿婆而举行典礼的特殊节日上，低阶种姓者常常自竹制的秋千上荡下，令铁钩扎进身体，其余信众则扑向锋利的"刀山"。及至现代，尽管政府已明令禁止上述种种残酷的修习，然在一些偏僻的角落，却依然有人默默地修习着。为助人忍受这些痛苦，人们还以大麻制成了一种使人上瘾的药物。若追溯起此类修习在灵性生活中的权威，则源起于诸往世书之所述。

正如人们相信美好的歌舞虽能喜悦克里希那，而并不总是高尚的言行一般，人们同样认为，对于无知而又迷醉的湿婆信徒而言，严苛的苦行乃是喜悦大天的上佳途径。

以下段落摘选自《薄伽瓦谭》，其中对湿婆之样貌、举止与面容的描述，如今业已构成了湿婆崇拜的一部分。"（当得知一位信徒正处于不幸之中时）湿婆的半边躯体化作了帕尔瓦蒂，他束好缠结的头发，以骨灰涂抹身躯，食用了大量的大麻、白屈菜与曼陀罗，又戴上由白蛇组成的婆罗门念珠，身披象皮，饰以用头骨制成的项链，骑上南迪，最后，在鬼魂、妖精、幽灵、女巫、小鬼、精灵、邪灵与婆罗纳特（Bholonāth）的簇拥下踏上了征程。

"双目血红的湿婆，前额饰有月亮，恒河在他的头上。其最具毁灭性的武器乃是三叉戟，以之诛杀了令其信徒心生嫌恶的仇敌。"

尽管诸往世书已巨细无遗地一再描摹了湿婆的样貌，在其画像中，他也总是呈现为人类的模样，然为人们所普遍敬拜的，却始终是其林伽形相。可以说，即使对于那些并不了解湿婆的人们，林伽之象征意义也绝无任何冒犯之意味，但据一些作家的观点，林伽仅仅是对印度教徒无害罢了。只是，一俟对有关湿婆之象征符号的传说有所了解，在看到并敬拜林伽时，即难以避免心生遐思，因其关于阴阳和合之暗示着实太过显明。

以下的一些传说对林伽缘何成为湿婆之象征物做出了解释。其中的一种可能性指出，它本是一些土著部落所敬拜之物，其后，这些部落并入了印度教。《莲花往世书》教导说，林伽的出现乃是婆利古仙人的诅咒之结果。仙人曾奉命拜访伟大的三相神之居所，当他来到湿婆的居所时，却被看门人拒之门外，理由是大天正与夫人提毗在一起，故不得即刻进入。婆利古久候无果，不由得不耐烦起来，便出言诅咒："商迦罗啊，你既如此轻慢于我，只识沉迷于帕尔瓦蒂的怀抱，那么，从今往后，人们便只能借由林伽与约尼敬拜于你。"

《侏儒往世书》则称，此诅咒乃由一众仙人所发出。萨提死于达刹之祭祀后，湿婆疯了一般四处漫游，哀悼爱妻之伤逝。他行过了一处又一处圣所，竟无一处可栖身。不料，隐士们的妻子一见到他，便疯狂地爱上了他，自请相伴，云游四方。仙人们为此气急败坏，于是诅咒大天，剥夺了其男根。一场大骚乱随之而至，梵天与毗湿奴介入调停众隐士之行为，终令其同意收回诅咒，然条件是冒犯者只许以林伽作为象征。从此，神、人皆敬拜湿婆林伽。

在教导人们敬拜湿婆的传说中，我们选取了《湿婆往世书》中所述。曾有一位名为"毗摩"（Bhīma）的罗刹，因罗摩之恩惠而获得了不可战胜的力量。凭借天赐之力，他袭击了迦摩鲁巴王（Kāmru-pa）。罗刹战胜了国王，将其王国与财富据为己有，国王本人则被幽禁于偏僻的监狱。这位极其虔信的国王，尽管身陷囹圄，仍以陶土制成林伽，日日不辍地向湿婆敬拜，各式仪规皆井井有条。与此同时，罗刹的暴政仍在进行，他四处捣毁宗教仪式，禁止民众行吠陀所示之敬拜。

湿婆诛杀阿修罗

遭受打击的诸神陷入了巨大的不幸，只得向湿婆求帮助。他们敬拜陶制的林伽，以令其喜悦。慈悲者应允出手相助，同意摧毁那些胆敢囚禁迦摩鲁巴王的仇敌。此时，被幽禁的国王正于林伽前沉入深邃的冥想。这一幕被一名守卫看在眼里，急忙向罗刹禀报，声称其囚徒正履行着某种不轨之仪式，意图行加害之事。闻听此言，恶魔暴跳如雷，拔剑便往监狱而去。他威胁国王道："快快说出实情吧：你所敬拜者究竟是谁？若肯言明，或可饶你一命，否则，我便立刻杀了你。"

国王坚信湿婆定会施以庇护，便毫无惧色地答道："真相便是，我所敬拜者乃是商迦罗。你爱怎样处置，动手便是。"罗刹道："商迦罗与我何干？我知道他的身份，不过是我叔父（罗波那）的一名仆人罢了。你竟相信凭借他的力量能够战胜我，告诉你吧，无论怎样尝试，终将一败涂地。除非你的上主现身于我的面前，向我展示其威力，否则，我决不会信仰此神。"

国王答道："以我绵力，如何能召唤尊神？然尊神何等英武，我知他必不会弃我于不顾。"罗刹闻言，道："那位与众伽那（Gaṇa，神的追随者）为伍，醉醺醺四处漫游的苦行者，如何能护佑其信徒？若你的上主敢于现身，我必立即与他一战。"罗刹随即召集了军队，不仅怒斥国王，更挥剑劈向林伽，他狂笑道："现在，就让我们亲眼见识上主的威力吧！"

就在利剑触及林伽的一刹那，湿婆自其中现身，大喝道："且看仔细，我乃自在天（神），于此现身，护我信徒，赐他以永恒的平安顺遂。现在，容你见识我这令人生畏之神力！"话音未落，湿婆向罗刹出手，以其第三眼之荣光，将恶魔与下辖之军队焚为灰烬。

据云，湿婆有一千个神号。除已提及的神号外，以下称谓最为常见：

大自在天（Maheśvara）："伟大的神"。

274

自在天（Īśvara）："荣耀者"。

旃陀罗舍迦罗（Candraśekhara）："前额饰新月者"。

元素之主（Bhuteśvara）："诸元素之主或幽灵之主"。

密图伽耶（Mṛtyuṃjaya）："征服死亡者"。

室利·坎达（Śrī Kanta）："美颈者"。

斯摩罗诃罗（Smarahāra）："摧毁斯摩罗或迦摩神者"。

甘伽特罗（Gaṅgadhara）："发饰恒河者"。

斯塔奴（Sthāṇu）："永恒者"。

吉里沙（Girīśa）："群山之主"。

迪甘巴罗（Digambara）："以空为衣者（裸身者）"。

薄伽梵（Bhagavat）："上主"。

伊莎那（Īśāna）："统治者"。

摩诃迦罗："伟大的时间"。

特里扬巴卡（Tryambaka）："三眼者"。

般遮那挪

般遮那挪（Pāñcanana）乃湿婆的形相之一，诚如其名，拥有"五面"。此形象之湿婆，其面目及苦行者之衣饰，皆与平素之形相相同。当人们为疗愈疾病而向他祈请时，即以此名相称，意为"医师"或"疗愈者"。

有些地区既无庙宇，也无湿婆之圣像，于是把一块形状不规则的石头涂成红色，置于树下，以为敬拜之对象。这一敬拜形式盛行于孟加拉地区的一些村庄。

一些般遮那挪神龛颇为著名，妇女们向其许下求子之祈请，也请托其他的祝福。病中人往往毫无顾忌地敬拜此神，纵然受苦者并非湿婆之信徒，亦是如此行事。

般遮那挪

彼时，人们往往认为癫痫发作乃是由于般遮那挪附体所致，于是呈上供品，诱使其离开；故此，癫痫之痊愈往往被视作尊神离去之结果。

第七章　乌玛

　　若提及湿婆之配偶，乌玛乃是首个为人所知的称谓。圣典之中，她以多种形相现身，也便拥有了众多的名字。曾有一些传说流传后世，与女神为人所熟知的名相有关。此处将尽可能地依年代顺序进行叙述。

　　当提毗（女神）现身为乌玛时，据云乃是梵天之子达刹之女。为父者起先极其反对女儿与一名苦行者结为连理，奈何一腔怨怒皆敌不过梵天之劝服。湿婆常被称为"大天"，故而乌玛也便常常被简单地称为"提毗"（Devī）。在现身降世的那段时期，她也被唤作萨提，意指因其父达刹拒绝邀请湿婆出席祭祀，故意羞辱，而纵身跃入祭火，于诸神与众婆罗门面前赴死之往事。另一些记载中，萨提乃被其荣耀所吞噬。

　　萨提之名意为"真实或有德之女子"，后被用作走上丈夫之火葬堆的孀妻们的称谓——她们自愿与丈夫的遗体一同化为灰烬。

　　乌玛的另一个名字是"安必迦"（Ambikā），早期文献之一称其为楼陀罗之妹，后期的文献则称其为楼陀罗之妻。

　　"据我所知，早期著述《由谁奥义书》（Kena Upaniṣad），曾以塔拉瓦迦罗（Talavakāra）之名称呼乌玛。此书的第三部分曾提及，有一次，梵天为众神赢得了胜利，众神却有意将功劳归于自己的名下。于是，梵天为令其醒悟而现身。众神不识来者正是梵天本尊，先后派出阿耆尼与伐由，意欲一探究竟。二神应梵天之请，在他面前显露神力：火神自不乏燃烧之力，风神亦不缺吹走万物之神通。梵天要求他们各自点燃或吹走一片树叶，孰料，面对此微末之请，二神竟无能为力，只得悻悻而返，未能如愿探明来者之身份。因陀罗随即奉命前往。'理应如此。'他道。待到欺近来者时，孰料对方竟已踪迹全无。

"因陀罗升至天界，见到了一位光辉的女神，正是乌玛·海默波提（Umā Haimavatī）。天帝对她道：'此幽灵究竟是谁？'女神答曰：'他是梵天，亦是取胜之原因。'因陀罗这才明白来者正是梵天。此节的注疏者称，乌玛意即'知识'，乌玛所言，则是'神圣知识'之启示。"

韦伯教授曾云："须知，湿婆起初乃由阿耆尼与楼陀罗这两大神祇组合而成，故而其妻亦应被视作女神的诸种面相之结合。纵观诸般神号，这一点可谓不言自明：乌玛、安必迦、帕尔瓦蒂、海默波提乃属楼陀罗妻子之称谓，迦梨可溯至火神阿耆尼之妻，高丽（Gaurī）及其他称谓则可能与邪灵女神（Nirṛti）有关。"韦伯教授最后补充道："其中最引人注目的一例见于《摩诃婆罗多》中坚战王献予杜尔迦女神之颂诗，坚战在诗中称女神为'耶输陀·克里希那'，称其降生于牧牛人难陀之家，乃是'婆苏提婆之姐妹''甘沙之仇敌''与商迦舍那（Saṃkarṣaṇa）有着相同的特征'。当看到迦梨亦被认为与'天界智慧的象征者'乌玛同一时，便不难悟出：对此类解释有所了解殊为必要。"

以下篇章摘选自《罗摩衍那》，其中称乌玛为喜马拉雅山王与王后梅娜之女，此时，乌玛与帕尔瓦蒂之形象在作者的心目中已然融为一体。"群山之首喜马万，伟大的金属之矿藏，曾诞育了两个女儿。放眼全世界，二女之美丽无人能及。身形苗条的迷卢之女、喜马万的爱妻梅娜，乃是她们的母亲。"两个女儿之中，长女为恒河，次女为乌玛。乌玛热衷于苦行仪式，曾履行极难完成的仪式，完成了严苛的苦行。这位名为"乌玛"的山王之女，尤以严苛的苦行而著称，深受三界众民之喜爱，山王将她献予无可匹敌之楼陀罗。

这便是喜马拉雅山王的两个女儿：河流之中的最卓越者——恒河，与女神之中的最杰出者——乌玛。

《诃利凡娑》（*Harivaṃśa*）曾提及喜马万与梅娜育有三女，然恒河不在其列。"他们（祖先）的精神之女乃是梅娜，也即伟大的喜马拉雅山王那出众的妻子。山王与梅娜育有三女，分别是阿巴尔娜（Aparṇā）、埃迦婆尔娜（Ekaparṇā）和埃迦帕陀罗（Ekapāṭalā）。三人皆修习极为严苛的苦行，就连诸神与檀那婆亦无从履行之，动与不动之世界为此皆深感不安（与警觉）。埃迦婆尔娜（一叶）仅以一片树叶为食，埃迦帕陀罗只食一枚帕陀罗（紫葳），阿巴尔娜则完全禁食。目睹此情此景，慈爱的母亲梅娜于心不忍，不希望女儿如此行事，便以'乌玛'（哦，不要）一词出言劝阻。

"美丽的女神勤勉地修习苦行，因母亲的劝慰而以'乌玛'之名闻名于三界。由此，冥想女神也便以'乌玛'为名。山王的三位女儿皆克制其五感，以其冥想之力而引人注目，三人皆坚贞俊秀，富于神圣的知识。乌玛为长女，也是三人之中的佼佼者，源自深邃冥想的力量，令她获得了大天之青睐（成为大天之妻）。"

如今盛行于世也为人所敬拜的一些乌玛之称谓，可溯至最古老的印度教文献，尽管彼时尚无湿婆之妻的身份。诚如前文所述，"乌玛"意为"智慧"，安必迦则是楼陀罗之姐妹，杜尔迦之名见于《鹧鸪氏森林书》（*Taittirīya Āraṇyaka*）中的一首颂诗，乃是祭火的称谓之一，迦梨则出自《蒙查羯奥义书》（*Muṇḍaka Upaniṣad*），是火神阿耆尼闪烁七舌的名字之一。

乌玛被称为迦绨吉夜之母，某种意义上，她也是伽内什的母亲。不过，究竟是乌玛还是其后世帕尔瓦蒂诞育了子嗣，尚无定论。

《库尔玛往世书》记述了乌玛诞生的故事，由是把我们带回了女神身为达刹之女时的往事。"梵天诸子过着一种苦行的生活（拒绝为人类繁衍子嗣），令梵天大为震怒，一名半男半女之形相自其怒气中生出，梵天对它道：'自行分裂吧！'言毕便消失了踪影。此子阳性的一半化作了楼陀罗，梵天命阴性的一半化身为达刹之女，取名萨提，后许配予楼陀罗。在萨提为向父亲立威而弃绝生命后，女神再度转世为喜马万与梅娜之女，取名为帕尔瓦蒂。"

需注意的是，尽管乌玛被称为湿婆之妻，却应理解为：她象征着湿婆的能量与活跃之力量；她化为有形之躯体，意在以适当的形式与大天结合。与之类似的尚有毗湿奴之能量化身于拉克什米、悉多之中等等。

1. 帕尔瓦蒂

帕尔瓦蒂形相的女神乃是与湿婆长久相伴的贤妻。不过，仅有少数独立的行动归于其名下。往世书中的湿婆与帕尔瓦蒂常被描绘为正沉浸于欢爱，又或（奇特地转为）安坐于吉罗娑山，讨论着印度哲学中至为深邃的问题。二神之间有时也会产生口角，譬如，湿婆曾苛责帕尔瓦蒂皮肤黝黑，一番奚落使她伤透了心，于是动身离开吉罗娑，前往密林之中，以最严苛的苦行自我疗愈，直至梵天现身，赐予恩惠，令她获得了金色的皮肤。从此，帕尔瓦蒂也被称为"高丽"。

湿婆与帕尔瓦蒂

以下传说源自《筱罗诃往世书》，叙述了女神的来历。梵天曾前往吉罗娑山看望湿婆，湿婆对他道："梵天啊，前来造访有何贵事？速速道来。"梵天道："有一厉害的阿修罗名为安塔卡（Andhakā，黑暗），众神不堪其扰，只得向你我寻求庇护。这不，我急忙赶来向你告知此事呢。"说罢，梵天满怀希望地看向湿婆。二神凭借意念，将毗湿奴召唤于面前。

三位大神面面相觑："从三神光辉熠熠的目光中，涌现出一名可爱无比的少女，其色蔚蓝，如同蓝莲花之花瓣，浑身珠光宝气，她娇羞地向梵天、毗湿奴、湿婆盈盈行礼。"

当被问及身份及为何身负黑、白、红三色时，少女答道："我本生于三位尊神的目力之中，难道你们竟不知自身所持之大能吗？"梵天旋即称颂她道："你将被赐予'三时女神'（过去、现在与未来）之名，亦将成为宇宙的维系者。你将以不同的称谓被敬拜，信徒之所求，因你而成真。不过，亲爱的女神啊，请依据所负之颜色，将自己分为三种形相吧。"

于是，应梵天之请，女神一分为三，分别具有白色、红色与黑色之身："白色的女神是萨拉斯瓦蒂，其相美好而祥和，与梵天一同司创造；红色的女神是毗湿奴的挚爱拉克希米，与世尊一道维系这宇宙；黑色的女神则是帕尔瓦蒂，身负湿婆之各种品性与能量。"此前所述的传说中，我们已经解释了帕尔瓦蒂的肤色如何由黢黑转为耀目的金色。

《梵转往世书》叙述了乌玛如何再世为人之情形。早先曾自我献祭的萨提，如今化身成为帕尔瓦蒂。得知妻子的死讯后，湿婆悲痛难抑，魂不守舍，一俟好转，立即前往天界圣河之河岸。他于彼处望见了"心爱的萨提之遗体，身着白色的衣袍，手持玫瑰香花，浑身闪耀着金色的光芒。凝望着妻子了无生机的模样，湿婆再度为失去爱人而悲伤不已，以至于失去了知觉"。

湿婆苏醒时，凝视着亡妻那美丽的容颜，不由泪如泉涌，他心碎地呼唤着萨提："醒来吧，醒来吧，亲爱的萨提啊！我是你的主——

商迦罗，看看我吧，我已经来到了你的身边。因为有你，我强大无匹，创造万物，赐万有以祝福；可是，若失去了你——我的能量，我便如行尸走肉，再无行动之勇力。爱人哪，你怎能离我而去？你的笑容，你眼中的光辉，你那如甘露般甜蜜的话语，曾如雨露般洒满我的心田，如今，竟已变成了灼烧我心之哀恸。犹记得昔时你远远地凝望我时，便会用最亲切的语调向我问候，今日的你是在生气吗，为何竟对我不理不睬，使我空余哀切与心伤？我亲爱的灵魂之主啊，醒来吧！宇宙之母啊，醒来吧！难道你看不见我正忧伤落泪吗？美丽的人儿啊，你岂能就此离去！我忠诚的伴侣啊，为何不像往常那样荣耀我呢？你怎能无视我的话语，背弃曾经立下的誓言呢？"

"如是言罢，湿婆揽过萨提那毫无生机的躯体，满心分离之痛，将她紧拥入怀，一再地亲吻她的面庞，不舍放下爱人的身躯。商迦罗无法与爱人告别，他立起身，紧紧抱着萨提，既悲且狂，一路狂奔。至上古鲁失神地游荡于七大陆（dvīpa）之间，直至疲惫与痛苦袭来，他晕倒在了一棵菩提树下。

"诸神眼见湿婆如此情状，皆大惊失色，心急火燎地跟随着梵天与毗湿奴，赶到了其所在的地点。毗湿奴抱住失去意识的湿婆之头颅，不禁失声痛哭。片刻之后，他对亲爱的朋友说出了宽慰的话语：'湿婆啊，恢复意识吧，倾听我所说的话。萨提一定会再度回到你的身边，只因湿婆与萨提，正如冰寒之于水、炽热之于火、泥土的芬芳之于大地、光辉之于太阳，原是不可分之整体啊！'

"散发着暖意的话语令湿婆从昏迷中睁开了双眼，他眼眶湿润地开口道：'光辉者啊，你是谁？陪伴着你的众人又是谁？我是谁？我的随从们现在何方？你与众人将去往何处？而我呢？我又将去往何方？'毗湿奴闻言不由再度落下泪来，他的泪水汇入湿婆之泪水，形成一座泪湖，后来成了一处著名的圣地。

"毗湿奴的话语终令湿婆重拾平静，面露喜色。他注视着萨提盛装坐于面前的一辆镶满宝石的御车之中，脸上洋溢着温柔的微笑；衣饰华丽的随从们在旁相护。分离的痛苦渐渐淡去，喜悦漾上湿婆的心头，仿如萨提正呼唤着他：'你要坚强，大天，我的灵魂之主！无论我以何种形式存在，永不会与我主分离。此刻，我将转生为喜马拉雅山王之女，以期再度成为你的妻子。到了那时，你我之间，再无天人永隔之心伤。'好言安慰一番后，萨提消失无踪。"

帕尔瓦蒂敬拜林伽

在同一部往世书的另一篇章中，我们读到了二神之重聚。"萨提很快投生于喜马拉雅山王之妻的腹中；湿婆则自火葬堆中拾取了妻子的遗骨与骨灰，其骨被制成项链，骨灰则涂抹于周身，以纪念逝去的挚爱。

"此后不久，萨提降生为梅娜之女，姿容与德行皆冠绝万千存在。如同新月一般，帕尔瓦蒂在山上的王宫中日益绽放出满月的光辉。当她还是少女时，曾听见一个来自天界的声音对她道：'修习严苛的苦行吧，好赢得湿婆做你的夫君，唯以此道，方能如愿。'年少的帕尔瓦蒂骄傲于自己的青春容颜，对此训诫不屑一顾，心想：'前世，他曾因失去我而心碎欲绝，如今我已重获青春，难道他竟不肯接受我为妻吗？那些命中注定将结为夫妻的人，心中又如何会有隔阂呢？'

"帕尔瓦蒂对自己的青春美貌与无匹的吸引力充满了自信，坚信只要湿婆一听见她的芳名，便会立即向她求婚，于是并不曾为了成为湿婆之妻而恪守苦行，反而与玩伴一同日夜纵情嬉戏。"然而，她的希望终于落空，最终仍需修习至为严苛的苦行，方能与丈夫团聚。不仅如此，唯在迦摩神的助力之下，此一夙愿方得完成。其时，迦摩神在诸神的怂恿之下，向正处于深度冥想之中的湿婆射出了爱神之箭，端坐于大天面前的帕尔瓦蒂，这才与夫君团圆。起初，湿婆对迦摩的介入毫不感激，如前文所述，爱神的下场，乃是被大天之第三眼所喷射出的烈焰焚为了灰烬。

孟加拉地区对杜尔迦的记述中，有一文献较之记载上述事迹的往世书更晚，其中介绍的传说如下：当湿婆抱着萨提的遗体跳起狂暴的舞蹈时，大地不堪重负，战栗不已。若不加制止，宇宙必将遁入最后的毁灭。于是，毗湿奴祭起战无不胜之神轮，将萨提的尸身斩为五十一块。它们掉落至不同的地点，此处存其手，彼处存其足。无论是哪个部位，一俟接触大地，即令斯地成为圣地，女神的圣像于此涌现，神庙亦傲然矗立。一些地区的传说则称，彼处的神庙乃由萨提之荣光筑就。这些圣所至今仍然广受敬拜。位于加尔各答附近迦梨山（Kāli Ghat）上的著名神庙，据云保存着萨提的左大脚趾；另一处敬拜帕尔瓦蒂的主要圣地，则自称守护着其身体之遗骸。

帕尔瓦蒂在其肖像中被描绘为温婉端丽的女性形象，并无更多的手臂。只有少数神迹归于她的名下。当她现身为杜尔迦、迦梨等形相时，则会一展其神力，然后者与呈现为帕尔瓦蒂之女神形象性情迥异。故此，据猜测，尽管如今已被视为一体与同一，帕尔瓦蒂之不同形相早先很可能曾是不同的神祇。

2. 杜尔迦

相较于以往所提及的，湿婆之妻的形象即将呈现出另一种极为不同的性情。曾经的形象中，尽管身为湿婆的妻子，女神却如普通女子般行事，并呈现出女性化的美德；然而，身为杜尔迦时，她却是最强大的战士，曾身负诸般称谓，摧毁危害神、人的恶魔们。

女神之所以采用"杜尔迦"之名，乃是由于她诛杀了一位名叫"杜尔迦"的阿修罗，从此便以恶魔之名的阴性形式为名。《室建陀往世书》曾对此事做出如下叙述：投山仙人向迦绨吉夜询问其母被称为"杜尔迦"之缘由，战神道："曾有一名巨魔名为杜尔迦，乃鲁卢（Ruru）之子。凭借苦行，巨魔蒙赐梵天之恩惠，获得了足以征服三界之力，甚至将因陀罗与诸神逐出了天界。他迫使仙人的妻子们唱诵赞美他的颂诗，又将诸神自天界驱赶入森林，颔首之间，便要诸神向他臣服。他废除了宗教仪例，令众婆罗门对他心生恐惧，进而舍弃了念诵吠陀之事功；众河流改变了流向，烈火则失去了能量；出于忧惧，群星掩去了光辉；天上的云朵跟随其心意而改换形状，雨水亦只可奉命下降；大地因骇怕而献上丰收之硕果，树木开花结果，却不合时宜。"

诸神将其不幸上奏于湿婆。天帝因陀罗道："他已将我废黜！"苏利耶道："他夺取了我王国！"湿婆感其不幸，望帕尔瓦蒂下凡摧毁巨魔。为安抚诸神之忧惧，女神甘愿出手相助，并首先派出了姿容足可令三界之居民意乱情迷的迦罗洛特里（Kālarātri，黑夜），意图迫使恶魔恢复万物之原初秩序。不料，恶魔大怒，竟派出兵士意图将女神生擒，女神唯以口中气息将其化为灰烬。

巨魔杜尔迦旋即派出了三万名巨魔，其身形巨大无匹，足可遮蔽地表。眼见巨魔们前来助阵，迦罗洛特里急忙逃回帕尔瓦蒂近前，巨魔们立刻尾随而至。巨魔杜尔迦率一亿辆御车、一千两百亿头大象、一千万匹骏马及不计其数的将士，浩浩荡荡杀向频陀山，意欲与帕尔瓦蒂决一死战。就在巨魔抵达面前时，帕尔瓦蒂生出千臂，召唤各路生灵前来襄助，并从体内生出了无数的兵器（往世书列出了这些兵器的长长名单）。巨人的部队向端坐于频陀山上的帕尔瓦蒂开弓放箭，密集如狂风暴雨；他们甚至毁去了树木与群山，将其纷纷砸向女神。女神亦不吝于反击，只是挥动其兵器之一，便已夺去了群魔之手臂。

接着，巨魔杜尔迦亲自向帕尔瓦蒂掷出了一枚燃烧着火焰的飞镖，女神侧身闪过；巨魔又掷出第二枚，女神以一百支利箭将之拦阻；第三次，巨魔瞄准了帕尔瓦蒂的胸膛，但依然未能得逞，女神以另两件武器——权杖与长矛将之拦下；最后一次，当巨魔侵近帕尔瓦蒂身畔时，女神先是将他捉住，后又以左足力踩其胸膛，然巨魔仍旧设法脱身，意图再战。

帕尔瓦蒂自其身体中生出了众多的助阵者，命其将巨魔的一众兵士悉数除去。巨魔杜尔迦立即发射出一阵可怖的冰雹雨，孰料帕尔瓦蒂竟以一种名为索苏纳（Sosuna）的武器将之击溃。如此一来，巨魔唯有祭出身形如山脉一般广阔的巨象，以期击败女神，然而女神缚住其腿，又以如弯刀般锋利的指甲，将之撕成了碎片。巨魔以牛魔之形象再度现身，以牛角投掷石块、树木与群山，又用鼻息将树木撕裂。帕尔瓦蒂再度以三叉戟将其刺穿。

巨魔杜尔迦踉跄几步，舍弃了牛魔之形相，重又变回了巨魔之本相，坐拥千臂，每只手中皆持有武器。当他侵近帕尔瓦蒂时，女神捉住其手臂，将其钳至空中，又以可怖之神力猛然掷向大地。眼见如此尚不能置其于死地，女神一箭射穿他的胸膛。巨魔口喷鲜血，终于暴毙而亡。众神为此欢欣雀跃，很快便复现了天神之光辉。

关于杜尔迦女神之起源的另一事迹见于《摩根德耶往世书》的一部分——《旃蒂》（Caṇḍī）。魔王摩醯舍（Mahiṣa）曾有一次于大战中击溃诸神，迫使其沦落至如乞丐般云游地界之境地。因陀罗先是率诸神求助于梵天，后又寻往湿婆。然二神皆不曾相助，诸神最后寻往了世尊毗湿奴。眼见诸神如此的悲惨与不幸，毗湿奴深表同情，由其面庞生出光柱，化身为一名女神之形象，名为摩诃摩耶（Mahāmāya，杜尔迦的另一称谓）。其余诸神的面庞亦涌现出光柱，仿如步入了摩诃摩耶一般。最后，女神化作光之形体，如同一座光辉的火焰山。诸神纷纷将其武器呈献予此一可怖之存在——其怒吼直刺天际，最终手刃巨魔，终将天界之权柄交还。

另一则见于《侏儒往世书》中的事迹在一些细节上与上述描绘相异。当诸神沮丧地寻往毗湿奴时，世尊召来了商迦罗与梵天，并与其余诸神一道，自目中喷射出火焰，绘就了一幅光辉之山的面容。迦旃延尼（Kātyāyinī）自其中显现，光辉如一千个太阳，生有六眼、黑发与十八臂。湿婆将三叉戟赠予女神，毗湿奴则赠以神轮，婆楼那赠以宝螺，阿耆尼赠予飞镖，伐由赠予神弓，苏利耶赠予盛满弓箭之箭囊，因陀罗赠予雷锤，俱比罗赠予权杖，梵天赠予玫瑰与净瓶，迦罗赠以盾牌与利剑，毗首羯磨赠予战斧及其余诸武器。

装备了诸神所赠之武器的迦旃延尼，装饰一新，出发前往频陀山。一俟抵达彼处，阿修罗旃陀（Caṇḍa）与曼陀（Manḍa）便望见了她。二魔立刻为其美貌所着迷，并向魔王摩醯舍力荐此女，魔王不由心旌摇荡，志在必得。在向女神求婚时，却被告知须勉力一战，方能如愿以偿。于是，魔王决意出战。最后，杜尔迦端坐于雄狮坐骑之上，一跃便跨上了化身为牛魔的魔王之背。女神伸莲足暴击魔王之首，令其失去知觉、栽倒在地，随即挥剑削去了他的脑袋。

画像中，杜尔迦常被描绘为金色皮肤的女性，面容端丽祥和。女神负有十臂，一手执长矛，正是以此矛刺穿了巨魔摩醯舍；左手之中，一手执蛇尾，一手执巨人之发，巨人的胸膛正遭受着巨蛇的噬咬；其余诸手亦擎满了各式兵器。雄狮倚靠于女神的左腿，巨人则靠在其右腿。拉克什米、萨拉斯瓦蒂、迦尔提迦耶（Kārtikeya）与伽内什亦常常与杜尔迦女神一同接受敬拜。卷首插图即描绘了杜尔迦与其余诸女神、诸神；众神皆会于孟加拉地区所举行的一年一度之盛大节日中现身。

在孟加拉地区，在所有的印度节日之中，杜尔迦女神最受欢迎。对节日的庆祝将持续三日，这三日亦是一年之中最为盛大的公共假期。该节犹如英国的圣诞节一般，在外经商的家庭成员们皆会返回家中与亲人团聚。借由对杜尔迦女神之敬拜，亦将与一切美好与喜悦者深深联结。呈献予女神之祭祀以水牛和山羊为祭品，饮宴与歌舞则将持续整个夜晚的大部分时光。

敬拜女神的主要节日在秋季，然春季亦会对其加以敬拜，尽管杜尔迦并非春季之主神。此举之因由记述如下：罗波那是杜尔迦的一名虔诚信徒，日日阅读《旃蒂》。故此，当罗摩对其发动攻击时，女神帮助了其信徒。罗波那开始庆祝女神之节日、向其敬拜的时间在春季，目睹仇敌得女神之助的罗摩，亦开始敬拜女神——此事发生于秋季。杜尔迦女神因罗摩的虔信而深感喜悦，故立刻转而佑助于他。

据云，为诛杀商帕（Śumbha）和尼商帕（Niśumbha）两名巨魔，杜尔迦曾变换十种形相。《摩根德耶往世书》依如下顺序对这些化身做了描述：（1）作为接获巨魔之讯息的杜尔迦；（2）作为将仇敌碎尸万段的十臂女神（Daśabhujā）；（3）作为与血种（Raktabīja）作战的骑狮者（Śiṅghavāhinī）；（4）作为诛杀牛魔形相之商帕的摧毁牛魔者（Mahiṣamardinī）；（5）作为征服巨魔仇敌的世界之母（Jagaddhātṛ）；（6）作为杀死血种的迦梨（黑色者）；（7）作为战胜另一支巨魔军队的（有着飘逸的长发）解脱者迦尸（Muktakeśī）；（8）作为杀死显露原形之商帕的（拯救者）多罗；（9）作为杀死尼商帕的（无头者）钦娜穆斯达迦（Chinnamustaka）；（10）作为接受众神之赞美与感激的（享誉世界的金色者）贾甘高丽（Jagadgauri）。

关于杜尔迦变换诸般形相以赢得激烈的斗争之情形，《摩根德耶往世书》中描绘如下：临近三分时代时，有两位分别叫商帕和尼商帕的巨魔，凭借长达一万年的虔诚苦行修习，以无与伦比之虔信善功引湿婆自天界下降，以向其祈求不死之赐福。大天晓之以理，欲说服二魔改换其他赐福，然徒劳无功。二魔见所求不能如愿，遂步入了较之以往更为严苛的苦行。一千年后，湿婆再度现身，仍旧拒绝巨魔之请。

二魔遂倒悬于缓慢燃烧的火堆之上，鲜血自其脖颈汩汩流下，如此度过了八百年的时光。诸神为此战栗不已，只因履行如此圣洁的严苛苦行，足可助其对天神的权柄造成威胁。天帝遂召开议会，向众神坦言心中的恐惧。众神亦焦虑万分，但终究束手无策。

"依从天帝之建议，坎达芭（Kandarpa，爱神）携兰芭（Rambhā）、提拉达芭（Tilatamā）与最美丽的天女们，意图以美貌魅惑一众巨魔之心。坎达芭亦从旁相助，祭出了爱神之箭。果然，巨魔一见天女便纷纷意乱情迷，中了美人计，至于苦修大业，早已抛至九霄云外。

"就这样，巨魔与美丽的天女们度过了五千年的时光，其后才恍然发觉：自己竟已愚蠢地舍弃不朽之愿望，堕入了感官享乐的泥沼之中。想来此陷阱必是因陀罗定下的奸计，于是，他们遣回一众天女，复又投身于奉献之事功。这一次，他们剃骨削肉，烹之以为供品，觐献湿婆。如此苦行一千年后，巨魔们业已变作一具具骷髅。湿婆终于再度现身，向其赐下恩惠——其富庶与力量都将凌驾于诸神之上。

"既已远胜诸神，群魔遂对其发动了讨伐战争。互有胜负后，群魔渐渐占据上风，因陀罗与诸神则逐渐沦落至极度悲惨之境地，只得寄望于梵天与毗湿奴的介入调停。二位尊神将其遣至湿婆处，孰料，湿婆亦表示爱莫能助。诸神无奈，只得提醒道：其之所以一败涂地，皆是由于湿婆向群魔赐下恩惠之缘故。湿婆遂建议他们履行虔诚的苦行，以求助于女神杜尔迦。

"诸神依言行事。一段时日后，女神果然现身，赐下祝福，接着便化身为一名普通的携水罐之女子，隐匿于诸神之中。其后，女神还原了平素之形相，道：'他们确然称颂于我。'

"面目一新的女神上升至喜马拉雅山，此地乃是商帕与尼商帕的两名使者——旃陀与曼陀的居处。群魔环山巡逻时，一眼便瞥见了女神，他们顿时为其美丽所吸引，转而向魔王禀报，建议其俘获美人之芳心，纵需献上自天界劫掠的全部财宝，亦当在所不惜。

"商帕遂遣妙项为使者，面见女神，告知三界之全部财富，业已一手掌握于魔王的宫殿之中；不仅如此，以往献祭予诸神的供品，也已呈献予魔王。眼下，这全部的供品与财富，以及数不尽的一切美物，只要女神肯应允陪伴于魔王的身边，就将悉数敬献于她。

"女神答道，如此允诺当真无比慷慨，然她已下定决心，所嫁之夫君须是能在大战中胜过她的人，唯此，方能击碎她心中的骄傲。

"妙项不愿无功而返，为博取令人满意的答复，他答应与女神一战，以降伏其傲慢，更以一种不容置疑的口吻要求道：'你可知晓，三界之中从无生灵胆敢于我主面前傲然而立，无论是天神、群魔与凡人。区区一名女子，竟想违逆我主的意志，竟不知但凡我主之命，纵是强迫，亦当立即令其如愿吗？'

"女神同意此言甚是，然口称已下定决心，还道，既如此，不如劝说主人来此，好与她一较高下。

"信使只得返回宫中，禀报其所见所闻。听闻此事，商帕立时大怒。魔王不屑于给出答复，高声唤来将官图洛迦那（Dhumlocana），命他即刻前往喜马拉雅，将女神捉来面前复命；如遇任何抵抗，杀无赦。

"将官立刻动身，依魔王之命来到女神面前。女神微笑着请他动手。就在英雄欺近于面前时，但闻一声可怖的咆哮，接着，进犯者便已化作一堆灰烬。其后，女神诛灭了巨魔的军队，仅放过数名侥幸者，以向魔王通报讯息。商帕与尼商帕得知消息后暴跳如雷，派旃陀与曼陀攀上山巅，意图悄悄自背后偷袭端坐的女神。女神立时有所觉察，她怒不可遏，同时捉住那十名、二十名又或三十名仇敌，如同吃水果一般将之吞噬殆尽。紧接着，她一把抓住曼陀的头发，削下他的脑袋，塞进自己的嘴里，痛饮其鲜血。眼见另一名将官如此惨死，旃陀飞身扑向女神的所在，但见女神纵身跃上雄狮坐骑，一个箭步来到他的面前，如杀死曼陀一般将他吞下，接着，又将部分军队吞吃殆尽，喝干了逝者的鲜血。

"令人毛骨悚然的消息很快传到了巨魔们的耳中，他们立刻集结大军、部署兵力，浩浩荡荡杀向喜马拉雅山。众神自天界俯瞰，为如此一眼望不到尽头之军队而大骇；众女神决意自天界下降，助摩诃摩耶（杜尔迦）一臂之力。孰料，女神转眼间便已将其仇敌一网打尽。

"商帕与尼商帕麾下的大将血种，眼见其部下纷纷殒命，决定独自向女神发起挑战——一俟女神令其受伤，滴落大地的每一滴鲜血，便会再度化生出一千名如血种一般凶悍的巨魔。于是，不计其数的敌人将杜尔迦团团围住。如此景象令众神惊怖万分，最后，是曾经襄助迦梨（杜尔迦）的女神旃蒂挺身而出，声称若女神能在巨魔之血滴落大地前将之饮下，她就将全力一战，摧毁整个面目奇异的血种家族。迦梨慨然应允，将官血种及其兵士很快便全军覆没。

"绝望的商帕和尼商帕只得亲自向女神宣战，商帕率先出战。对双方而言，此战皆不啻殊死决战，最后，两名巨魔被戮，空余迦梨坐于由她一手制造的屠杀现场大啖仇敌之肉。诸神与诸女神向这位天界之女英豪敬献赞歌，女神亦对其赐下了祝福。"

将杜尔迦的这些形相称为"化身"似不够正确——它们只是一些称谓，用以称呼不同的面相，又或发生于大战不同时期的应对之道。其中，帕尔瓦蒂与迦梨所呈现的样貌与性情如此迥异，以至于很难视其为同一位女神，而杜尔迦女神尽管呈现为全副武装的战士形象，其早期形相却有着平和的性情与金色的皮肤。这一点似是为迦梨与乌玛或称帕尔瓦蒂的不同起源给出了合理的假设。

以下颂诗出自《摩诃婆罗多》，乃由阿周那献予女神杜尔迦，其中提及了女神的诸多称谓："向你致敬，悉陀-塞娜妮（Siddha-Senānī，众成就者之统帅）、高贵者、曼德拉之居所、库玛瑞（Kumārī，公主）、迦梨、迦帕里（Kapālī）、迦毗拉（Kapilā）、克里希那频伽罗（Kṛṣṇapiṅgalā）。向你致敬，帕德罗迦梨（Bhadrakālī）；向你致敬，摩诃迦梨（Mahā Kālī）、旃蒂、旃荼（Caṇḍā）、陀利尼（Tāriṇī，使者）、婆罗婆尔尼尼（Varavarṇinī，貌美者）。哦，幸运女神迦尔亚耶尼啊，迦罗梨啊，毗伽耶（Jayā，胜利）、迦伽耶，牧人之首（克里希那）的妹妹，摩醯舍之血中的喜悦者啊！哦，乌玛、萨坎姆帕里（Sākambhari）啊，你是白色者，你是黑色者，你是摧毁凯达帕（Kaiṭabha）者！众学问中，你是关于梵（或诸吠陀）的学问，你是显化万物的最伟大的睡眠。室建陀（迦缔吉夜）之母，神圣的杜尔迦，荒野的居者啊！伟大的女神，我以纯净之心衷心赞美你。借由你的恩典，愿我能成为战争中的常胜者。"同一史诗的另一颂称，女神永远居住于频陀山，"因烈酒、生肉及献祭之牺牲而喜悦"。

关于杜尔迦乃克里希那之妹的说法，源于这样一则事实：婆苏提婆将婴儿克里希那送至难陀处时，是杜尔迦顶替克里希那，现身于提婆吉腹中；那名一出生即遭甘沙毒手，被砸于大石，险些毙命的婴儿，即是杜尔迦。克里希那曾立下承诺，若她能代替自己成为提婆吉的孩儿，其"荣光将与他同一，亦将臻获天界之永恒席位，由因陀罗安置于诸神之中，获得位于频陀山的永恒居所；借由身在彼处时对他（毗湿奴）的冥想，她将诛杀商帕与尼商帕二魔，由此获得以动物为牺牲之供奉。"

3. 杜尔迦的主要形相

（1）杜尔迦接待了巨魔的使者旃陀和曼陀，二魔因其美丽而心醉不已，兴高采烈地向魔王商帕禀报了一番，魔王遂遣出妙项向女神提亲。

（2）十臂女神摧毁了由图洛迦那率领的商帕大军，仅有少数兵士逃出生天，向魔王禀报几乎全军覆没之噩耗。

（3）与旃陀、曼陀大战的骑狮者仅有四臂，她饮下了为首者的鲜血，吞噬了其大部分部众。

（4）摧毁摩醯舍者（Mahiṣamardinī）杀死了化身为牛魔攻击她的商帕。另有说法称，此形相之女神拥有十臂。

十臂女神

　　此一事迹与有关杜尔迦的描绘几无相异之处。

　　（5）摧毁了巨魔又一大军的世界之母形相，身着红衣，端坐于雄狮之上。此形相的女神亦仅有四臂，与骑狮者十分相似，其分别之处在于所执之武器：作为骑狮者时，女神执利剑与长矛，另二手结庇佑信徒之手印；而作为世界之母时，女神执法螺、神轮与弓箭。以上诸形相中，女神皆被描绘为公允、美丽、面目柔和的女性形象。

世界之母

（6）迦梨（黑色者），又或以更常用的称谓相称：迦梨·玛（Kālī Mā，黑色的母亲）。在旃蒂的助力之下，女神杀死了巨魔大军的首领血种。眼见部下纷纷毙命，血种决定亲自向女神宣战，但凡有一滴血自其身体滴落而下，一俟落地，便会有一千名力量可与之相匹的巨魔从地上生出。这一场危机中，女神的另一形相，也即旃蒂挺身而出，出手救援。在迦梨渴饮恶魔之鲜血，阻止它们滴落大地生长为新的巨魔时，旃蒂便乘机杀死恶魔之真身。

迦梨被描绘为拥有四臂的黑皮肤女性形象，一手执利剑，一手执由其诛灭的巨魔之首级，另二手结庇佑信徒之手印。女神的耳环乃是两具尸身，其项链由骷髅串成，仅有的衣物亦是由死人之手掌制成的腰布；其舌伸出嘴外，其目如醉鬼般血红，其面庞与胸膛皆覆有血污。站立时，女神一足立于丈夫之股，另一足则踏于其胸膛之上。

迦梨的这一站姿源于如是传说：当她战胜巨魔时，其喜悦的舞蹈是如此的狂暴，以至于令大地不堪重负，战栗不已。应诸神之请，湿婆命其停下，然女神正沉浸于狂喜之中，竟无暇顾及湿婆。于是，湿婆躺卧于一众逝者之中。女神继续舞蹈着，直至惊觉丈夫就在自己的脚下。一瞬间，女神因羞愧而伸出舌头，懊悔于对丈夫的不敬。

迦梨

关于迦梨之起源，阿提亚特摩（Adhyātma）版[①]的《罗摩衍那》中录有一则传说，所述者颇为不同。作者的目的显然是强化悉多之荣耀，故而声称迦梨乃其形相之一。

诛灭罗波那返回阿逾陀的途中，罗摩因胜利而志得意满，悉多微笑道："你因诛杀十首罗波那而洋洋自得，若是千首罗波那，又当如何？"

"亦当杀之。"罗摩道。悉多建议他留在家中，孰料罗摩却召集了猴族大军，携妻子与诸兄弟一同出发，前往百洲（Śatadvīpa）去寻另一名罗波那。哈努曼奉命前往巨怪的居处侦察，收集了一切可用之情报。当他返回时，罗摩正准备向巨怪发动攻击。然在巨怪眼中，来犯的敌军不过是一众稚子而已。

巨怪射出了三支利箭：第一支箭将群猴送回了位于奇什金塔（Kiṣkindhā）的故园，第二支箭将巨怪与群魔赶回了楞伽，最后一箭则把将士们送回了罗摩的国都阿逾陀。刹那间，罗摩孤身一人惊惧而立，念及一切神力俱已被摧毁，不由怆然而涕下。眼见丈夫如此狼狈，悉多笑着显现为迦梨之恐怖相，狂怒地攻击了千首罗波那。一场大战持续了十年之久，最后，悉多诛杀了巨怪，痛饮其血，立于毫无生机的尸身上纵情起舞。

女神的舞蹈令大地向其中心摇颤，直至湿婆躺卧于大地，令她发觉自身之不敬，这才使一切重回平静。由是，湿婆拯救了宇宙，悉多亦回归了平素之形相，与罗摩及众兄弟重返家园。

《室建陀往世书》解释道，出手救援、襄助迦梨毁灭血种的旃蒂，

---

① 有四个版本的《罗摩衍那》：蚁垤（Vālmīki）版、毗耶娑提婆（Vyāsadeva）版、阿图多（Ādhūta）版及阿提亚特摩版。

亦是提毗的形相之一，并于诛灭颇陀时再度出现。得见商帕大军的统帅们再度出现，实是一件趣事——尽管二魔已然遭戮，其血亦已被骑狮者饮尽。名为颇陀与曼陀的这两名阿修罗，借由神圣母亲赐下的一个恩惠，获得了足可征服三界的力量。诸神请求提毗女神，望她以颇蒂之形相现身，以期救援。女神答道："除非湿婆已获抚慰，否则着实爱莫能助。"

为了达成这一点，女神隐居于林中，行敬拜之事。为回应颇蒂之祈请，湿婆先是以巨型林伽之相现身，后又回应其颂赞道："女神啊，你乃三界称颂的至上之力量（Paraśakti，至上存在的能量）。你在何处，我便在何处；我在何处，颇蒂迦（Caṇḍikā）便在何处。你我之间全无分别。有无可效劳之处？"

颇蒂答道："我曾在大战中诛杀颇陀与曼陀，然二魔再度转生为强大的阿修罗，复又与三界为敌。为确保诛灭二魔，这才寻求大天之护佑。"湿婆慨然应允相助，嘱女神以信使之样貌，向二魔挑战。一俟二魔接受挑战，即为湿婆所戮。

《林伽往世书》试图教导说，尽管迦梨生自杜尔迦，却有别于她。曾有一位名叫达鲁卡（Dārukā）的女阿修罗，借由虔信获得神力，足可如火焰般焚尽诸神与婆罗门。由于一众女魔常随侍在侧，毗湿奴与诸神戒惧于向她发动攻击——他们不肯承受因屠戮女人之重罪而产生的歉疚。于是，湿婆向提毗恳求道："吾爱，听一听我的请求吧！唯有你，方可左右由达鲁卡造成的这一场大毁灭。"

帕尔瓦蒂闻言，即从自身之中创造了一名黑皮肤少女，她头发缠结，前额生有第三眼，手持三叉戟与骷髅；面目狰狞，身穿天界华服，佩戴有各式饰物。一见形相如此可怖之女神，诸神纷纷惊惶闪避。帕尔瓦蒂遂创造出无数的幽灵、妖精与恶魔，在他们的护卫下，迦梨不辱使命，向达鲁卡发起攻击，终灭之。

迦梨脚踩湿婆起舞

　　莫里斯（Maurice）记述了迦梨的另一事迹："迦梨作为单独的神祇，究其起源，乃与她的生平及历史密切相关。全副武装的迦梨自杜尔迦女神的眼中跃出——可怖的杜尔迦女神既是催生战争者，也是恶魔与巨人的征服者，然而此刻，后者的联合攻击已然令她处于下风。迦梨以其无与伦比之力加入了母亲的战局，二神重整旗鼓，果然把敌人杀得片甲不留。"

《摩根德耶往世书》则声称，迦梨乃由拉克什米所出。万物之起源乃是摩诃拉克什米（Mahā Lakṣmī），其以可见或不可见之方式，遍在并栖居于万物之中。女神的黑暗属性分离而出，缔造了一个如暗夜般的漆黑形体，长有可怖的獠牙与巨大的双眼，手执利箭、金杯、首级与盾牌，佩戴着由骷髅制成的项链——她以摩诃迦梨、埃迦毗罗（Ekāvirā）、迦罗洛特梨（Kālarātri）及其他类似的称谓被单独命名。

拉克什米女神自其纯净属性中创造了萨拉斯瓦蒂。她对刚刚降世的两位女神道："就让我们从自身之形相中，各自创造两名神祇吧。"言毕，便创造了一男一女，分别命名为梵天和拉克什米；摩诃迦梨旋即以同样的方式创造了湿婆与萨拉斯瓦蒂；萨拉斯瓦蒂则创造了高丽与毗湿奴。接着，摩诃拉克什米将萨拉斯瓦蒂许配予梵天，将高丽许配予湿婆，拉克什米则许配给了毗湿奴。

关于杜尔迦诸形相及有关其余诸神的记述中，若文献的作者以拉克什米为尊，诚如上文所述，即将她视为万有之源头；而若是颂赞杜尔迦的文献，则会将杜尔迦女神视为起源。须格外明确这一点，否则，诸神起源之纷繁将使人困扰万分。然在有特定倾向的文献中，书中主角必被描绘为万有之源头与最伟大者。

毫无疑问，人们在过去曾向迦梨献祭，如今，由于英国法律与印度经典下达的禁令，此类献祭已销声匿迹；不过，相较于颁行的经典文献，此类载有禁令的书籍出现的时间更为晚近。《迦梨迦往世书》（*Kālika Purāṇa*）中曾有以下记载，其中，有关此一残忍修习的指引似已无法记录得更加明确了。湿婆对其子畏怖尊开示了这些可怖的秘学。

"羚羊与犀牛的肉可令我的爱人（迦梨）喜悦五百年；以一名活

人为祭，依据既定的仪例，可令提毗喜悦一千年；若以三人为祭，则可令女神喜悦十万年。人牲之肉可令我之形相迦摩吉亚（Kāmākhyā）、旃蒂迦、畏怖尊喜悦一千年。圣典将鲜血奉为神圣的祭品，若以之为祭，堪为圣食（Ambrosia），旃蒂迦则更喜爱头颅与生肉。对女神而言，献祭者自身之鲜血似是更为合宜的祭品。

"献祭者需重复'迦梨'一词两次，口称：'赞美你，提毗，风暴女神！赞美你，拥有钢铁般权威的女神！'随后，献祭者需持斧在手，再度以《迦罗洛特里》（Kālarātri）一书中的话语进行求告，献祭者需高呼：'降临，降临！迦梨，迦梨！獠牙可怖的女神哪！享用吧，斩断吧，摧毁一切邪恶者，以此利斧将之斩断！捆绑，捆绑；捉住，捉住；痛饮这鲜血！降临，降临；庇佑，庇佑。向迦梨致敬。'此节提及的利斧被称为'迦罗洛特里咒'（Kālarātri Mantra），迦罗洛特里本尊亲自掌管此斧，她高举此斧，诛灭了献祭者之仇敌。

"不同的咒语（或形相）的使用对应于对用作祭品的牺牲者之描述。如为雄狮，则是——

"'哦，诃利！汝以雄狮之形相成为旃蒂迦之坐骑，承受吾等之邪恶，令吾等免于不幸。汝之形相，雄狮，正是惩治人性之邪恶一面的诃利（毗湿奴之人狮化身）；此形相凭借真理之力，令暴君金装就戮。'

"牝者不可做祭品，除非在一些极为特殊的场合；人类中的女性永不可为祭。

"就让王子们、一国的祭司们、议员们和贩酒者举行人类的祭祀吧，以期获得繁荣与财富。祭品献予提毗：如是水牛，须为四岁之水牛；如是人类，须为二十五岁之人类。此时此刻，须持此咒：'赞美

303

你，三眼之女神！汝之形貌至为可怖，以骷髅制成的项链自汝项上垂落；一切恶灵因汝而遭戮；汝全副武装，手执利斧与长矛——以此鲜血向你致敬。'

"需献祭的敌人可用水牛或山羊替代，整个仪式中，须呼唤此仇敌之姓名，依据圣典，此举可将仇敌之灵魂注入祭品之躯，一俟献上祭品，此仇敌之性命就将被夺去。这时，献祭者应高呼：'形相可怖的女神啊！旃蒂迦啊！请享用我的这一名仇敌吧！火神之妻啊！向火神致敬。此令我遭受不幸之仇敌，现以动物为代表——哦，摩诃迦梨，摧毁他吧！'"

关于血腥献祭，尚列举了大量的规则、祈请与仪式等，其中既包括以牺牲者献祭，也包括以祭祀者自身之鲜血为祭品，又或焚烧一己之肉。及至颇为晚近的时期，乃至现代，在一些偏僻地区的特定仪式上，仍会有敬拜者割下皮肉，燃烧己身，以求喜悦此残暴之神祇。另一方面，恶徒们在展开其杀人计划前，亦会首先向迦梨行祭，以祈求赐福；作案返回后，亦会以一部分所得为供奉，以报答女神之佑助。

（7）摧毁了另一股巨魔势力的解脱者迦尸（有着飘逸的长发），其形貌与迦梨稍有不同：解脱者迦尸拥有四臂，左手执利剑与头盔，右手结祝福与无畏印。该女神同样立于丈夫的躯体之上。

（8）诛杀商帕的（拯救者）多罗，一手执恶魔之首级，另一手持利剑。其形貌同样与迦梨十分相似。此多罗不可与毗诃波提之妻多罗相混淆，亦不可误认为阿修罗王钵利之妻。

（9）诛杀另一名巨魔尼商帕的（无头者）钦娜穆斯达迦，由其外表不难看出，其使命殊为艰巨，以至于其首已有一半自身体上断开。该女神被描绘为一名美丽的裸身女子，佩戴有骷髅制成的华鬘，立于丈夫的躯体之上。

（10）因救世之功而接受神、人感激与颂赞的贾甘高丽（享誉世界的黄皮肤女性），其四手分别持有宝螺、神轮、权杖与一朵莲花。

依一年之中的不同季节，上述形相几乎皆会被奉为杜尔迦之圣像，信徒们亦借其敬拜女神，以求取不同的祝福庇佑。除上述形相外，杜尔迦亦以其他称谓被敬拜，其中一些广为人知的称谓，现叙述如下。

值得注意的是，印度教徒崇拜各种形式的杜尔迦及各位女神，因其代表了莎克蒂（Śakti），也即丈夫的能量，故被称为"性力"（Śākta），由此形成了一个有别于主流印度教的群体。不过，这一点在涉及对萨拉斯瓦蒂、拉克什米的敬拜和对杜尔迦的秋季敬拜时存有例外，而此特殊形式的敬拜几乎普遍存在于全部印度教徒之中。

（11）帕提亚吉拉（Pratyaṅgirā，匀称者）之形相的杜尔迦并无画像，不过，入夜之后，主持仪式的祭司身穿红色衣袍，献上红色的花朵、液体和沾满鲜血的祭品，浸有致幻液体的动物肉则会被炙烤。敬拜者相信，履行仪式的过程中，对其造成伤害的仇敌之肉将会肿胀，一如祭火中的生肉将会肿胀一般。

（12）安纳布尔纳（Annapūrṇā，以食物饱腹者）被描绘为一位美丽的女子，立于莲花之上，又或端坐于圣座。女神一手持饭钵，另一手执煮饭时搅拌米饭的饭勺。身为托钵僧人的湿婆就曾接受女神之救济。安纳布尔纳是众多印度教徒的守护神，有民间谚语称：虔敬此神者，将永无少米之虞。

此形相之女神与杜尔迦的联系记载于《林伽往世书》，其中的一则传说解释了一幅名为"半女大自在天"（Ardhanārīśvara）的神像，它代表着湿婆与杜尔迦结合为同一躯体。托钵僧湿婆靠行乞养活妻儿，由于使用了致幻的药草，一时无法外出行乞。杜尔迦告诉他，家里已无一物可食，昨日之所得已食去一半，余者亦已为伽内什之老鼠和迦绨吉夜之孔雀所分。

安纳布尔纳

湿婆旋即外出乞食，杜尔迦亦携子出发，前往其父之居所。途中，女神遇见了仙人那罗陀，仙人建议她：不妨以安纳布尔纳之形相，设障不许湿婆前往人们的家中乞食。此事的结局是，湿婆化缘半晌，却一无所得。其后，那罗陀面见湿婆，劝他早早归家。安纳布尔纳于门前相迎，愉快地向他献上食物，湿婆大喜过望，紧紧地拥抱妻子，以至于二人之身体合而为一。

（13）伽内什迦罗尼（伽内什之母，Gaṇeśajananī）以怀抱婴儿之形象受到敬拜。

（14）克里希那科罗拉（将克里希那抱在胸前，Kṛṣṇakrora）。克里希那与蛇妖伽利耶（Kāliya）在亚穆纳河边作战时曾遭蛇咬，痛楚中向杜尔迦女神呼救。女神听见了克里希那的呼喊声，以哺乳之方式，助其恢复健康。

杜尔迦女神的称谓列表显然可无限延展。一方面，据其称谓之数量，不难看出女神在印度北部所受敬拜之广泛；另一方面，呼唤杜尔迦的一个或多个称谓的信徒数量之多，亦可说明她是印度最受欢迎的神祇。在印度，以喻指神祇的词汇为后代取名是一种常见的风俗，人们认为，此举可令儿女蒙赐神恩；故而在孟加拉地区，人们常以与杜尔迦女神有关的词语为儿女取名。

"蒙迦梨、杜尔迦或多罗之赐福"乃众多人名之寓意。人们日日见证着衷心敬拜女神及与女神缔约之所得：唯其可使厄运转圜，令所愿成真。

4. 诸莎克蒂

我们已对三位主要的女神——萨拉斯瓦蒂、拉克什米和帕尔瓦蒂做了完整的介绍，但仍需补充介绍一些事迹，以进一步明确三位女神在万神殿中的地位。

迄今为止，孟加拉地区的大部分印度教徒，以及其他省份中相当多的人们，皆敬拜三位女神。人们虔信大神之妻更甚于大神本身，对他们而言，女神才是万有之源与万物的维系者。时至今日，三位女神之中，帕尔瓦蒂（主要是其恐怖相）最受欢迎，相形之下，另两名女神鲜少能赢得足可与之相匹的地位。

但凡身为印度教徒，一般皆承认诸神之配偶，适逢公共的礼拜日，亦会于敬拜中小心翼翼地呈上传统的祭品。然一些如今已获承认的教派并不局限于此，对他们而言，诸位女神已然是其灵性视野中的全部，至于女神的丈夫们，几乎已被彻底地忽略。

起初，莎克蒂一词指"能量"，或是"神的力量"，随着时间的推移，人们似乎认为，该能量栖居于神的妻子之中，于是，信徒们所履行的奉献也渐渐转向了女神。许多个世纪以后，这些尤其无上敬拜诸神之能量，也即敬拜诸神之妻的人们，获得了一个特殊的称谓——"性力派教徒"，正如以湿婆为主要崇拜对象的信徒们被称为湿婆宗信徒，奉毗湿奴为至上者的信徒们被称作毗湿奴宗信徒那样。

有一种广受尊敬的公认的莎克蒂崇拜，称为"右翼教派"，另一类与之针锋相对的教派，则称为"左翼教派"。其中，前者的仪式与典礼皆公开举行，与一般意义上的印度教派并无显著之分别；然对左翼教派而言，重中之重便是对外道持守秘密，至于规范和构成其敬拜主体的教义与宗教实践，则更是如此。不过，人所共知者乃是其成员常常为自身与组织之间的关联而感到羞愧。譬如，左翼教派的宗教生活中纳入了印度教基本明令禁止的食肉与饮酒，更毋谈大量的饱含性意味的行为竟已构成了献予尊神的敬拜仪式之一部分。尽管在古代，重要的宗教节日便已包含人祭，由于该形式是印度宗教崇拜而非神话的一部分，故并不能用作此类现象之参照。

众位女神们，尤其是湿婆之妻提毗，或称杜尔迦，乃是性力派教徒所崇拜的至上之对象，在其看来，提毗乃作为其神圣夫君之能量或力量的化身而接受敬拜。言及该形式的印度教，其权威并非诸往世书，而是坦特罗。此前，人们常试图将一些现代神祇认同为更古老的神祇，而从古代典籍中撷取内容加以诠解，同时将之纳入坦特罗教导，亦有着相似的意味：一方面，古代教导与坦特罗学说从此变得相得益彰；另一方面，该教派之发展亦得到了合理化的解释。

第八章　湿婆与帕尔瓦蒂的儿子们

1. 伽内什

伽内什常被视为湿婆与帕尔瓦蒂的长子，不过，关于其出身，诸往世书所给出的说法却与之大不相同。

伽内什

威廉·琼斯爵士称："伽内什乃印度的智慧之神，与罗马神话中的雅努斯（Janus）拥有相同的特征。对虔诚的印度教徒而言，一切祭祀与宗教典礼，一切正式著述，以及一切重要的世俗活动，皆以对伽内什的祈请为序章。伽内什之名，正是'主人'（Īśa）与伽那之组合。

"新店开业时，为求好兆头，便会高声地向伽内什呼求，以期生意兴隆、财源滚滚。少有书籍不以此言开篇：'向伽内什致敬！'伽内什也是婆罗门举行审判时所召请的首位神祇，举行火祭（Homa）时亦是如此。"

M.索纳拉特（M.Sonnerat）认为伽内什在科罗曼德尔（Coromandel）海岸享有崇高的地位："若非将此神之像安置于家中，彼处的印度人民甚至不肯为自己建造房屋——他们日日洒水于神像，并献上鲜花为其装饰。所有的庙宇中皆立有伽内什之像，全部的街道与高地亦是如此。甚至，就算在树下的开阔地带，亦能见到尊神的踪影，只因此举有助于河畔的所有人，在展开行动以前，首先向象头神献上真挚的祈请，即将动身的旅人们，亦可于出发前行其敬拜。"事实上，若论及对伽内什之崇拜，科罗曼德尔海岸所发生之事，早已是印度绝大多数地区之日常。

"伽内什是印度的审慎与原则之神，被誉为湿婆与帕尔瓦蒂的长子（仅《莲花往世书》称其为二神的真正子嗣）。他生有象征着睿智的象头，身边常有老鼠作伴，又或驭乘其上。象头神常有四手，有时则是六手与八手，也可能仅有二手。"他总是被描绘为体形肥硕，其画像最常见于大部分店家的大门。至于伽内什为何受到如此广泛之敬拜，如今已很难得知，诸往世书中，仅有少量传说佐证其神力。

关于伽内什的出生，《梵转往世书》记载了如下事迹："与湿婆成亲后，帕尔瓦蒂膝下无子，故而非常渴望诞育娇儿。于是，在丈夫的建议下，女神开始履行巴尼亚迦弗罗多祭（Paṇyākavrātā）。此祭乃是对毗湿奴的敬拜，需于摩伽月月明十四日的第十三日开始，持续一年，日日敬献水果、鲜花、糕点、器皿、黄金等，同时布施供养一千名婆罗门；行祭者需虔心度过内心纯净之生活，专念于诃利。

"在索纳特·库摩罗（Sanāt Kumāra）的帮助下，帕尔瓦蒂作为主祭司，于恒河岸边完成了仪式，并在一段时间后返回。途中，她见到了克里希那，世尊先是显现为光之形相，后又现身为一名年迈的婆罗门，莅临她的居所。

"女神虔敬修行之奖赏久候未至，不由使她黯然神伤。这时，一个无形的声音嘱她前往内室，声称她的儿子——戈库拉之主克里希那已等候在那里。为报偿其虔信，其子将呈现为世尊的面容。

"于此吉祥之时刻，众神齐聚吉罗娑，向湿婆与帕尔瓦蒂献上祝贺，其中的数位神祇被允准亲眼看见婴儿之真容。光辉的队列中，土星之神商达（Śaṇḍa）极其渴望向此子表达敬意，然只是目不转睛地凝视着地面。帕尔瓦蒂向其询问此举之缘由，商达答道：他曾因一心冥想毗湿奴而忽视了爱妻，妻子对此心生怨恨，向他立下诅咒：不论是谁，若遭他凝视，必粉身碎骨。为避免该诅咒之恶果，他从此不敢直视任何人的面容。

"帕尔瓦蒂闻听此事后，竟毫不在意，不仅如此，更认为商达必须亲眼看一看她的儿子。商达召唤正法之神达摩（Dharma）见证他的离开，然临行之时，仍不免偷偷向伽内什瞥了一眼——婴儿的头颅即刻被砍下，它脱离了身体，飞往克里希那之天园，于彼处与世尊之存在重新结合，融合为一。

"杜尔迦抱着伽内什无头的身体，不由伏地痛哭。诸神亦乱作一团，唯毗湿奴乘迦楼罗飞往普湿巴帕德罗河（Puṣpabhadra），于彼处觅得一头正在酣睡的大象，断其首，赶回吉罗娑，将象头安在了伽内什的身体上。从此，伽内什的身体便化作了今日之笨拙模样。为重塑象头神的人生，众神与婆罗门皆献上了珍贵的礼物，帕尔瓦蒂之父喜马拉雅山王亦赐予了祝福。可怜的商达再度被诅咒——由于帕尔瓦蒂的诅咒，土星之神从此只能一瘸一拐地走路了。

"同一部往世书的另一个篇章，其进一步展开的细节，与上述描绘有所不同。湿婆因受到阿底提耶（太阳神）的冒犯而杀之，其后，尽管令其复生，却惹恼了迦叶波仙人，他诅咒湿婆之子必将失去其首。于是，因陀罗之坐骑的象头被安在了伽内什身上。此象因戴上了敝衣仙人赠予天帝的花环而被斩首。不仅如此，由于天帝的不敬，仙人随后咒诅他变得丑陋无比，这一点见诸各种不同的往世书。不过，此次事件中，因陀罗并未一败涂地，其妻的祈祷感动了毗湿奴，世尊遂赐予另一头大象作为其坐骑。

"伽内什只有一根象牙，故有埃迦檀陀（Ekadanta，一齿）之称谓。关于这一点，原因如下：持斧罗摩，这位最为湿婆喜爱的弟子，前往吉罗娑山拜见上师，抵达内室时，却被伽内什挡在了门口。象头神称，其父正在休息。持斧罗摩不管不顾，一味催促，双方反复交涉无果，遂大打出手。

"起先，伽内什占据了上风。他以象牙挑起持斧罗摩抢了出去，令其倒地不起，无知无觉。然一俟恢复意识，罗摩便立即向伽内什挥起了斧头。伽内什一眼便认出此斧乃是父亲湿婆所赐之宝刃，只得谦卑地以象牙将它接住。象牙应声而断。从此，伽内什便只余一根象牙了。此事令帕尔瓦蒂震怒，便意图诅咒罗摩。由于罗摩是克里希那的虔信者，故世尊以男孩的形象现身，以此安抚了女神的怒气。梵天亦向女神立下承诺，称其子所受之敬拜必超越其余诸神。不过，此事之所以发生，原是由于伽内什曾与仙人图罗西（Tūlasi）发生争执，仙人遂立下诅咒，象头神与持斧罗摩之间这才爆发了一场大战。"

关于伽内什的降世，《摩磋往世书》所述大为不同。帕尔瓦蒂将沐浴时使用的油膏与身体的泥垢一同搓成了一个人形，洒恒河水于其上，为其赋予了生机。此一形象生而拥有象头。《湿婆往世书》则提到，在赋予伽内什生命后，帕尔瓦蒂命其守在门外，以免有人打扰她沐浴。孰料，象头神竟把湿婆拦在了门外。为此，父子之间起了冲突，湿婆砍下了儿子的头。

当帕尔瓦蒂告诉丈夫，大门紧闭原是出于她的命令，并为痛失爱子而伤心不已时，湿婆安慰说，他将动身去寻，而第一个遇见的"脑袋"，便是爱子的头颅。随后，湿婆寻着了一枚象头，他将之安在了儿子无头的躯干上，救活了他。

《筏罗诃往世书》相信，伽内什是由湿婆单独创造的。"不朽者与圣哲们发现，不论是自身又或他者，所开启的善业或恶业，必会开花结果，而无从阻拦。于是，他们谦恭地向湿婆求教，意欲获知有效阻止恶业之业果生成的良策。众神对湿婆道：'大天，众神之神，三眼者，持三叉戟者啊，唯你可创造足以对抗恶业之业果的存在。'湿婆闻言，看向帕尔瓦蒂。就在他思忖如何满足诸神之愿望时，自其面容的光辉中跃出了一名光芒四射的青年。湿婆遂赐其诸般德性。此子显然是另一名楼陀罗，天界的女子们无不为他心醉神迷。

"乌玛见此子英俊，不由起了嫉妒之心，于是怒下诅咒：'汝之青春形象实在是对我的冒犯，故此，你将拥有象头与凸出的肚子，一切英姿都将消失无踪。'湿婆见状对儿子道：'你名叫伽内什，乃湿婆之子，你是频那夜迦（Vināyaka）与伽那之主，成功与失望皆源于你；无论是祭祀又或其他事务，众神之中，你拥有极大的影响力。故而在所有的场合中，你都是第一个接受敬拜与召唤的神祇，非是如此，所求与祈愿不能成真。'"

关于伽内什之所以存在的源头与目的，《室建陀往世书》所述更加全面与细致。湿婆曾向帕尔瓦蒂道："在二分时代迈向卡利时代的薄暮中，借由参访著名的苏梅斯婆罗神殿 [Someśvara，即苏摩神庙（Somnāth ）]，女人、蛮夷、首陀罗及其他有罪的劳作者亦可步入天国。祭祀、苦行、布施及其他仪规皆已消逝，世人唯有涌向湿婆神庙。于是，不分老幼，不论是精通吠陀者又或无知者，亦不论是女人还是首陀罗，皆可升至天国，直至斯地变得拥挤不堪。

"如潮水般涌来的众人，令因陀罗与众神们不堪其扰，于是向湿婆寻求庇护：'商迦罗啊，因汝之恩惠，天国已人满为患，我等几已被驱逐。这些有死者随心所欲，四处漫游，且口出狂言："我是最伟大者，我是最伟大者。"达摩罗阇（阎摩）虽可将其善业与恶业记录在册，却已满面惊愕，不知所措。七地狱已向其敞开大门，可是，一俟众民参访了汝之圣所，其罪即被赦免，前路仍旧鲜花开遍。'

"湿婆答道：'此系我向苏摩许下的恩惠，神圣而不可侵；无论是谁，只要参访过苏摩神庙，必当荣升天国。不过，去向帕尔瓦蒂恳求吧，女神或有妙策可助尔等脱困。'

"众神随即以赞美的语气向帕尔瓦蒂祈请道：'至上女神啊，向你祈请；宇宙的维系者啊，向你祈请。你是创世者与毁灭者，请赐我等以佑助，拯救我等摆脱此不幸之命途。'听闻因陀罗与诸神之祈请，女神心中溢满慈悲。于是，她轻柔地摩挲身体，创造出一个四臂、象头的光辉存在，接着，她晓谕众神道：'我所创造的这一存在，将令你们重获生机，他将为人类设置障碍，并设法欺瞒，令其忘却参访苏摩神庙之夙愿，由此堕入地狱。'得闻此言，众神这才安然返回了居所。

"象头神旋即对提毗道：'亲爱的女神，请下达御令，好让我奉命行事。'女神道：'且为人类参访苏摩神庙一事设置障碍，诱使其为了娇妻、儿女、所得与财富，放弃此一目的。不过，若有人能以颂诗抚慰你，便可为其除去全部的阻隔，令其有幸前往苏摩神庙参拜，以臻获湿婆之神恩——

"'一切烦扰之主啊，我向你祈祷！悉地（Siddhi，智慧）与菩提（Buddhi，理解力）的爱人哪，你是伽那之主（Gaṇapati），不可战胜者，赐予胜利者；你为那些从不敬拜你的人们设下障碍，阻止其迈向成功。向你祈祷，伽内什啊！你是乌玛的可怖娇儿，然坚毅无比、极易抚慰。频那夜迦啊，我赞美你！象头神啊，你是诸神的守护者，令其达偿所愿，我赞美你！'帕尔瓦蒂继续道：'你将广受赞美与敬拜。'无论是谁，只要曾经向频那夜迦发出祈请，就将从祭祀、朝圣及一切虔信行动中获得助益。"

以下段落摘自《伽那波底奥义书》（Gaṇapati Upaniṣad），乃是伽内什宗信徒[①]（Gāṇapatya）向伽内什发出典型求告："赞美你，伽内

————————————
① 以伽内什为至上敬拜对象的印度教徒。

什！你是真理之显现；你是确凿无疑的创造者、维系者与毁灭者，你是至上之梵、永恒之灵。我之所言确然为真，因此，无论是言语、聆听、给予、拥有、教导与研习，皆请守护我；无论我身在何地，请始终予以庇护。此宇宙因你而显现，地、水、火、风、空由你而来。你是梵天、毗湿奴与楼陀罗。我等了知你的神性，埃迦檀陀啊，我等冥想你的面容，我等之学识因之而受启迪。谁若持续不断地冥想你的神圣形相，沉思你那拥有一根象牙、四臂、绘有老鼠之旗帜、红皮肤、巨腹、涂抹红色香料、身着红色衣饰之形相，以红色的鲜花供奉，沉思你为富于慈悲之心者、宇宙之初因、不可摧毁者、不生与无染者，就将成为最杰出的瑜伽士。因此，赞美你，伽那波底（Gaṇapati）啊！无论是谁，一旦冥想此'阿闼婆湿罗'（Atharva Śira，以伽那波底构成一个篇章的奥义书之名）之形相，就将永无困苦险阻之侵扰，由此自五大重罪及其余罪孽中获得解脱，赢得财富，达偿所愿，富于美德，步入至福之归宿。"

据云，伽内什是《摩诃婆罗多》的记录者，史诗乃由毗耶娑仙人口述。据史诗之第一部分《初篇》（Ādiparva）所记载，就在仙人行将着手编纂之际，梵天建议道：可向伽内什委以重任。于是，仙人以数句深奥难懂的偈颂为考题，须知，其时唯其本人及弟子苏迦（Śuka）可解之。就在象头神微微发怔、细细思索时，毗耶娑已编定了另一些难解的篇目。

近年来，人们对伽内什之化身做出了一些猜测，E.摩尔船长（Captain E.Moor）曾于本世纪（19世纪）拜访过其后裔与代表人物。以下是有关此次拜访的记录："穆拉巴·葛赛因（Muraba Goseyn）是来自浦那（Poona）的一名婆罗门，借由苦行、禁欲与祈祷，其善业已远超世人，获得了全能者的赞许。故此，伽那波底奉命于夜色中来到钦多（Chinchoor），现身于弟子面前，要他起身沐浴；洗礼的过程中，其所触碰的首个有形之物，就将被奉为神圣。

"至上神由是缔约：其神圣之灵的一部分，将遍在于被拣选者之中，持续七代。诸位后裔们将代代相继，成为此圣物的守护者——它乃一枚灵石，是神秘的至上者之象征。这一象征物被合宜地敬拜、妥善地保管，与神圣遗产的继承者们相依相伴。此一吉兆发生于公元1640 年，恰是摩尔船长来到此地拜访之时。彼时，至上神之人间代表已传至第六代。

"起初所认为的神圣能量降世的时间段，并不包括眼下的时代，但据推测，此能量尽管有限，却是一种足以创造奇迹的力量，诸如疗愈疾患，应许虔诚信徒之祈请，以及对未来诸事作出预言等皆不值一提。此类天赋更常见于早期代表，摩尔见到的那位后裔，自称曾履行过数桩神迹。

"据记载，第三代后裔曾履行过奇妙的事功。彼时，海得拉巴（Hyderabad）的莫卧儿大军成功入侵了马拉地王国（Mahratta）。将浦那洗劫一空后，莫卧儿人纵火焚城，又派出一队人马开赴神的居所钦多，意欲夺城。

"对此，第欧（Deo）相信自己已被赋予了神力，因而拒绝投降。对此，进犯的大军深感不可思议，于是向其献上了一份礼物（Nuzur）。第欧接纳了这份礼物，随即开始了虔心祝祷。本就欲行侮辱之事的侵略者们高声呼唤人们亲眼见证这一结果——在他们眼中，这显然是合适的礼物起到了显而易见的作用。然而，这份礼物是用牛肉制成的，须知，对印度教徒而言，此举实在是冒犯。

"当托盘被揭开时，侵略者们惊愕地发现：牛肉不见了，托盘中盛满了印度人民所喜爱的圣洁而美丽的鲜花。穆斯林们见状，方知上帝已介入了这一场交战。此一神迹令其倍感震惊，于是，他们向第欧献上了一片富饶的土地，时至今日，这片土地仍为第欧的神庙所有。"

第欧如凡人一般饮食、睡眠、结婚，安度余生；尽管他在世俗意义上被视为一名愚人，却被人们奉为神明、虔诚敬拜。在一些特殊的场合，其行止备受瞩目，被认为是神圣意志之须臾显现，亦被视为先知的预言。因此，一年之中的某一特殊的夜晚，就在其安然熟睡之际，一国之和平已然奠定；反之，若其醒睡之机遭受侵扰，一国之祸患亦就在眼前。而如果圣人猛地自其座位站起，手持利剑，如临大敌，那么，一场大战便已无可避免。

2. 迦绨吉夜

战神迦绨吉夜，乃神军之元帅。尽管依据大部分往世书传说所言，他被视为湿婆与帕尔瓦蒂的次子，然却是真正生自二神的唯一亲子。

应诸神之请，梵天筹划了迦绨吉夜的诞生，以为天界之有力统帅。《罗摩衍那》记载道："就在诸神之主湿婆正履行苦行之际，其余众神面见梵天，请求一位来自大天的元帅，只因正是大天本尊曾行此圣职。'他曾是我等大军之统帅'，众神道，'如今大天潜心于苦行，唯乌玛可相伴在侧。'梵天道，'乌玛之诅咒已令诸神之妻绝嗣，唯阿耆尼可与恒河女神诞育一子。此子堪为众神之统帅'。"

迦绨吉夜

以下来自《摩诃婆罗多》的叙述，解释了前文所述之阿耆尼缘何成为此神之父的因由。迦绨吉夜被奉立为元帅时，"持公牛旗之神（湿婆）携女神一同驾临，赐以尊荣，分外喜悦。众婆罗门召请阿耆尼楼陀罗，故战神乃楼陀罗之子。目睹此子得楼陀罗之荣耀，天赋异禀，众神遂称其为'楼陀罗之子'。随后，因楼陀罗而生的此子步入了圣火。无与伦比的天神室建陀（Skanda，迦绨吉夜）生自阿耆尼，亦生自萨婆诃（乌玛）与（诸仙人的）六位妻子，乃楼陀罗之子"。

读毕上述内容再读下文，似更易理解："因神军大败于檀那婆，天帝因陀罗沮丧不已。为此，他深入冥想，直至听见一名女子之呼唤，望其丈夫出手救援，护她周全。因陀罗见她为恶魔阎摄所俘，当即出言呵斥，孰料竟遭恶魔棍棒相向。因陀罗遂祭出雷锤，第二回合时即令恶魔败下阵来，逃之夭夭。

"此女名为天军（Devasenā），有一姐妹名为神军（Daityasenā），二人皆乃生主之女。天军向因陀罗祈愿，望得一如意郎君，此人须有克敌制胜、护佑众神之能。

"于是，因陀罗领天军面见梵天，望能为她寻觅一位勇冠三军的丈夫。梵天慨然应允，称此佳偶不久便会降世。战神之降生发生在极裕仙人（Vaśiṣṭha）与其余众仙人举行祭祀之际，彼时，天帝率众神前往饮用苏摩汁。阿耆尼蒙召自日界下降，步入火中接纳众仙之供奉，并将之呈送予诸神。

"（自圣火中）走出时，火神看见诸位大（仙）的妻子们正倚于隐修所中甜睡，光辉如金色的祭坛，纯洁如皎洁的月光，明亮如热烈的火焰，人人皆曼妙似星辰。此情此景令火神意乱情迷，他望着仙人的妻子们，终为情欲所伏。火神一再地劝说自己：'如此意动情牵实在不该！她们并不曾为我而痴狂。不如步入家庭祭火罢，如此，便可亲近其面庞，细细观瞧。'

"于是，阿耆尼遁入家庭祭火，以其火焰触摸着美丽的女子们，一睹其芳容，深感喜悦。时光流转，此心仍在，终于，火神彻底爱上了她们，再不能自持。

"得不到婆罗门的妻子们，阿耆尼决意舍弃有形之躯，前往深林。达刹之女萨婆诃曾对他一见钟情，漫长的岁月里，这位多情而又纯洁的女神苦苦寻找着他的弱点，然一无所获。当得知火神饱受欲望之苦，业已前往森林中时，多情的女神方才恍然大悟：'爱情是多么令人沮丧啊！此刻，我将取七仙人之妻的容颜，誓要赢得他的爱情。如此行事必能讨他欢心，我当一偿夙愿。'美丽的女神先是变作鸯吉罗斯之妻吉祥（Śiva），对火神道：'阿耆尼，你必十分喜爱我，我亦为你而心醉神迷。若你不肯与我相依，便是视我为已死之朽物。阿耆尼，我，鸯吉罗斯之妻吉祥，应一众品行高尚的女子之请，来到了你的身边。'

"阿耆尼答：'你与亲爱的七仙人的妻子们，如何得知我正为情所苦？'"

阿耆尼未能抵挡住诱惑。此次会面后，为免仙人之妻因愚行而获罪，以其面目现身的萨婆诃化作毗湿奴之神鸟迦楼罗的面目，自以为悄无声息地自林中飞回。其后，她变作另一名仙人之妻的模样，再度与阿耆尼相会，如此这般，一连六次与火神密会于林中。女神将所集之火神元阳盛于一只金色的容器中，"接受仙人们的敬拜，化生一子。库摩罗（Kumāra，迦绛吉夜）生而拥有六首及十二耳、目、手、足，与一颈、一腹。

"迦绛吉夜遂与天军结为夫妻。后来，他的母亲们，也即六位仙人的妻子们找到了他，向他诉说已被丈夫抛弃的悲切与不幸——曾经的地位与尊荣不复存在，母亲们希望战神为其保全升至天国的殊荣。

"为安抚诸位母亲，室建陀依言行事，向天庭恳求。不料，萨婆诃对他道：'汝确乃吾儿。我渴望着你的关爱，怕你不肯满足我的愿望。'室建陀便问：'你想要何种关爱呢？'萨婆诃答：'我乃达刹的爱女，名为萨婆诃。自孩提时代起，便已对阿耆尼心生倾慕。可是，儿子啊，我如此钟情于他，他却对我置若罔闻。'室建陀答道：'无论婆罗门行何种奉献，皆以颂诗为引子。女神啊，他们取祭品投入火中时，总是口称"萨婆诃"（幸福）。因此，美丽的女神啊，阿耆尼必

将与你相伴相依。'

"于是，生主梵天对室建陀道：'去寻找你的父亲吧！他乃征服三城（Tripura）者摩诃提婆。无可征服者啊，为保全诸世界之福祉，楼陀罗令你降世。他曾步入阿耆尼，乌玛则融入了萨婆诃。'"

楼陀罗步入阿耆尼之寓意，在《罗摩衍那》中得到了解释。诸神对湿婆与帕尔瓦蒂之子心存戒惧，以为此二神之后裔必然异常可怖，难于共事。于是，诸神恳求二神，望其舍弃诞育子嗣之念。对此，湿婆予以首肯，然帕尔瓦蒂怒道：若她不能诞育子嗣，那么，其余诸女神亦将忍受同样的苦楚。饶是如此，众神仍旧未能阻止迦绨吉夜降世：大地女神接纳了可唤醒此子的元阳。阿耆尼与伐由旋即步入其中，随后又将之交予乌玛的姐姐恒河女神，以令战神现身人间。

关于战神的来历，《湿婆往世书》给出了另一种截然不同的说法，教导说：室建陀的出生乃是为了对抗多罗迦带来的灭顶之灾。多罗迦是三城之王，"极度狂妄与暴虐"，以其坚贞的苦行，迫使梵天应许任何恩惠。恶魔的苦行依从如下顺序，每一项皆持续一百年之久：①单足站立，双臂高举，朝向天空，双目凝视闪耀的日轮；②以大脚趾站立；③苦行期间以清水为生；④如空气一般生活；⑤居于水中；⑥埋于土中，仍继续前次之苦行，恪行敬拜；⑦居于火中，行事如前；⑧以头倒立；⑨手握树枝，倒悬于树；⑩全身之重量凝于一掌；⑪头朝下倒悬于树。①

"此等善业势不可挡。因陀罗与一众半神心中无不忧惧，只因凭借此等苦行之力，足可篡权夺位。于是，众神纷纷寻往梵天，以求慰

---

① 这些苦行的形式，虽经一定的改良，但依旧流传至今。在贝拿勒斯及其他圣所可见到此类信徒。

323

藉。孰料梵天却道，对于如此严苛的苦行，他亦无能为力；不过，尽管他已满足恶魔的愿望，赐下恩惠，却保留了一线生机——面对恶魔，必可战而胜之。

"多罗迦所求之恩惠是，愿赐以不可战胜之神力，此外，若非大天之子，不会死于任何人之手。恶魔是如此盛气凌人，以至于因陀罗不得不把自己的八首白色长耳马（Uccaiḥśravā）献于他；俱比罗舍弃了他的一千匹海马；诸仙人被迫失去了有求必应的如意牛（Kāmadughā）。日神魂不附体，热力全无；月神惊怖万分，日日月圆；风儿依其命令吹拂……总而言之，恶魔多罗迦已然占领了整个宇宙。

"那罗陀仙人预言道：唯大天之婚姻，方能诞育可拯救此世界者。然大天的心中起初并无半点涟漪。因陀罗劝说迦摩暗中守候，以便让女神在温柔地采集仙花、装饰大天圣像时被瞧见。迦摩在妻子罗提（愿欲）及挚友婆珊图（Vasantu，春天）的陪伴下，瞄准大天射出一箭——虔诚奉献竟遭此侵扰，湿婆不由勃然大怒，以其第三眼喷出火焰，将迦摩化作了灰烬。最后，是帕尔瓦蒂的热切奉献与苦行打动了湿婆，使他终于允准与坚贞不渝的虔信者成婚。"

二神结合已有时日，却迟迟未有喜讯传来。诸神为此既沮丧又失望。他们迫切地需要一名拯救者降世，故不免再度悲叹声声，抱怨连连。

"阿耆尼来到苦行中的大天身边，称自己奉命禀报诸神之所愿，望大天能赐下一子，摧毁多罗迦。就在湿婆起身离开妻子时，阿耆尼化作鸽子接住其元阳，迦绨吉夜由是诞生。衔此元阳无从远行，于是，阿耆尼任其坠入恒河——一名男孩由是自恒河岸边现身，面容皎似明月，光辉如日轮。此子以阿耆尼普瓦（Agnibhuva，生自阿耆尼）、室建陀、迦绨吉夜等为名。

"众位国王的六名女儿（昴宿星）恰在此时前来沐浴，她们一眼便望见了孩子，人人皆称其为自己的孩儿，争相为其哺乳；迦绨吉夜自称已有六个月大，也接纳了每一位女子的养育，故被称为'有六位母亲者'（Ṣaṣṭhīmātrīya）。不过，因仅由父亲所出，战神起初并无生母。最后，他与多罗迦之间爆发了一场大战，不出所料，恶魔遭戮。"

一则故事揭示了迦绨吉夜如何遭到兄长伽内什的瞒骗。由于兄弟二人同时爱上了悉地与菩提这两名少女，于是约定：谁先完成绕世界一圈，谁就将成为二女的夫君。伽内什凭借其逻辑天分与才能，论证了业已完成此一壮举，且早在弟弟疲惫返回前，便已赢取了这份奖赏。在其诡辩被揭露时，两家人皆深感不安。

关于迦绨吉夜的来历尚有另一则事迹："自湿婆目中喷射而出的火焰，落入沙拉瓦纳湖（Śaravaṇa），化生出六名婴儿，为诸仙人之妻，也即天界之昴宿星仙女们抚养长大。帕尔瓦蒂见到孩子们时，因其美丽而激动万分，遂紧紧拥抱之，使六子合而为一，不过，其六首与十二臂依然如故。"

在南印度，迦绨吉夜以舒拔曼亚（Subramaṇya）之名为人所熟知。《室建陀往世书》完整地记载了战神对舒罗（Śūra）一役，也提及了他如何奉父命捣毁达刹之祭祀的往事。不过，在达刹的怂恿下，迦绨吉夜受到天女之引诱，迷醉于轻歌曼舞，耽搁了行程。不过，对贪慕银钱的舞女们而言，与他订婚与成亲原是一场试练，只因她们尽管可与人欢笑缠绵，却未蒙允准，不得与任何人成婚。

第九章　往世书中的创世事迹

在介绍次级诸神以前，首先需讲述创世之事迹。关于这一点，若想自印度文献中得出一致的说法，似并不容易，只因在这一话题上，作者们自有其瑰丽而大胆的想象——并无权威之说，各家作者皆尽情抒写一己之信仰。

追索关于诸神事迹的记述，可溯至更为古老的文献，其中所述在更为晚近的文献中占据了相当大的篇幅。以下颂诗选自《梨俱吠陀》，诗中描绘了至上神行使创世之力以前的事物的原初形态：

无既非有，有亦非有；无空气界，无远天界。
何物隐藏，藏于何处？谁保护之？深广大水？

死既非有，不死亦无；黑夜白昼，二无迹象。
不依空气，自力独存，在此之外，别无存在。

太初宇宙，混沌幽冥，茫茫洪水，渺无物迹。
由空变有，有复隐藏；热之威力，乃产彼一。

初萌欲念，进入彼内，斯乃末那，第一种识。
智人冥思，内心探索，于非有中，悟知有结。

悟道智者，传出光带，其在上乎，其在下乎？
有输种者，有强力者；自力居下，冲力居上。

谁真知之，谁宣说之？彼生何方？造化何来？
世界先有，诸天后起；谁又知之，缘何出现？

世间造化，何因而有？是彼所作，抑非彼作？
住最高天，洞察是事，唯彼知之，或不知之。

此颂诗中，或许包含着流传至今的印度教徒关于创世的最初猜测，并极其智慧地揭示出：唯神知晓世界之生成奥义。然而，星移斗转，这份对无知的坦诚已不能使人们的探索之心获得满足，岁月洪流浩浩汤汤，人类的猜想在知识之确证的护航下，以一束火光照亮了未知。

以下引文出自《梨俱吠陀》中的《原人歌》，其思想与语言被认为明显晚于前一首颂诗。

原人之神，微妙现象，千头千眼，又具千足；
包摄大地，上下四维，巍然站立，十指以外。

唯此原人，是诸一切；既属过去，亦为未来；

唯此原人，不死之主；享受牺牲，升华物外。

如此神奇，乃彼威力；尤为胜妙，原人自身；
一切众生，占其四一；天上不死，占其四三。

原人升华，用其四三，所余四一，留在世间。
是故原人，超越十方，遍行二界，食与不食。

从彼诞生，大毗罗阇；从毗罗阇，生补鲁沙；
彼一出世，立放光彩，创造大地，后复前进。

原人化身，变作祭品，诸天用以，举行祭祀。
溶解酥油，是彼春天，夏为燃料，秋为供物。

对此原人，太初诞生，洒水净化，作圣草祭。
上天神祇，往昔古圣，及今仙人，用之行祭。

当此祭典，献供圆满，由是收集，酥油凝脂。
彼复创造，诸类动物；空中兰若，村落驯养。

当此祭典，献供圆满，由是产生，梨俱娑摩；
由是产生，诗歌韵律；由是产生，夜柔吠陀。

由是产生，众多马匹；所有双颚，长牙齿者。

328

由是产生，家畜牛群；由是产生，山羊绵羊。

原人之身，若被肢解，试请考虑，共有几分？
何是彼口？何是彼臂？何是彼腿？何是彼足？

原人之口，是婆罗门；彼之双臂，是刹帝利；
彼之双腿，产生吠舍；彼之双足，出首陀罗。

彼之胸脯，生成月亮；彼之眼睛，显出太阳；
口中吐出，雷神火天；气息呼出，伐由风神。

从彼肚脐，产生空界；从彼头顶，展现天界；
从彼双耳，产出方位。如是构成，诸有世界。

以下出自《百道梵书》的段落，阐明了关于创世的术语。

生主（念诵）"bhūḥ"创造了地界，
生主（念诵）"bhuvaḥ"创造了空界，
生主（念诵）"svaḥ"创造了天界。
诸世界即是宇宙。

生主（口称）"bhūḥ"，创造了婆罗门，
生主（口称）"bhuvaḥ"，创造了刹帝利，
生主（口称）"svaḥ"，创造了吠舍。

诸世界即是婆罗门、刹帝利与吠舍。

生主（口称）"bhūḥ"，创造了其自身，

生主（口称）"bhuvaḥ"，创造了其后裔，

生主（口称）"svaḥ"，创造了各种动物。

此世界即是自我、后裔与动物。

《鹧鸪氏梵书》称，"整个（宇宙）由梵天创造"，书中亦对梵天创造众阿修罗、祖先与众神之事迹做了介绍："生主祈愿：'愿我绵延自身。'便修习苦行。其气息成为有生者，凭借此气息（asu），生主创造了众阿修罗。阿修罗被创造后，生主自视为父。随后，他创造了众祖先，由此领受了诸祖先之父的身份。其后，创世者沉入了冥想。在那之后，创造了人类，由此成为人之人性——知人性者，乃是智者。当人类得以创生之际，天界首现白昼。随后，生主创造了众神。"

《百道梵书》亦提及了人类与动物之创生："起初，生主即此（宇宙）。他祈愿道：'愿我创造食物，并得以繁衍。'于是，自其无尽的气息中，创造出了各种动物；自其灵，创造出一个人；自其目，创造出一匹马；自其呼吸，创造出一头牛；自其耳，创造出一只绵羊；自其声音，创造出一头山羊。由于诸种动物乃由其气息中创生，故而人类道：'呼吸即是动物。'灵乃气息之首，由于人类乃由生主之灵所创生，故而众人道：'人乃动物之首，亦是动物中的最强大者。'全部的气息皆仰赖于此灵，故而此灵即是全部的气息。由于生主自其灵创造出人类，故有'人乃动物之全部'，所有这一切皆属于人。"

该梵书的另一篇章所述之事迹，与之迥然不同。起初，作为宇

宙之灵的原人乃唯一者，然而，"他并不快乐，想要一名伴侣。于是，他把这同一个自我分成了两份，从中生出了丈夫与妻子。二人一同诞育了人类。

"为妻者自忖道：'他从自身中创造我，怎可与我欢好？唉，请让我消失吧！'想罢，她变作一头乳牛，丈夫旋即变作公牛，与她诞下牝牛；她变作牝马，他就变作牡马；她变作母驴，他就变作公驴。由是产生了不分蹄的动物种类。妻子变作母山羊，丈夫就变作公山羊；妻子变作母绵羊，丈夫就变作公绵羊，由是产生了山羊与绵羊。如此，一切区分雌雄的动物，甚至是蚂蚁，一一创生。"

该梵书又道："生主创造了世间万物：由其上行气，创造了诸位天神；由其下行气，创造了芸芸众生。"

摩奴的创世事迹在时间上很可能略晚，然值得注意的是，由之已可窥得一些哲学思想之萌芽。"他（自存者）感受到了欲望，想要从自己的身体中创造出诸般生物。于是，他首先创造了水，随后向其中撒下了一粒种子。种子生长为一枚金卵，光辉如日轮。原人投身其中，诞生为世界之父梵天。此水称为'那罗诃'（naraḥ，原水），由其所生者便是'那罗'；原水乃是那罗的首个行动之所（ayana，圣道），故此，他也被称为'那罗延那'。

"原人（男人）生自精微、永恒、存在与自存之初因，故以梵天之身份享受全世界的敬拜。于金卵中居住一年后，光辉者凭借其冥思，自金卵中破壳而出……他把身体分作两半，一半成为上主（梵天），另一半生出一名女子，原人与她创造了毗罗阇。至为卓越的再生者啊，须知，我，源出于毗罗阇本尊者，乃诸世界之创造者。"

诸往世书对创造之细节做了极为详尽的介绍。创世，乃是一部往世书必须予以阐释的一项特殊议题。《毗湿奴往世书》第一卷即以大量的篇幅记述了创世之事迹。威尔逊在其《毗湿奴往世书》译本序言中云："此六卷本往世书的第一卷，即已事无巨细地详述了有关创世的诸细节。其首先阐释了宇宙如何自原质，或称原始的粗显物质中产生，随后叙述了在此前演化而来的基本物质中，事物的形态以何种方式进一步产生演变，或云，解释了这些物质在暂时的湮灭后，如何再度创生。两次创造的过程都是周期性的，不过，前者的终止只发生于梵天生命的尽处；此时，并非诸神与其他所有的生命形式皆不复存在，而是诸元素再度融入原质，唯灵性存在得以延续；后者则发生于每一个劫末，也即梵天的一日终了之际，受影响者仅有低等生物及低级世界，它们留下了宇宙的全部物质，圣哲与诸神则安然无恙。"

《毗湿奴往世书》中记述了如下事迹：依据其权威，"起初乃由万有之父（梵天）向达刹及其余诸位广受尊敬的圣哲们示下真相，随后，由其转述予补卢库德沙（Purukutsa），后者乃是统治纳摩陀河（Narmadā）流域的国王。"

"谁能描绘此从不受制于诸感者？他是大梵、至上者、上主、永恒者、不生者、不灭者。随后，他存在于原人与迦罗之中。原人（至上之灵）乃是至上者的首个形式，接着是精微与粗糙二者，最后是迦罗（时间）。原质（Pradhāna，原初或粗糙的物质）、原人（至上之灵）、显（Vyakta）与迦罗（时间），此四者以适当的比例，共同催生了现象界的创造、维系与毁灭。至上之梵，此至上之灵、世界之存在、万有之主、宇宙之灵、至上之主宰者诃利（毗湿奴），依其自身之意志步入原质与原人，扰动了变与不变之法则，推动了创世的进程。诚如香味凭借靠近而非任何直接的作用对心意产生影响一般，上主亦是如此影响着创世诸元素。"

在介绍了有关创世的事迹，或称介绍了元素的演变后，《毗湿奴往世书》继续道：随后，空、风、光、水、地（这五大元素）分别与声音的性质相联结，余者则依据其性质，诸如抚慰的、可怖的或惊诧的进行区分——它们各自拥有不同的能量，因彼此隔绝而无法结合、创造生命，亦无法融合。然一俟彼此结合，借由彼此之交融，即呈现出了完整的统一体之性质；从精神层面看，精微元素、智识，也包含粗糙元素，它们共同组成了一枚金卵，后者如水泡般渐渐膨胀了起来。

由诸元素组成的这一枚广大无边的金卵栖居水上，以大梵为形式的毗湿奴，便以之为无与伦比的天然居所。不可思议的宇宙之主毗湿奴，由是呈现出了一种可察知的形相，甚至其本尊亦以大梵之特征栖居其中。此胎藏于群山连绵的迷卢山，充盈其中的原水则是浩瀚无边的大洋。大洲、大洋与群山俱在此金卵之中，宇宙诸星宿及宇宙的各个部分、诸神、群魔与人类亦在其中。

"万有之主诃利旋即作用于行动之属性，其本尊成为大梵，卷入了宇宙的创世进程中。毗湿奴以其善性与不可度量之力，维系着诸般造物穿越连绵不断的纪元，直至劫末的来临。彼时，同一位全能的尊神，将滋长其黑暗之属性，现身为可怖的楼陀罗，吞噬整个宇宙。万物被吞噬后，世界重回一片汪洋，至上者栖居于蛇王宝座之上，沉入深深的睡眠。一段时期后，他将再度苏醒，重又现身为大梵，成为万有的创造主。"

其后，该往世书给出了此劫或称此纪元的创世事迹。此劫乃属次级创造，因为水、土等业已存在；然并非一般意义上的创世，而是既有之元素呈现为此世之形相。毗湿奴知晓大地深藏于原水之中，于是现身为野猪形相，以獠牙将之拱出。

为对诸神与诸般造物的创世过程做一完整的解释，以下篇章跃然纸上："劫末的大消融来临之际，尽管诸般造物皆被毁灭（为其原初形式），然其前世所染之善业或恶业，仍将面临其业果，无可回避。梵天再造新世界时，万有乃其意志之产物，诸神、人类、动物与无情万物，则一一分列于四种情形。随后，梵天专念于创世，诸神、群魔、祖先与人类，俱分为四个种类。

"此种专念之中，黑暗之属性遍行于梵天的全身，群魔（众阿修罗）自其股率先诞生。梵天旋即舍弃了此由黑暗元素组成的形相，令之成为夜晚。其后，创世之功呈现出了截然不同的面貌，梵天自口中生出诸神。此形相亦被舍弃，成为以善性为主导的白昼。故此，诸神总是于日间占据上风，一俟夜幕降临，恶魔便会卷土重来。

"随后，梵天现身为另一副人类的面目，义人自其中生出；接着，梵天沉思自己为世界之父，于是，祖先自其身侧生出。他再度舍弃此身，令之成为薄暮（Sandhyā）；又呈现为另一种人形，愚昧遍布其中，使得以愚昧（或激情之德）占据主导的人类从中诞生。创造主很快舍弃此身，令之成为黎明。由是，黎明之光初现时，人类最具活力；夜晚降临时，则是诸位祖先最具力量。

"梵天又以愚昧之德创造了饥饿，愤怒从其中孳生；诸神令黑暗之造物现身其中，它们因饥饿而面黄肌瘦，形容丑陋，留有长须。此类造物扑向天神，其中的一些高呼：'哦，拯救我们吧！'故被称为'罗刹'；余者则大喊：'让我们享有食物吧！'故被称为'夜叉'

（Yākṣa，源自 Yakṣa，意为‘吃’）。

"凝望着这些令人嫌恶的造物，梵天的头发纷纷干枯，可一俟掉落，便又有新的头发长出。这些掉落的头发成为群蛇，因其爬行而被称为萨尔巴（Sarpa，源自 Sṛp，意为‘爬行’）；因其舍弃了头颅，又被称为阿诃（Ahi，源自 Hā，意为‘舍弃’）。

"创造主变得狂暴起来，由是创造出凶猛的造物，其中以妖精、精灵（bhūta）、恶魔与食尸者为首。乾达婆（乐师）随后诞生，他们因汲取动人的音律、畅饮女神之言辞而降生，故而得名。

"神圣的梵天受其物质能量之影响，创造了以上生灵，后又依从自身之意志创造了其余万物：自其生命气，创造出鸟儿；自其内心，创造出绵羊；自其口，创造出山羊；自其腹与身侧，创造出牝牛；自其足，创造出马、象、八脚兽（Śarabha）、大额牛、鹿、骆驼、骡子、羚羊及其他各种动物。此外，香草、根茎与果实纷纷自其毛发中涌出。"

据云，万物以此道自梵天之中涌出，它们曾与他一同处于金卵之中。故此，这一过程实乃演化，而非创造。该往世书所记述的人类于创造时即已分为四大种姓的事迹，与有关摩奴的介绍如出一辙。

其后，婆利古、达刹等九名梵天之子自其心意中生出，乃为人类之祖先。随后，"为庇佑其造物，梵天创造其自身为自在摩奴（Manu Svāyaṃbhu），后者与梵天本尊一般无二；梵天又以其女性部分建构出莎妲鲁巴，她以苦行净化其罪（禁止婚配）后，被神圣的自在摩奴接纳为妻"。随后是一篇关于诸位心意之子的长篇叙述，接着是甘露的来历——诸神为求不朽而搅拌乳海，甘露便从乳海中生出。如是，此劫之创世之功方才圆满。

诸往世书中所讲述的创世故事存有不同的版本。其中一些偏重于介绍以上叙述中轻描淡写的部分，而《毗湿奴往世书》对一些事迹的完整介绍，亦非其他往世书可比。

第十章　往世书中的时间划分

　　印度文献中所引入的关于时间的划分尺度主要有三：由伽（Yuga）、摩奴时期（Manvantara）、劫。现作一介绍。

　　由伽有四，一共绵延 12,000 个神圣纪年。各由伽（时代）的时间范围如下：

　　圆满时代，长达 4800 个神圣纪年；

　　三分时代，长达 3600 个神圣纪年；

　　二分时代，长达 2400 个神圣纪年；

　　卡利时代，长达 1200 个神圣纪年。

　　"凡间的一年相当于诸神的一日。"一年共计 360 日。故此——

　　圆满时代相当于凡间的 1,728,000 年（4800×360）；

　　三分时代相当于凡间的 1,296,000 年（3600×360）；

　　二分时代相当于凡间的 864,000 年（2400×360）；

　　卡利时代相当于凡间的 432,000 年（1200×360）。

1个大由伽（Mahāyuga），或称"伟大的纪元"，包含4个由伽，共计12,000神圣纪年，也即凡间的4,320,000年。"1000个大由伽乃是梵天的1日"，梵天之夜的长度与之相等；故此，1劫，也即梵天的1日，将绵延4,320,000,000个凡间纪年。"1劫之中，先后有14位摩奴执政；故此，1个摩奴时期相当于1劫或梵天1日的1/14。

"此劫之中已有6位摩奴存在，自在摩奴居首，现正执政的则是维伐萨陀摩奴（Manu Vaivasata）。每个摩奴时期，皆有7位仙人、指定的天神与1位因陀罗、1位摩奴，亦有诸位国王与王子们生生灭灭。1000个四由伽系统相当于14个摩奴时期，因此，每个摩奴时期包含71个四由伽系统，用以丈量该时期诸位摩奴与天神们的生命历程。临近梵天一日的终了，将会发生一场宇宙性的大毁灭，此时，诸世界将化作一片浩瀚的海洋，莲花生（梵天）借由吞噬整个宇宙而拓展其自身，并于人界的诸位瑜伽士与诸神的沉思中，躺卧于宇宙巨蛇湿舍之上。长夜的尽处，他将再度醒来，创造新世界。

"如上所述的日复一日构成了梵天的一年，而100个这样的神圣纪年，就组成了梵天的一生。梵天的一生所绵延的时期被称作'巴罗'（Para），一生的二分之一，则被称为'巴罗塔'（Parārddha），或称'巴罗的一半'。目前业已结束了一个巴罗塔，也即梵天存在的一半，它终止于被称作'莲花劫'（Padma Kalpa）的大劫。目前尚且存在的劫，或称梵天的一日，被称为'筏罗诃'（即野猪），乃是梵天之存在的第二个巴罗塔之起始。发生于每一劫之末，也即发生于梵天一日终了之际的消融，被称作'奈弥迪迦'（naimittika），乃'偶然'之意。"

存在界的消融分为三类：偶然的、主要的与绝对的。第一种消融即是奈弥迪迦，也称"婆罗弥亚"（Brāhmya），发生于梵天的一个个白昼之间；万物于梵天之夜遭遇毁灭，然世界的质料犹存。第二种消融是普遍的进程，其时，诸元素回归其肇始之源，也即回归于原质；此消融被称为帕科迪迦（Prākṛtika），发生于梵天生命的尽头。第三种消融乃绝对与终极之消融，称为阿里安迪迦（Ālyantika），乃指个体免于再度重生的湮灭与解脱。

有关毁灭过程的描绘如下：

"历经 1000 个四由伽时期后，地界的绝大部分已经耗竭。一场彻底的死亡即将来临，它将持续 100 年，最后，失去了食物的世间万物变得了无生机，直至全然毁亡。永恒的毗湿奴旋即现身为毁灭者楼陀罗，下降人间，以便亲自令其造物归一。他步入太阳的 7 束光芒，饮尽了全世界的淡水，令大地与众生之中的水分悉数蒸发，直至整片大地变得干涸。海洋、江河、溪流、涌泉亦蒸发殆尽，地府与下界的水源亦不能幸免。

"楼陀罗的介入，促使汲取了充足水分的 7 束阳光膨胀为 7 个太阳。金光从四面八方扑向人间，三界与地府俱被烈火包围。遭受烈日炙烤的三界，山川湖海变得面目狰狞，失去了植被与水分的大地，尽管依然存在，却已形同乌龟的背脊。

"万物的毁灭者诃利，现身为楼陀罗之形相。他乃时间的火焰，化作了宇宙巨蛇湿舍那焦灼的呼吸，地府因之化为灰烬。伟大的圣火燃遍了地府的全部界域，接着，彻底吞噬了整个大地。

"火焰翻卷成巨大的旋涡，向空界与天界蔓延，转眼间便已将之尽数化为废墟。三界已被末日之火包裹，如同一枚燃烧的飞盘，葬身于熊熊烈焰之中，动与不动之万物，皆难逃此劫。空界与天界的居民为酷热所扰，纷纷逃散，迁往更高处的摩诃尔界（Maharloka）。当彼处也变得酷热难耐时，居者们结束了短暂的居留，意欲升往更高的界域，便出发前往人界。"

对此，《伐由往世书》给出了更为清晰的教导。

"神圣的生灵们勤勉地向毗湿奴敬拜，以虔信而闻名，末世之毁灭来临之际，他们与诸位祖先、众位摩奴与七仙人一同居于摩诃尔界，各级天神亦居于此。当毁天灭地的烈焰蔓延至彼处时，他们以其精微形式前往人界，注定将下一劫肇始之际，借由一如从前之神力再度显化，现身于新世界。

"此生生灭灭的一幕幕于梵天的一生中反复上演，最后，在其命终之际，一切都将迎来终极的大毁灭。不过，那些已经抵达梵界者已然与至上之灵合而为一，故而融入了唯一自存的大梵。"

《毗湿奴往世书》继续记载道："瞻纳陀那（Janārddana）化身为楼陀罗，毁灭了整个世界，呼出了厚厚的尘埃云——其大无匹，声如惊雷，无处不在。暴雨下降，雨云浇熄了吞噬三界的烈焰，其后，暴雨连续下了一百年之久，世界化为一片汪洋。像骰子一般大小的雨点冲刷着大地，直至吞没了地界、空界与天界。此时，世界已被黑暗包裹，有情与无情之万物皆已灰飞烟灭。浓云继续降下雨水，又浇灌了一百年以上。"

前文已提及四由伽——圆满时代、三分时代、二分时代与卡利时代，它们各有其特征。圆满时代乃黄金时代，卡利时代则是黑铁时代。《摩诃婆罗多》对四由伽之特征做出了清晰的说明，猴王哈努曼曾向般度族的怖军开示如下：

"圆满时代，正义是永恒的。在这个最伟大的时代，（万事）皆已完成（Kṛta），无一事（依然）未竟。天职未被怠慢，人民亦不曾堕落。然而，由于时间（的侵袭），圆满时代堕入了下一个远逊于从前的时代。

"圆满时代并无诸神、檀那婆、乾达婆、夜叉与罗刹之分，亦无龙蛇（Pannaga）；无所谓交易买卖，亦无须人为付出努力；仅凭愿望（即可获得大地的）果实，正义与弃绝无所不在。纵使饱经风霜，亦无须挂虑疾病的侵袭与感官的衰朽；世上并无怨憎、悲伤、傲慢与欺骗，亦无争执、憎恨、残暴、恐惧、苦难与嫉妒。故此，至上之梵乃是此等瑜伽士的超然居所，万物之灵那罗延那为白色。

"诞生于圆满时代的生灵虔心履行其职责。他们在信仰之对象、遵守之礼仪与拥有之智慧方面，皆毫无二致。彼时，各个种姓的人们履行着同样的职责，他们不辍敬拜同一位神明，持同一咒语（曼陀罗），遵守同一礼法规则，亦只有一部吠陀。

"须知，到了三分时代，祭祀方才兴起，正义衰减了四分之一，毗湿奴变为红色；人们仍然执着于真理，然所奉行之正义有赖于敬拜的仪式。祭祀盛行于世，成为一项神圣的事功，并衍生出了名目繁多的仪式。三分时代的人们出于某种目的而行动，向其仪式索求奖赏与恩惠，不再虔心于苦行，不肯（一心一意地）尽职。不过，此时代的人们依然虔敬于一己之天职与宗教仪式。

"及至二分时代，正义衰减了一半，毗湿奴呈现为黄色，吠陀亦已四分。有人研习四吠陀，有人择其三，有人择其二，亦有人弃之如敝屣。圣典由是出现了分化，祭祀仪式亦变得庞杂；世人执迷于修习苦行与祈求恩惠，为罗阇之德所困。由于无视吠陀之同一性，吠陀亦出现了分裂。

"二分时代，善良之德（萨埵）已逐渐没落，唯有少数人依然热衷于真理。当善性被抛弃，众多的疾病、欲望与灾难也便一一降临人间，使人在劫难逃；人们因此而痛苦不堪，被迫修习苦行。余者一心祈求享受与至福，故而举行祭祀。当世界堕入二分时代时，不义使人堕落。

"步入卡利时代，正义仅存四分之一。进入此黑暗的时代，毗湿奴成为黑色，依吠陀而行的修习、正义的行动与祭祀皆不复存；灾难、疾病、倦怠、愤怒等过错及不幸、焦虑、饥饿、恐惧无处不在。在卡利时代，正义再度衰减，当这一切发生时，人们亦走向堕落。人心朝向黑暗，其驱动力也便趋向负面。由此最末之由伽所催生的诸般修习，使人无法达成目标，人心亦百般受挫。

"此即卡利时代，存续的时间极短。彼种祈求长命百岁的行止，符合此时代之特征。"

《摩诃婆罗多》之《毗湿摩篇》（*Bhīṣmaparva*）有一节云："若圆满时代长四千年，那么，三分时代仅余三千年。两千年前，大地步入了二分时代，及至提舍（Tiṣya，卡利）时代，已无法计算。"

值得注意的是，以上从《毗湿奴往世书》中引用的极为广大的时间尺度，乃诸往世书所特有。《摩诃婆罗多》的文本中，"并未提及包含不同由伽的纪年方式为神圣纪年"——较之西方国家所能接受的标准，早期文献显然更倾向于使用较为夸张的纪年法。

有趣的是，关于圆满时代也即正义纪元的介绍中，曾提及彼时各种姓并未区分出不同的职责。这显然意味着，现代的种姓之别在当时并不存在，而所有人皆依从同一仪规虔心敬拜同一位神明，亦明确指向于印度教徒的古代祖先们乃是一神论者。依据作者的判断，此一幸福状态曾经出现于那个以正义为特征的时代。

第三部分　次级诸神

第一章　神圣的圣哲们

1. 婆利古

"当梵天心怀祈愿，想令世界繁荣兴旺时，自心意中创造了如他一般的儿子们。他们是婆利古、补罗斯底耶（Pulastya）、补罗诃（Pulaha）、迦罗都（Kratu）、鸯吉罗斯、摩利支（Marīci）、达刹、阿陀利（Atri）和极裕。这九名仙人即是诸往世书中所尊奉的九大婆罗门或九大梵仙（Brahmārṣi）。"

九大梵仙中，仅七位现身于史诗《摩诃婆罗多》中。同时，史诗的不同部分所列举的梵仙姓名亦不尽相同。七仙人之名正是大熊星座的北斗七星之名，仙人的妻子们则是星光熠熠的昴星团。

诸位梵仙亦被称为"生主""梵天之子"（Brahmāputra）与婆罗门（Brāhmaṇa）。《毗湿奴往世书》教导说，婆利古娶妻卡提（Khyā-ti），乃达刹之女，也即仙人的侄女。卡提为仙人诞下一名女儿——室利女神拉克什米。不过，依据普遍的信仰，室利女神乃由搅拌乳海而来。该《往世书》的作者被要求解释这一差异，故有："无论是诸神、动物或人类，诃利为阳，拉克什米为阴。"

书中记述的创世事迹中，摩奴提及他曾创造了十位大仙

（Mahārṣi），其中之一便是婆利古。仙人复又创造了另七名摩奴，世间万物由之诞生。《摩诃婆罗多》云："这六位大仙即是自梵天的心意中生出的梵天之子。"然婆利古并非其中之一。

史诗的另一节称，婆利古乃是婆楼那之子，而婆楼那与梵天同一。在一次由梵天主持的祭祀中，婆楼那的一部分被投入祭火之中，从中升起了三个人形。婆利古最先自火光（Bhṛk）中跃出，鸯吉罗斯自炉渣中升起，迦毗（Kavi）则生自一堆灰烬。摩诃提婆、婆楼那与婆伐那争相自称为三子之父，阿耆尼与梵天亦不甘落后。最后，诸神议定：婆利古为婆楼那之子，鸯吉罗斯为阿耆尼之子，迦毗为梵天之子。

史诗的又一篇章称："我们曾听闻伟大的、备受尊敬的婆利古仙人，由梵天于婆楼那的祭火中创造。"《薄伽瓦谭》则称："他自创造主的皮肤中涌现。"而《摩诃婆罗多》的另一颂则断言："备受尊敬的婆利古劈开梵天的心脏，从中一跃而出。"

达刹不肯邀请湿婆出席的那场祭祀，由婆利古担任主祭司。因对湿婆及其随从出言不逊，并为达刹的羞辱与傲慢出言辩护，仙人失去了胡须。

《摩诃婆罗多》记述了婆利古诅咒因陀罗的一则传说。彼时的因陀罗名为农沙（Nahuṣa），早已耗尽了往昔的善业，而变得狂妄自负。他是如此的放肆，以至于仙人们不得不轮流背着他。轮到鸯吉罗斯背他时，婆利古道："我们为何要承受邪恶的天帝之羞辱？"鸯吉罗斯答道："此前从无一名仙人胆敢诅咒农沙，因他曾得一恩惠，从此拥有了一项神力——可使所见的任何人受其役使。"尽管有此答语，鸯吉罗斯也已做好准备，决意助婆利古一臂之力，惩治因陀罗。

婆利古告诉他，梵天已命自己向农沙报仇，就在今日，天帝将会役使鸯吉罗斯，并伸脚踢他。此等羞辱令人忍无可忍，故此，他（婆利古）将诅咒压迫者，使其变成一条蛇。

强健的农沙召唤鸯吉罗斯，命他自萨拉斯瓦蒂河畔赶来，背其巡游。光辉的婆利古立即对迈陀罗婆鲁（Maitrāvarum，鸯吉罗斯）道："闭上双目，我将遁入你的发髻中。"眼见天帝正为所欲为，婆利古悄悄藏身于鸯吉罗斯之发髻，后者旋即如泥塑木雕般，一动不动。

农沙向鸯吉罗斯走来，仙人当即表示愿意奉命载他去往任何地方。农沙遂驱使仙人向前。因深知天帝的一瞥之力，婆利古不敢冒险看他；鸯吉罗斯亦小心翼翼，忍气吞声，就算遭到鞭笞，仍驻留原地一动不动。最后，天帝踹了他一脚。藏身于鸯吉罗斯发间的婆利古顿时大怒，狂暴地诅咒道："愚人哪，因你愤怒地用脚踢了大牟尼的头，你将变成一条蛇，并立时落地。"农沙应声掉落于大地。由于仙人并未出现在因陀罗的视线中，故不会遭到天帝的报复。

另一次，婆利古诅咒了阿耆尼。《摩诃婆罗多》记载道：有一女子名叫普洛玛（Pulomā），已与一名恶魔订婚。婆利古心动于她的美丽，便依照吠陀之仪规与她结婚，秘密地带走了她。恶魔得阿耆尼相助，发现了新娘的踪迹，将她掳回家中。

因阿耆尼向恶魔提供佐助，婆利古诅咒道："自今日起，你将以万物为食。"阿耆尼质问婆利古缘何对自己施以诅咒，并辩解道，陈述所见之事实不过是履行一己之职责而已。接着，他提醒仙人道："若有人遭遇询问，所言虚假，那么，他与他的七代先祖与七代后嗣，都将被投入地狱；若蓄意隐瞒，亦是同罪。"

火神继续道："我也有出言诅咒之力，不过，出于对婆罗门的尊重，我压制了心中的愤怒。须知，我乃诸神与诸位祖先之口——向其呈上酥油时，须以我为其口，方得享用。因此，我如何以万物为食？"婆利古闻言，同意对诅咒稍事修改，便说："如同太阳以其光和热净化自然万物，阿耆尼亦当净化火中的一切。"

据云，婆利古曾履行了至为伟大的事功，将一名刹帝利国王转变为一名婆罗门。《摩诃婆罗多》记述了这一特殊的功业："迦尸（贝拿勒斯）国王迪沃陀娑遭到毗陀诃维亚（Vitāhavya）诸子的袭击，战争中，其全家皆遭屠戮。痛不欲生的国王遂投奔持力仙人（Bharadvā-ja），后者为其举行祭祀，求得一子，名为帕达尔达那（Pratardana）。帕达尔达那成为一名出色的战士，奉父命向毗陀诃维亚复仇。

"毗陀诃维亚连忙求助于另一圣哲婆利古，后者许其庇佑。复仇者帕达尔达那尾随而来，要求仙人停止庇佑此人。最为杰出与正直的婆利古满心慈悲，道：'此处并无一名刹帝利，仅有婆罗门。'听闻仙人的真诚断言，帕达尔达那心中欢喜，遂温顺地触碰了仙人之足，应道：'纵是如此，光辉的圣哲啊，我亦已达成目标，因我将此王逐出了他的城池。'由于婆利古的话语，毗陀诃维亚变成一名婆罗门仙人——吠陀的念诵者。"

《摩磋往世书》记载了十九位婆利古之名，据云，他们乃是颂诗的编纂者；婆利古本尊亦是《摩诃婆罗多》的叙述者之一。罗斯教授称，诸位婆利古是一种神话意义上的存在，属于空界诸神，又或诸神的中间位阶。他们是火的发现者，并将之传授予人类。教授还补充道：婆利古族与真实的史实不乏联系，一大主要的婆罗门家族以之为名，有关此一事实的典故亦出现于《梨俱吠陀》颂诗中。

《罗摩衍那》中提及婆利古之处并不多。他被称为"大仙"，当罗摩起意诛杀女恶魔时，即回忆起了毗湿奴杀死婆利古之妻的事迹，其时，仙人之妻一心想要夺取因陀罗之权柄。当婆迦罗（Sāgara）无嗣的妻子们行祭求子时，接受其求告的婆利古赐每人一子，并使其余六万名求子者得偿所愿。

婆利古的追随者之中，持斧罗摩乃是最为著名的一位。

2. 补罗斯底耶

梵天的另一位心意之子——补罗斯底耶，其备受尊崇的原因，乃是由于诸往世书因他才得以开示于众生。

补罗斯底耶被视为圣典开示者的因由，见诸《毗湿奴往世书》的教导。其中，叙述者破灭仙人（Parāśara）在回答其弟子梅特利耶（Maitreya）的问题时道："你令我回想起了我的祖父极裕仙人说过的话。我曾获悉父亲被一名罗刹吞下的消息，而这名罗刹乃是受到众友仙人的指使。顿时，我血气上涌，怒不可遏，立即举行祭祀，只为将罗刹们一网打尽。这场祭祀使数百名罗刹化为灰烬，然就在它们即将被彻底扫除时，祖父极裕仙人对我道：'到此为止吧，孩子，平息你的愤怒吧！此事不能怪罪众罗刹，你父亲的死乃是命中注定的业果。'"

破灭仙人中止了祭祀，极裕仙人这才转忧为喜。补罗斯底耶随即对他道："在这场充满了仇恨的暴力杀戮中，你听从了祖先的劝告，终以仁心相待。从此，你变得博学，精通任何领域。你曾怀有满腔的愤怒，却选择了忍耐，并未将我的子孙赶尽杀绝，故此，我将许你另一个恩惠——你将成为诸往世书的叙述者，你知晓诸神的真实本性，因这一恩惠，你将臻获圆满的理解力，一扫诸般犹疑。"如此，破灭仙人方得以转述起初由"极裕仙人和智慧的补罗斯底耶"开示予他的诸往世书。

补罗斯底耶与达刹之女普利提（Pṛthi）结婚，育有一子，正是圣哲鸯吉罗斯。《薄伽瓦谭》则称，其妻乃是诃毗斯朴（Havisbhu），子嗣则是鸯吉罗斯与毗湿罗婆（Viśravas），后者乃俱比罗、罗波那与其余众罗刹之父。

关于破灭仙人向罗刹们发动攻击的原因，《摩诃婆罗多》讲述了一则传说。斑足王（Kalmāṣapāda）与（破灭仙人之父）沙迦提（Śakti）于森林中的一条狭窄小径对面相逢，国王命后者闪避让路，仙人出言拒绝，于是，国王挥起鞭子打了他。沙迦提还以诅咒，令其变作食人的罗刹。孰料，此形相的斑足王反而杀死了仙人，将他吞下，又吃掉了极裕仙人其余的儿子。

沙迦提仙人遭此大难时，其妻已怀有身孕，破灭仙人很快出生，由祖父极裕仙人抚养。一俟长大成人，他便展开了对罗刹们的大屠杀，然终被极裕仙人、补罗斯底耶及其余众神劝止。

3. 补罗诃

此仙人之事迹并未大量见诸印度神话。他与达刹的一名女儿科娑玛（Kṣamā，意为"忍耐"）结婚，育有三子。

4. 迦罗都

迦罗都并不比补罗诃出名。他与达刹的另一名女儿桑娜提（Sannati，意为"谦逊"）结婚，育有"六万名如拇指指节般大小的圣哲（Bālakhilya），他们纯洁、虔信，如太阳般光辉"。

5. 鸯吉罗斯

鸯吉罗斯以身为《梨俱吠陀》数首颂诗的作者而闻名。他先是与斯弥提（Smṛti，意为"记忆"）结婚，育有四女，后又与娑塔（Svadhā，意为"祭品"）、萨提结婚，二人亦是达刹之女。仙人所谓的女儿们——帕提亚鸯吉罗斯娑·毕迦斯（Pratyangirasa Bicas），乃是献予主神们的三十五首颂诗。

鸯吉罗斯之名在使用时存有一些模糊之处，Aṅgiras 与 Agni（阿耆尼）出自同一词根，因此，也用作阿耆尼的一个称谓；此名亦用于阿耆尼之父，同时也是阿耆尼之女阿耆尼耶（Āgneya）之子的名字。

在印度，鸯吉罗斯与婆利古一同被视为火祭的开示者。

6. 摩利支

摩利支因其后裔而闻名，远胜于其名下的任何一部作品。

摩利支最著名的儿子是迦叶波，毗湿奴的侏儒化身正是以迦叶波之子的身份降世。迦叶波的十三名妻子中，底提与阿底提与他结

351

合后乃成诸神之母。"此时代以前的纪元名为'提舍',彼时,十二位著名的神祇一齐现身,两个纪元交替之际,也即上一名摩奴查克舒婆(Cākṣuṣa)统治时期,他们互道:'来吧,让我们立即步入阿底提腹中,如此便可于下一个摩奴时期降生于世,再度享有诸神之地位。'

"于是,他们降生为迦叶波诸子和摩利支与阿底提之子,一同被称为十二阿底提耶,命名为毗湿奴、萨克罗、阿尔耶摩、图提(Dhū-ti)、陀伐斯特里、补善、毗婆薮、萨维德丽、密特罗、婆楼那、庵娑与薄伽。"

关于诸神连续转生的事迹,《伐由往世书》作了解释。一劫之初,名为"伽耶"的十二位神祇由梵天创生,意在助其一臂之力,共建创世之功。孰料,十二神祇忘却了父命,迷失于冥想。于是,梵天宣布:他们将于每一个摩奴时期重生,直至第七个摩奴时期来临。《毗湿奴往世书》的作者曾试图解释这一点:"一千个时代终了之际,此类神祇将依据自身之善业再度降生,其出现与消逝一如生与死——犹如日升与日落,他们以相同的方式,一个又一个时代地存在着。"

迦叶波与妻子底提育有二子,正是恶魔金装与金眼;毗湿奴则投生为底提之姊阿底提的儿子,成为毁灭者。然人间之仇敌实为异母兄弟。

7. 阿陀利

阿陀利乃是众多吠陀颂诗的作者,尤其是那些"献予阿耆尼、因陀罗、阿史文双神与毗湿伐提婆们（Viśvadeva）的颂诗"。阿陀利娶妻阿娜苏耶（Anasūyā），生子敝衣仙人，此仙人遭遇了因陀罗之轻蔑。另外，月神苏摩据云自其父阿陀利的目中生出。

仙人与妻子年迈时，曾在其隐修所接待了来访的罗摩、悉多与罗什曼那。彼时，三人正于各地漫游——

他抵达了阿陀利的洁净居所，
顶礼于仙人的圣足。
圣者向其表示欢迎，
一如慈爱的父亲欢迎爱子。

阿陀利向光辉的客人们介绍了自己的妻子，他如是形容道：

这名虔诚的女信徒，足有一万年
虔心于严苛的苦行仪式；
彼时，铅云凝伫，不肯降雨，
大旱十年，一片焦土。
是她令植物得灌溉，结出果实，
是她命恒河水再度涌流；
这般悉心照料，使诸位仙人得拯救，
他们的仪式，亦一切如旧。
得诸神相助，她以上天的名义，
令十个夜晚，融合为一。

阿娜苏耶随即与丈夫一同欢迎三名被放逐者光临其住地。悉多使她喜悦，她便向这位公主许以恩惠。听闻悉多别无所求。年迈的仙人道：

此乃今日之赠礼，
请以甜美的笑容悦纳。
接受这件珍贵的衣袍，
它以天界的布料织成，举世无双；
美丽的珠宝为你而准备，
香料亦甜蜜而芬芳。

密提罗公主啊，我的礼物
令你闪耀着美丽的光芒，
当你的气息与之相融，从此
带来了纯净而持久的影响。
这香料在你的秀发上洋溢着芳香，
崭新的光辉同样闪耀在你丈夫的身上。
拉克什米的美丽带来恩典，
总是显现于毗湿奴的神圣面庞。

8. 达刹

达刹乃乌玛之父，也即湿婆之岳父。达刹在其兄弟中的地位颇为尊崇，究其原因，亦在于其女婿的伟大。达刹亦是梵天的心意之子，也有一些文献称，他从父亲的拇指中跃出。

达刹是主要的生主之一。在对其进行介绍以前，考虑到"生主"一词频繁出现，先对其加以解释就显得尤为必要。

生主一词意为"万物之主"，故此，诸位生主即是人类的众位祖先。"生主"与基督教文献中的"祖先"一词在用法上十分相似。

有时，"生主"一词也用以指代梵天——梵天正是"万物之主"；有时，该术语亦指原人——人类因他而起源。"生主"起初是萨维德丽与苏摩的一个称谓，也包括金卵与梵天，不过，它最终成为一位独立的神祇，并曾三次出现在《梨俱吠陀》中。

生主有时与"宇宙"同一，（以与梵天和别处所述的实有或非实有相同的描述方式）被称为肇世之初的唯一存在，亦乃万有之起源："生主即宇宙，语言女神（Vāc）随之现身。女神有孕，遂与他分离，创造了万物。随后，她再度融入生主之中。"与此同时，生主"有时亦被描绘为一名次级神或从属神，乃三十三位神祇之一"。

及至摩奴著书立说的时期，创世之功已被视为梵天的一项特殊功业，因此，"生主"一词在《法论》（*Dharma-Śastra*）中指称梵天。而在后期著述中，"生主"指梵天诸子，他们继承了父亲的事业，令世界繁荣昌盛。

关于达刹的起源，《摩诃婆罗多》记载了两件特殊的事迹："达刹，光辉的圣哲，心神宁静，以伟大的苦行之功，自梵天的右手拇指中跃出，而自其左手拇指中跃出的，则是这位伟大牟尼的妻子。二人诞育了五十名女儿。"

达刹

与大仙们相同，（另一名生主）普利切陀娑（Prācetasa）的十个儿子亦光辉地降生，以其美德与圣洁而闻名。此前曾被烈焰付之一炬的光辉存在（树木与植物等），皆再度自其口中跃动而出。达刹·普利切陀娑（Dakṣa Prācetasa）由之诞生，作为世界之父，万物由他而生。"牟尼达刹与毗里尼（Vīriṇī）结婚，诞下了一千名儿子，皆因恪行仪规而闻名。"

《诃利凡娑》则记载，毗湿奴与达刹同一。劫末来临之际，上一时代的诸位婆罗门，"于知识和冥想中圆满，卷入了世界的消融。于是，毗湿奴自梵天之中跃出，超越诸感，专念于冥想，成为生主达刹，创造了众生"。

对达刹起源之特殊性的完整介绍，见诸《毗湿奴往世书》。"梵天潜心于冥想，自心意中创造出子孙后裔，不论身体又或精神，其形貌与才能皆源自身为全能之神的为父者之本性。梵天诸子不事繁衍子嗣之务，于是，梵天亲自创造了另一些如他一般的心意之子，以婆利古为首。诸位生主的名单常有变化，然不论如何改换，始终以最初的七名生主为基准，其圣名亦时时涌现其中。

"全部往世书提及的生主共有十七名，而有关最初的生主自梵天的心意或意志中出生的朴素描绘，显然无法满足神秘主义者们的好奇心。故此，据《薄伽瓦谭》《伐由往世书》《林伽往世书》等往世书记载，生主们由祖先的身体而生：婆利古生自梵天之皮肤，摩利支生自其心意，阿陀利生自其双目，鸯吉罗斯生自其口，补罗斯底耶生自其耳，补罗诃生自其脐，迦罗都生自其手，极裕生自其气息，达刹生自其拇指，那罗陀生自其双唇。然往世书中对诸位仙人（诞生之部位）的描述亦不尽相同。"

《毗湿奴往世书》亦提及了达刹乃是普利切陀娑之子，并简单地陈述道：达刹先是作为梵天之子降世，后又成为普利切陀娑之子。达刹的诸位祖先乃是一位名为帕奇那维利（Prācīnaverhis）的强健长老之子——"其所坐之处，圣草指向了东方。"一段时间的严苛苦行后，帕奇那维利与海洋之女萨瓦尔娜（Savarṇā）结婚，二人育有十子，称为"普利切陀娑诸子"，尤具军事才干。"他们履行着同样的职责，修习虔诚的苦行，于海底冥想了十万年。"

这一场漫长苦修的起因，乃是由于其父奉梵天之命，负有使人类之种族繁衍兴旺之要务。既已与梵天缔约，帕奇那维利吩咐儿子们，须以最佳的方式依梵天之命行严苛的苦行——"唯敬拜赐予美善者毗湿奴，方能求得神恩，所愿成真。除此之外，别无他途"。

普利切陀娑诸子遂沉入大海，虔心敬拜毗湿奴。世尊听见了诸子之祈请，遂现身而来，道："汝等之祈愿已得应许；我，赐予美善者，已为汝等所喜悦。"

诸子虔心奉献之际，"树木不停地生长，肆意蔓延，遮蔽大地，民不聊生。风儿无力吹拂，密密匝匝的枝叶挡住了天空。足足一万年之久，人类无法劳作。圣哲们见状，口吐疾风（摧折了树木），又喷烈焰（将残枝燃尽），密林很快被扫除"。

植物界的主宰者苏摩目睹了树木几已被毁尽的惨状，于是面见诸位祖先道："收敛你们的怒火吧，且容我言。我将调和你们与众树的关系，以便和谐相处。身为先知，我养育了一名少女——森林之女。此女名为摩梨舍（Māriṣā），她将成为你们的新娘，为德鲁瓦（Druva）一族繁衍子嗣。你们的一部分将与我的光辉结合，生出祖先达刹。他身负我的恩泽，兼具汝等之活力，如火焰般明亮夺目，必能使人类一族欣欣向荣。"

苏摩旋即对诸子讲述了摩梨舍的来历。"古时有一仙人名唤坎图（Kaṇḍu），富于智慧，于高摩提河岸（Gomatī）不辍地苦行。因陀罗为此心生不安，遂遣天女帕摩珞珈（Pramlocā）前去扰乱其修行。二人共同生活了一百五十年，在这段漫长的岁月里，牟尼已彻底耽溺于享乐。时限已到，天女想要动身离去，牟尼却出言恳求，希望她继续留在自己的身边。其后，每逢世纪之末，帕摩珞珈便会提出相同的请求，然一次也未能如愿。

"一日，帕摩珞珈见仙人正行色匆匆地离开他们的小屋，便问道：'仙人哪，你去往何方？''时限将近'，仙人答道，'我必须行薄暮祭，否则便是失职。'天女笑答：'严肃认真的仙人啊，何出此言？今日将尽，尚有岁岁年年。每个人的每一日皆是奇迹，难道不是吗？'

"牟尼道：'美丽的少女啊，你曾于黎明时分来到河岸边，我望见了你，你便进了隐修所。夜晚之变即将来临，一日就要过去。你的笑容是为何意？快快告之真相吧。'帕摩珞珈答道：'尊敬的婆罗门啊，你所言非虚。我确曾于黎明时分来此，然自那以后，倏忽已过数百年。这即是真相。'"

天女告诉牟尼，二人已一起度过了九百零七年六个月三天。牟尼这才意识到，此女必定由因陀罗所遣，意在扰乱他的奉献事功，令他情牵心动，背离心中渴望的神圣知识。蓦地，他怒上心头，但终究平静地遣她离开，喃喃道："一切皆是我一人之罪。"

"闻听牟尼此言，帕摩珞珈浑身战栗，每个毛孔皆渗出豆大的汗珠，竟不能挪动一步。仙人怒火中烧地向她咆哮：'滚，你滚！'天女这才于责备声中黯然离开小屋，乘云而起，以树叶拭去了浑身的汗水。"天女穿行于林木之间，直至树梢的嫩芽将她那泛着一层水汽的四肢擦干。这时，仙人之子自其汗珠中降世。众树接过了颗颗饱含生机的晶莹汗珠，风儿将其收集，凝成一体。"我的光辉令它瓜熟蒂落，渐渐长大，直至滴落树顶的汗珠长成了一名可爱的少女——摩梨舍。普利切陀娑诸子啊，众树会把她献予你们，以平息你们的怒气。她是坎图的后人，帕摩珞珈的娇儿，众树将她养育，风儿与明月视她为女。"

其后，苏摩向普利切陀娑诸子讲述摩梨舍前世的事迹。她曾是一名王子的遗孀，然膝下无子。于是，她热切地敬拜毗湿奴，世尊遂答允许她恩惠。摩梨舍道："世尊啊，我向您祈求，愿我来世能嫁予高尚正直的丈夫，并诞下一名与祖先一般的儿子，……同时，愿我的出生非比寻常。"毗湿奴答允道："来世你将拥有十名强健的丈夫，因光辉的事迹而著称于世；你的儿子仁慈而勇敢，以祖先般的地位卓尔不凡——他将是人类各种族的祖先，宇宙亦因其子孙而繁荣兴旺。德行出众的女子啊，汝之出生堪为神迹，人们因你而喜悦。"言毕，尊神消失无踪。苏摩告知诸位听者，正是这位王妃转世成了摩梨舍。

"苏摩最后道，如他所嘱，普利切陀婆诸子应放下对众树的怒意，娶正直的摩梨舍为妻，并与她诞下杰出的生主达刹——其前世乃是梵天之子。这位伟大的仙人，将为成就创世之功业与人类的繁荣而繁育子嗣。奉梵天之命，他将创造动与不动之万物，其中包括两足与四足之动物。随后，他凭借其意志创造了女性：他将十个女儿许配予正法之神达摩，又将十三个女儿许配于仙人迦叶波，另有二十七个女儿，依据月亮循行的时间，许配予月神苏摩为妻。由上述诸神诸圣，天神，巨人、蛇神、牛、鸟、天廷的乐师与舞者、邪灵及其他诸般存在，纷纷降生。"

其后，世间万物以既定的节奏与形式繁衍；及至达刹时代，万物因意志、视野与感官的作用而变得多种多样，当然，其中也包括所受到的虔诚的圣哲与神圣的圣徒们的影响。

起初，达刹为繁衍后代所做出的努力未获成功。他与阿西克妮（Asiknī）一同诞育了一千个儿子，不料，他们却由于那罗陀仙人的唆使而不肯诞育子嗣。达刹与阿西克妮又生下另外一千个儿子，同样是由于那罗陀的建议，他们再度违背了达刹的意思。生主怒而诅咒那罗陀，又与阿西克妮生育了六十个女儿，其后，以为女儿们寻觅夫婿之法繁衍了后代。和平与繁荣终于降临大地，诸神各安其位，达刹由此被视为众生主之首，也即人类祖先中的最伟大者。

在关于湿婆的记载中不难留意到，因对伟大女婿傲慢不敬，达刹的头被换成了一个山羊头以示惩戒——它是无知与傲慢的永久标志。

9. 极裕仙人

《毗湿奴往世书》有云，极裕仙人与补罗斯底耶一样，被视为诸多吠陀颂诗的作者。当破灭仙人因父亲遭到一名罗刹王的毒手而大怒，欲将整个罗刹族灭尽时，也是极裕平息了其愤怒。据云，极裕曾是二分时代的毗耶娑（吠陀的编纂者）；各个时代为此项事业安排有不同的编纂者。

极裕仙人曾担任数位国王的家族祭司。其中一位国王名为韶陀娑（Saudāsa），他在打猎时遇见了两只老虎，并射中了其中一只。二虎实为罗刹，被韶陀娑射中的那只老虎已奄奄一息，遂现出了恶魔之原形，另一名罗刹威胁着必回来报仇，便拔足而逃。

时隔不久，国王正在参与一场祭祀。就在极裕仙人步出大厅时，昔时逃脱的一名罗刹化作极裕仙人的面目，来到国王身边道："祭祀已毕，向您讨些吃食。您即刻命人准备，我去去就回。"罗刹立刻变作厨师的模样，准备了一道以人肉烹制的菜肴，呈给了国王。

当真正的牟尼回转时，国王向他呈上了这道菜。仙人以冥想之力立即认出此菜肴是以人肉烹制，不由又惊又怒，立即诅咒国王道："从今往后，你将以呈送予我的食物为食。"仙人突如其来的怒气令国王惊诧不已。极裕再次动用冥想之力，发现这一切竟是出于罗刹的诡计。然诅咒既出，其效力无法彻底控制，已是覆水难收。于是，他只能修改诅咒，为它加上了十二年的限期。

遭遇极裕仙人诅咒的这位国王韶陀婆，就是曾因极裕之子沙迦提的诅咒而变成罗刹的那名国王。化为罗刹后，他吞吃了诅咒者。

极裕仙人还曾诅咒一位名叫尼米（Nimi）的国王。该国王行将举行一场持续一千年的祭祀，委任极裕为主祭司，然而牟尼正为因陀罗履行着相同的祭司工作，故而足有五百年的时间无法为国王效力。为确保祭祀得以顺利举行，尼米遂邀请乔答摩出任祭司。

一俟因陀罗的祭祀完成，极裕仙人立即前来为尼米主持祭祀，不料却发现，祭司一职已另有其人。仙人为此大为震怒，当即诅咒国王，宣布他将不再以有形的形式存在。尼米洞悉了仙人的意图，立即还以颜色，对仙人发出了相同的诅咒。两个诅咒皆起了作用。极裕仙人之灵与密特罗和婆楼那之灵合为一体后，三位神仙同时爱上了美丽的天女乌尔婆西，极裕之灵自合体中分离而出，与天女之灵合一。

《梨俱吠陀》中的一颂描绘了极裕仙人自密特罗与婆楼那而生的事迹，与方才引用的传说相符："极裕啊，汝乃密特罗与婆楼那之子，由乌尔婆西之灵，降生为一名婆罗门——因你是从神圣冥想中掉落的一滴甘露，诸神皆对你礼敬有加。"

极裕仙人与众友仙人之间曾数次发生争执。众友仙人极其渴望成为韶陀婆的祭司，而这一职位原本由极裕仙人担任。另一次，极裕仙人出任了诃利西旃陀罗的祭司，因众友仙人对这名国王的态度而大怒，于是出言诅咒，把众友变成了一只白鹤。众友以牙还牙，把极裕也变成了一只鸟。鸟形的极裕仙人只得急忙飞往梵天处寻求破解之道。

然而，发生这一切引人不悦之事的深层原因，乃是由于众友仙人的出身本是一名刹帝利的缘故——他以各种苦行求得允准，成为一名婆罗门；在此之前，众友是一名国王。昔时的众友曾想夺得极裕仙人的一头非凡的如意神牛，只因谁若拥有此牛，谁便可心想事成。由于众友无法战胜诸位婆罗门，而只能受制于其神通，他便想方设法令自己与其旗鼓相当，最终获得了成功。

10. 那罗陀

《毗湿奴往世书》中，那罗陀之名并不在梵天诸子之列，不过，一般而言，人们将其视为梵天之子，尽管依据一些权威文献的说法，他有着不同的出身。

那罗陀是诸神的使者，常被描绘为可传递种种唯神可知的讯息。正是那罗陀劝说达刹诸子切莫牵念生子一事，此举令其遭到达刹的诅咒。亦是那罗陀将克里希那即将出生的消息告知了甘沙，从而导致魔王对婆苏提婆之子赶尽杀绝。由此，仙人得一称谓"迦梨克罗迦"（Kalikāraka，意为"制造纷争者"）。在一些现代戏剧作品中，他也被刻画为间谍和搬弄是非者。"那罗陀"之名常用作贬义，意指爱与人口角的好事者。

"梵天之子中，有一位著名的那罗陀，其事迹乃是一部往世书的主题。他与赫尔墨斯（Hermes）或水星有着强烈的相似之处。那罗陀是一名智慧的立法者，精于诸般技艺与武器，也是游走于诸神之间的一位雄辩的使者；他还是一位爱护凡人的圣仙，尤擅音律——正是他发明了印度的琵琶维拿琴（Vīṇā），并以此被记载于一首题为《磨伽》的诗歌中：'那罗陀时常拨弄着他的大维拿琴，调动气流，使音

符们回荡于他的耳际，化为音律。'

"据云，法典乃由那罗陀所开示，后被权威人士引用。这使人很难相信：此圣哲乃是窃贼的保护神——尽管据《薄伽瓦谭》称，他曾无辜地窃走了克里希那的牧牛，并奇异地将此举归咎于他想为其父梵天试一试克里希那的神性。"

有关那罗陀的出身，各种说法差异甚大。据《薄伽瓦谭》称，他是毗湿奴的第三个化身。摩奴则声称，他乃大仙之一，于此时代之初司掌创造。摩尔引述如下："梵天道：'起来吧，楼陀罗，投生为人，主宰世界。'楼陀罗领命。孰料，由他创造的人类如狼似虎，性情之中，除毁灭与破坏之秉性外，再无其他；唯一的情感便是愤怒。梵天、毗湿奴与楼陀罗遂各显神通，创造出十个名为'那罗陀'的人。"如是云云。

《湿婆往世书》教导说，那罗陀自其父股中跃出："为了世界的繁荣，梵天创造了四种生物，孰料，其桀骜却令为父者难过不已。为安慰梵天，湿婆以楼陀罗之形相自其前额中生出，拥有五首十臂，为梵天增添了额外的助力。梵天遂创造出婆利古与七贤，其后，那罗陀生于其股。"

有关那罗陀出身的又一说法称，仙人乃由迦叶波与达刹之女所生。由于那罗陀对达刹诸子繁衍子嗣一事施以劝阻，遂遭到了达刹的诅咒：他将从此失去栖居之所，而只能四处漫游。

那罗陀也曾遭遇其父梵天的诅咒。仙人还以颜色，亦咒诅了父亲。"梵天劝说其子那罗陀娶妻，以便为世界之兴盛略尽绵力。孰料，虔信克里希那的那罗陀为此大怒，坚称唯有对克里希那的虔信才是赢得幸福的唯一正道。他还对梵天出言谴责，认为父亲的教导大错特错。为父者立即以诅咒作为对不肖子的回应，令其从此耽于享乐，受制于女子。

"对此，那罗陀立即回以咒语：可鄙啊！竟无人肯对你加以敬拜。怎会有人愿以任何形式敬拜你？并且，你还将毫无理由地追逐她，尽管她与你毫不相配！由于那罗陀的诅咒，身为创造主的梵天不仅无缘领受任何敬拜，更因贪恋女儿之美色，对其展开了不伦之追求。那罗陀对生自莲花的父亲顶礼致敬后，舍弃了婆罗门之身，成为一名乾达婆——因陀罗天园中的乐师。"

《摩诃婆罗多》中，那罗陀被描绘为一名虔诚的宗教导师；而在《罗摩衍那》的《后篇》，那罗陀仙人乃是其教导的典范。曾有一位婆罗门，携儿子的遗体来到阿逾陀城中的罗摩王宫门前，为痛失爱子而悲悼不已。婆罗门称，他忆不起所犯何罪，坚信一己之厄运必是出于国王的误判。这时，那罗陀仙人的一番话语，促使罗摩召集大臣一同商议此事。

仙人道："国王啊，听听这名男孩的不幸是如何发生的吧；得知真相后，若是发现任何应做而未做之事，便将之履行。"

《罗摩衍那》中的这则故事大意如下："有一名放肆大胆的首陀罗，不顾彼时修习苦行、自我完善并非卑微种姓者可为之，妄图凭借苦修，以其善业达偿所愿。经过一番仔细的勘查，罗摩找到了行为符合仙人之描述的始作俑者。首陀罗承认其种姓，亦不讳言渴望凭借苦行战胜自我以臻达至上神的雄心。对于这名冒犯者，罗摩立即下令处斩；诸神嘉许罗摩的处治态度，遂许其恩惠。罗摩闻言，请求令婆罗门之子起死回生，因他已知悉，被处斩的首陀罗已即刻重获新生。

那罗陀乃是克里希那的一位朋友与同伴，并以其在音乐上的出众天赋而闻名。可是，正是由于彼种天赋，仙人变得志得意满、扬扬得意，竟敢模仿克里希那的神圣曲调。克里希那立即对其施以严厉的惩处，将仙人的维拿琴置于熊掌之中。孰料，其琴音竟远胜于技艺贫乏的乐师的演奏。

克里希那常常取笑他的这位朋友，有一次玩笑太过，竟将其变作了一名女子。

因向蚁垤仙人开示《罗摩衍那》，那罗陀享有盛誉。史诗的开篇如下：

献予神圣的那罗陀，
智慧在其话语中涌流，
其心中所想、以为喜悦者
唯有经典与苦行。

仁义的蚁垤仙人，圣人中的至善者
致以如下之祈请：
"诸世界之中，我谨向你祈请——
高尚、勇敢而真诚者，
坚定于誓言，心怀善意，
对世间万物一视同仁。
仁慈而神圣、公正而智慧，
你是世人眼中的最公允者。

圣者啊，请应许吾之祈请，

只因以汝之神力

足可轻易察知世间须臾之气息。"

于是，了知三时者那罗陀，

给出了心中的应答。

　　由此，那罗陀向蚁垤讲述了罗摩的人生故事。蚁垤深感仅凭一己之力恐怕无法将这则故事写下，直至梵天现身，对其加以鼓励：

把它写下吧，圣人中的至善者啊，

抒写罗摩那非凡的人生故事——

仙人那罗陀已向你开示了

其中全部的光辉熠熠之处。

第二章　俱比罗

印度神话中，财神俱比罗的地位并不引人注目，甚至找不到关于他的画像。尽管作为黄金之主与财神，他曾在《罗摩衍那》中频繁现身。

"梵天的心意之子补罗斯底耶，亦创造了一名心意之子，名为迦毗补特罗·维斯罗婆那（Gaviputra Vaiśravaṇa，即俱比罗）。后者抛弃了父亲，转而寻往梵天，梵天许他以不朽，任命他为财神，以为奖赏；又赐其楞伽为都城、补湿巴迦神车（Puṣpaka）为御车。此御车十分庞大，且能依主人之令极速飞行。后来，罗波那以武力夺得了御车，在其死后，罗摩又将之归还给了最初的主人俱比罗。

"俱比罗的背叛使其父补罗斯底耶大为震怒。仙人以半个身体化为维湿罗婆沙（Vaiśravasa）之形相，对财神毗沙门怒目而视。财神为安抚其父，向其献上了三名姿容出众的罗刹女。其中，补湿婆迦陀（Puṣpotkaṭā）育有二子，分别是罗波那与孔帕迦尔纳（Kumbhakarṇa）；摩梨尼（Mālinī）生下了毗苾沙那（Vibhīṣaṇa）；罗迦（Rākā）则诞育了卡罗（Khara）与苏巴尔那迦（Sūparṇakha）。

"仙人与罗刹女之子个个勇猛，他们研习吠陀，观摩仪式，然而，在得知了财神的富足之后，不由心生嫉妒之心。除卡罗与苏巴尔那迦外，余者试图以苦行喜悦梵天。在一千年的苦行之末，罗波那自斩其首，投入祭火以为供品。梵天遂现身制止其苦行，并许以（除不朽以外的）恩惠。梵天赐罗波那以神通，其头颅与身形从此可随心变化，并且，除人类外，天上人间无一生灵可将其战胜。孔帕迦尔纳则被允准享受漫长的睡眠。

"收获上述神通后，罗波那将俱比罗逐出了楞伽。俱比罗遂隐退至乾达摩陀那（Gaṇḍamārdana）。罗波那自立为王，施以暴政，众位仙人只得向梵天求助。梵天应许道：由于天神与阿修罗皆不能杀死罗波那，应其之请，最伟大的战士——四臂毗湿奴将下降人间，诛杀魔王。"

《罗摩衍那》（《后篇》）中，俱比罗并非补罗斯底耶之子，而是其孙。圆满时代时，虔信的补罗斯底耶为一群天女的歌舞所戏弄，于是高声宣布：任何一名天女，若在其隐修所周围被看见，就将成为人母。提那品杜（Triṇavindu）之女毫不知情，竟走进了仙人的居所，于是招致了仙人之惩罚。为父者在得知女儿的处境后，遂将其许配予仙人为妻。二人诞下一子，名为维湿罗婆沙。此子后来成为圣哲，与持力仙人之女结婚，其子由梵天取名为毗沙门（俱比罗）。

其后，俱比罗修习苦行数千年，终得梵天之恩惠，成为财神与世界的守护神之一。依父亲维湿罗婆沙之建言，俱比罗择定楞伽为住地。楞伽本由毗首羯磨为众罗刹所建，因惧怕毗湿奴，罗刹们不久前放弃了此地。

罗刹王子名为苏摩哩（Sumali），本已被遣至地府，一次偶然造访地界时，竟目睹了俱比罗正驾着御车前去拜望其父。这一幕令苏摩哩起心动念，意图再度夺回先前的地位。于是，罗刹王子派遣其女吉迦西（Kaikasi）前去引诱维湿罗婆沙，此女得到了仙人的友善接纳，生子罗波那、孔帕迦尔纳、苏巴尔那迦与毗苾沙那。

当吉迦西目睹俱比罗的光辉形象时，希望其子罗波那亦能如是。为遂其母之心愿，罗波那经受一千年最为严苛的苦行后，终得梵天之恩惠，其中包括在与一切比人类强大之生灵的较量中变得不可战胜。依罗波那之令，俱比罗让出了楞伽城。

值得注意的是，前文中曾提及俱比罗乃是世界的守护神之一。据云，此类守护神共有四位，罗摩曾提及其名：

愿手持雷锤者（因陀罗），

成为东方的守护者；

愿阎摩关怀南方的子民；

愿婆楼那以武力护卫西方；

愿黄金之主俱比罗，

为北方带来最为坚定的守护。

另有说法称，世界的守护神共有八位，其余四位是司掌东南的阿耆尼、司掌西南的苏利耶、司掌东北的苏摩、司掌西北的伐由。

俱比罗亦被奉为夜叉之主。此类生物始终寻找着猎物，最喜欢吃掉被杀死的对手。

综观整部《罗摩衍那》，对俱比罗的扼要介绍主要是称其为"赐予财富者"，亦提及了其宫殿与花园的富丽堂皇。因此，迫切希望给予罗摩与罗什曼那合宜接待的持力仙人曾云：

这就是俱比罗的花园之所在，

离北方的俱卢族驻地分外遥远。

数不清的树叶是缠绕的锦缎与珠宝，

无数的果实则是神圣的天女。

俱比罗的花园是这样一个所在："此处的居民们享受着一种天赐的圆满，毫不费力便可臻获终极的幸福。此处既无衰朽，也无死亡或恐惧；无分善恶，也无以'好''坏'与'平凡无奇'等词汇标示出的种种不平等。此处全无任何因四由伽之变迁而带来的变化；亦无悲伤、疲惫、焦虑、饥饿与恐惧。人人皆得以健康地生活，全无病痛或不适，寿命长达一万至一万两千年。"

妙项派遣军队协助寻找悉多的途中，曾向北方大军之主将沙陀波罗（Śatabala）提及此园：

继续行军，速速穿越

极其可怖的荒原，

直至满怀喜悦地胜利抵达

高处那光辉的吉罗娑山。

那里有一座以黄金为装饰的宫殿，

乃古时俱比罗王之居所，

天国的工匠之神设计了这座家园，

以其巧手，精心营建。

莲花装点着河流，

盛开的花朵绽出花蕾，

天鹅与鸭子自在悠游，

娇艳的天女们 ① 在此嬉戏。

装饰整个宇宙的维筏斯万王

与他的朋友瞿醯夜迦（Guhyaka）②

一同居住于此，向凡间

赐予金光闪闪的赠礼。

罗摩与罗什曼那漫游于林中时，曾遭遇巨人毗罗塔的袭击。二人见无法以武器将其击毙，遂活埋之。不料，此举竟使巨人重获先前的容貌。原来，他曾遭到俱比罗的诅咒，只因财神"太过喜爱充满魅力的毗罗塔"，这才使其以丑陋的样貌与罗摩相见，而以下为破解诅咒的唯一妙法：

当十车王之子罗摩

把你毁灭并赢得胜利，

往昔的容貌就将再度呈现，

天国之门亦将重新为你敞开。

罗波那的势力达至巅峰时，曾命诸神在其宫殿内提供各种服务：

---

① 指天国的众仙女。

② 指珍宝的守卫者。

372

因陀罗专事制作花环，阿耆尼成了魔王的厨师，苏利耶与旃陀罗分管昼夜之照明，俱比罗则为魔王保管金银。

俱比罗与女夜叉（Yakṣī）旃毗（Carvi）成婚，育有二子，不料他们却由于那罗陀仙人的诅咒而化作了两棵树，直至婴儿时期的克里希那将其连根拔起，方才摆脱诅咒、变回原貌。原来，那罗陀仙人曾与二子在森林中相见，彼时，他们正满心陶醉地与妻子一同沐浴。一见仙人来到，妻子们羞愧难当，纷纷拜倒在仙人的足前，二子却无视仙人的存在，遂遭诅咒，为其傲慢无礼付出了代价。

第三章 《罗摩衍那》中的半神们

1. 妙项

《罗摩衍那》中，执掌猴军协助罗摩击败罗波那的，乃是猴王妙项。

妙项

毗湿奴即将离开天国、化身为罗摩时，曾向诸神提一请求：

愿汝等助他一臂之力，
形相可随心而变，
可使法术，可凭英雄之武力，
亦可御风而战。

诸神纷纷应允，"诞育了无数英勇的神子，以林中生灵之形相为伪装"。关于妙项，有诗云：

至为高贵的圣火与太阳，
正是伟大的妙项王之祖先。

当罗摩找到这位猴王时，他已因其兄婆利的篡权而被放逐。被罗摩诛杀的一名巨魔"无头"，曾向漫游中的英雄描绘这位国王的事迹：

罗摩啊，且听我言，
寻找我所描绘的妙项王。
其兄婆利乃因陀罗之子，
在战斗中取胜，将他驱逐。
四位伟大而忠诚的将军
助其隐居于瑞夏穆迦（Ṛṣyamūka）山。
*　　*　　*　　*

猕猴之主公正而坦诚，

劲健无比，满身荣光，

智谋出众，坚定又温和，

口中所述之话语，皆洋溢着

美善、光辉、劲健、自信与勇敢，

所制定之大计，亦智慧无碍。

因其兄长受制于贪欲，

国王被逐，流浪于密林深处；

你若立誓找回悉多，

可以他为友，求取助力。

罗摩找到了妙项的住地，聆听了关于其种种过失的往事，答应助其诛杀篡位者婆利，以便重掌王权。妙项亦庄严承诺：定会助罗摩一臂之力，确保从罗波那的魔掌中救回悉多。罗摩很快便实践了诺言，与妙项及大军一同行军至婆利的都城。妙项向婆利宣战，就在千钧一发之际，罗摩射出神箭，将婆利一击致命。婆利咽气前，怒而指责罗摩杀死了一个从不曾伤害他的人，且为懦弱地使出暗箭。他质问道：

将无须诛杀者射杀于战场，

有何声名？有何助益？

背后射出冷箭，置我于死地，

难道只为襄助我的仇敌？

*　　　*　　　*　　　*

如我对待仇敌的态度一般，

你必轻视我，攻击我，

毫不在意乃是身为外人，插手此事。

你的邪恶之心业已显露，

渴望之井青苔密布。

虽佩戴着美德之徽章，然你的灵魂

早已被欺骗与卑鄙的罪行玷污。

　　罗摩提醒婆利，其战死乃是命中注定，负隅顽抗实属徒劳。婆利同意罗摩所言，于是收回了方才的恶毒话语，请求罗摩的宽恕。

　　婆利死后，妙项再度奠定了猕猴之主的王权，罗摩给了猴王四个月的时间，好与重回身边的妻子团聚，享受失而复得的王国。

猴军修建通往楞伽的大桥

期限已到，妙项却沉溺于享乐，早就忘记了曾许下愿助罗摩寻回悉多之承诺。对此，罗什曼那毫不留情地予以提醒。最后，妙项下令召集军队，以猴、熊等众兽之大军，四处找寻悉多，最终发现她就在南方哈努曼辖下的某处。经过悉心查访，哈努曼获知了悉多的下落。

大军开赴海边，由那罗在楞伽岛（锡兰）与陆地间架起一桥，进犯的大军由是包围了罗波那的城池。顷刻之间，仇敌便已现身于他们的面前：

妙项王一跃而起，
站上了蓄势待发的炮塔。
森林大军毫无畏惧，
振臂高呼，英勇无敌。

国王语气严厉，
轻蔑与仇恨表露无遗：
"巨魔一族的国王啊，
罗摩的朋友与奴仆在你面前。
世界之主赐我以力量，
你将在高塔上被埋葬。"

言罢，猴王腾空而起，
迎面扑向罗波那，
将王冠自其头顶扯下，
不顾巨魔狂怒，怒砸于地。

378

巨魔起而迎敌，

有力的双臂环住了猴王的颈项，

其力不可抗拒，他气喘吁吁地

将猴王扑倒在地。

妙项迅疾如风，

安然无恙地自巨魔脚下站起，

猴、魔再度舍身一战，

顷刻之间，俱已鲜血涌流，

扭住了对方的腰身。

妙项与罗波那继续扭打，不分胜负，直至罗波那祭出法宝：

然而，勇猛的妙项

转瞬间便已识破了敌人的诡计，

只轻轻一跃，便直上天际，

他于彼处安定心神，

之后，满怀喜悦地凯旋，

回到了罗怙之子的队伍中。

大战中，罗波那之胞弟、名为"孔帕迦尔纳"的巨魔出城迎敌，击杀了数不清的猴军将士，不仅如此，一俟杀死对手，巨魔便会立即将之吞下，不知不觉已有千余。关于此一巨魔的身形，诗云：

无休无止，连绵不断，

地狱般的巨魔之口不住地开阖：

猴军将士纷纷被囚于这阴森的洞穴，

其中的一些，一息尚存，勉力求生；

有些自其鼻孔中逃离，

有些自其耳中觅得一线生机。

钵利之子臂严试图重整猴军，孰料很快便摔倒在地，不省人事。在巨魔的攻击下，哈努曼已然身受重伤。眼下，孔帕迦尔纳对妙项发起了攻击，妙项举起一座小山砸向他，"却被巨魔的胸膛挡回"。

妙项的这次攻击当即引发了巨魔的回击，他向猴王掷出了长矛。就在长矛飞向妙项时，哈努曼伸手将它截住，砸于膝上，使其断成了两截。于是——

巨魔截断岛上的一座山峰，

将它砸向妙项的头顶。

猴军四散，无力迎敌；

妙项倒地，不省人事。

巨魔弯腰捉住敌人，

立时将他带走，如同

风卷残云，划过秋日的天空。

孔帕迦尔纳携俘虏返回楞伽城，受到人民的热烈欢迎。可是，他的胜利不过持续了片刻，只因——

猴王渐渐恢复了知觉，

其生命力亦一点一点地复苏。

他听见巨魔欢悦的咆哮，

不由念及大军。于是，

他扑向巨魔，用力撕咬、猛踹，

朝着巨人的肋部重击，

巨人痛得发狂，鲜血四溅，

将身上的猕猴怒砸于地。

猴王不顾暴风雨般的打击，

轻捷地纵身一跃，直上天际，

随后，如同一个飞行的球体，

轻轻从高处越过了城墙。

罗什曼那曾试图诛杀巨魔，然最后却是罗摩完成了致命一击——他射出的利箭——射断了巨魔的四肢，最后射落其首级。

巨魔死后，两名兄弟尼孔帕（Nikumbha）与孔帕（Kumbha）冲上前来，成为罗波那的左膀右臂。妙项伸手抓住孔帕，将之抛掷入海；巨魔一俟上岸，便立即对着妙项的胸膛猛击，不料反而折断了自己的手腕。妙项立刻予以反击，一拳击在其颈下，一击致命。尼孔帕见状迫不及待地杀向妙项：

怒火染红了巨魔的眼眸，

他用尽全力挥起利斧，

砍向这位猴军之王；

不料却击中了岩石，

将之砸得粉碎。

妙项起而反击，

挥起巨掌，劈向仇敌，

巨人倒下，埋于尘土，

鲜血四溅，魂灵已去。

妙项率领英勇的大军继续忠诚地为承诺而战，直至罗摩大获全胜。尽管大战中猴军亦死伤惨重，然付出终得回报：死神阎摩应许了罗摩之祈请，允准于大战中丧生的全部猴军将士重获新生。

就在罗摩准备乘坐神车重返家园之际，妙项提出，想要率领猴军将官们一同随行，前往阿逾陀的都城做客。罗摩答应了猴王的请求。群猴参与了罗摩的登基大典，亦得到了众多贵重的礼物作为犒赏，他们表达了罗摩对其忠心襄助的感激。

2. 哈努曼

开赴锡兰的猴族远征军中，哈努曼的功勋最为卓著。他乃伐由之子，母亲则是猴族的一员。对于其出身，史诗中如是描述道：

天国中久负盛名的

一位最美丽的天女——

甜美的庞吉迦斯塔拉（Puñjikasthalā），

成为猴族的一名高贵的新娘。

从此，她在天界的头衔再无人知，

安迦娜（Añjanā）成为其芳名。

因诸神的诅咒，她自天界下降，

以猕猴之形相，隐居人间。

*　　*　　*　　*

那位青春美丽、无与伦比的少女啊，

头戴由鲜花制成的花冠，

身穿最为华贵的丝袍，

漫步于离天空最近的山间。

一次，她身着五彩的衣袍，

傲立于群山之巅。

风神来到了她的身畔，

气息吹拂于少女的面庞，

她的衣袂随风轻扬，

超凡的身姿映入了风神的眼帘。

她胸襟与四肢的曼妙曲线，

并那脖颈与双肩，无不使他迷醉。

伐由为她那举世无双的姿容所倾倒，

以满怀爱意的双臂，将她环在身边。

面对热情的风神，天女以

惊怖而战栗的音调大声呼求：

"我是如此地忠实于对婚姻的誓言，

你的情爱将我冒犯，如何将它成全？"

伐由闻言，柔声作答：
"天女啊，莫要愁烦，莫要忧惧，
只要心怀信任，你很快便会发现：
我对你的爱情是如此的甜蜜、热烈与殷切，
怎有过错可言？我将献你
充满智慧的光辉之子；
他强大无比，无人能及，
四肢劲健，一如他的祖先。"

哈努曼

384

这番话语终把少女征服，

令其不再羞惭，满怀喜悦。

　风神之子由是降世。孩提时，他一眼望见日出，以为太阳乃是树上的一颗果实，便纵身跃出三百里格，打算伸手去摘。另一次，因陀罗祭出雷锤，令其在重击之下摔于一块巨石之上，将下颌骨摔得粉碎，从此得名"哈努曼"（意为"长颌者"）。其父见状怒不可遏，使风儿停止吹拂，直至众神大惊失色，前来安抚：梵天许诺道，此子在战斗中绝无杀身之虞，因陀罗亦表示，其雷锤绝不会再度损伤于他。

　哈努曼这位猴族领袖向罗摩提供了极具价值的服务——是他最先发现了幽禁悉多的所在，并向罗摩捎回了来自妻子的讯息；是他在楞伽岛点燃火焰，令居住于此地的罗刹们心生恐惧；是他背起罗摩横跨大海，从印度大陆安抵楞伽。哈努曼曾如是介绍其神通：

一切皆源自我那光辉的父亲，

若论力量与速度，我足可与他相匹。

只轻轻一跃，便已凌空而起，

绕着高耸入云的迷卢峭壁飞过了一千次。

我以有力的双臂，搅动大海，直抵海床，

把那激流狂暴地掀起，

使其依我号令，淹没这片

拥有树木、高塔与城镇的大地。

我凌空穿过原野，

若论速度连鸟王也不能与我相比，

当他振翅时，我在他身前，

天空中只余我那可嘹亮振翅的双翼。

我自东方的高地上一跃而起，

纵身追上了光明之主，

在他起身疾飞以前，我以

燃烧的光柱照亮了他的面容。

哈努曼将所有这些神通觐献予罗摩。当罗摩与罗什曼那兄弟二人在战斗中遭受重创，几乎再无一线生机时，哈努曼自锡兰飞往喜马拉雅山，即刻取回了那里的药草，尽管甫一抵达时简直困难重重：[1]

然而，当他意图寻获这些珍宝时，

药草们悄然躲藏，自热切的巡视中隐遁不见。

他狂怒地对着大山呼喊：

"若你无视罗怙之子的危难，

---

[1] 为寻找这些药草，哈努曼遭遇了巨大的危机。罗波那向其叔父迦罗内米（Kālane-mi）许诺：只要杀死哈努曼，就将得到一半的王国作为奖赏。为此，迦罗内米追至喜马拉雅山，乔装成一名虔信者，邀请哈努曼一同用餐。哈努曼拒绝了他；然而，当他步入近旁的一座水池时，却被一只鳄鱼咬住了脚。鳄鱼把哈努曼拖出水池，想要咬死他。就在这时，一位美丽的天女自鳄鱼的身体中升起，原来，她曾受到达刹的诅咒，变作一只鳄鱼，唯有哈努曼方能破解此咒。天女感激哈努曼的恩情，遂提醒道：他已身处危境。于是，猴神找到迦罗内米，告诉他自己已识破其伪装，接着抓住其脚，将其抡起，扔回了楞伽岛，并不偏不倚地掉落在罗波那的宝座前。

就需有胆量承担：我这有力的双臂
今日就将对你展开一场复仇。"

语毕，他强健的双臂蓄势待发。
大山见状闻言，急忙把宝物献上。
它那连绵起伏的山峰，与栖居其间的众生，
无论是群蛇、大象又或金矿，皆战栗不已。
哈努曼穿越群山、平原与湿地，
如离弦之箭一般重回来处，
回到激战正酣的猴族将士们中间，
以气流送上了觅得的宝物。

神奇的药草拥有使人欣悦的奇香，
为倒地不起的战士，赋予了崭新的活力。
令其再无任何创痛。
罗怙之子重又站起，
死去的、垂危的战士们纷纷被治愈，
他们活力满满，重回阵地。

《罗摩衍那》的《后篇》中，曾将哈努曼描绘为"一名伟大的博学者"。"猴军主将不可限量，他渴望掌握语法，便凝视着太阳，以探究之心向其顶礼，又动身奔赴日出之地，试图领会其博大精深的杰作。从此，猴军主将再无阙漏：论及对经典文献的理解，无人可与他匹敌，唯他方可洞悉圣典之真谛。无论何种学科又或何种苦行之戒律，哈努曼之精通皆不在诸神的上师之下。"

身为妙项的使者时，罗摩曾如是言及哈努曼对经典的擅长：

甘露般的嘉言不息流淌，

《梨俱吠陀》最堪精研；

他又以千锤百炼的记忆之功，

将《夜柔》与《娑摩》之要义，铭刻于心间。

他的双耳无比忠诚，

将诸般语法规则一一细听。

他的长篇演讲是如此的优美，

绝无任何规则有所违背。

今日的哈努曼已被赋予了神性，在印度的一些地区受到广泛的敬拜。日常生活中，猴子被视为其象征，故此，它们常常蜂拥而至，聚集在众多庙宇周围——人们认为，向猴子们喂食乃属善举，而如果伤害它们，则犯下了亵渎神明之罪。

3. 那罗 ①

那罗是另一位猴军将领，乃毗首羯磨之子。工匠之神毗首羯磨曾

---

① 此处的"那罗"不可与另一个名字相同的人物"那罗"相混淆，后者的生平记述于《摩诃婆罗多》。《摩诃婆罗多》中的那罗乃尼奢陀（Naiṣadha）国王、达摩衍蒂（Damayantī）的丈夫——尽管因陀罗、阿耆尼、婆楼那与阎摩皆曾向她求婚，最终仍是那罗赢得了她的钟情。

建造出众多的锦绣城池，亦是诸多神兵利器的铸造者，不出所料，身为其子的那罗亦拥有与光辉的父亲相同的禀赋。

当大军抵达海滨时，如何渡海以抵达楞伽岛成为一大难题，罗摩本想一箭令海水避让，以便开道，岂料海神竟在五元素的一片混乱中亲自现身，出言相劝：

风、空、火、地、水，
依从原质的旨意，虔心履职；
而依据古老的法度，我也必须
维持不得涉水而过的本质。

罗怙之子啊，请听从我的忠告：
不论爱与希望，又或恐惧，
皆无法将我的海水聚拢于一处，
以令汝等自深深的海床之上通过。
不过，我仍然愿意为你们
献上一个切实可行的渡海之法——
如城市中的鹅卵石路一般的大道，
从此就在你们的脚下。

罗摩听取了海神的建言，放弃了箭射大海之念，认为自己更应当一箭射向北方，摧毁可憎的群魔。于是他道：

那么，就让毗首羯磨之子那罗，

完成这一惊世之壮举。

他乃猴族的一员，
承袭了来自父亲的恩典，
亦继承了巧夺天工的技艺。
召来那罗，命其履行职责，
训练有素、技艺超群的天神之子，
必将为我们建起一座跨海大桥。

那罗领命，宣称他拥有完成此项不可或缺之伟业的决心与力量。
他的话语，使罗摩更加确信他必会完成这一壮举：

在我的母亲诞下亲子以前，
毗首羯磨曾向她许一誓愿：
"曼陀利（Mandarī）啊，此子的
技艺与荣光将仅次于我。"
罗摩啊，我又何必腆言
自己的技艺无人能及？
请你下令，命猴军
于即日起便兴建这座大桥。

罗摩信赖那罗的技艺，命群猴速速运来建桥的各种材料：

依从国王的吩咐，

群猴自其身畔一跃而起，
往葱郁的林荫中仔细寻觅。
他们将大树连根拔起，
大批木材纷纷运往海滨。

＊　　＊　　＊　　＊

凭借不屈不挠的意志与决心，
成堆的石头与小山被倾倒入海，
受到挤压的海水变得汹涌澎湃，
疾雨如注，自天空坠落。
群山倒下时，大海咆哮，
波涛滚滚，巨浪滔天。
猴军以惊人的伟力，建起了
一座长达一百里格的宏伟大桥。

巨如秋日铅云的石块，
以自海滨延伸而来的绳索牢牢捆绑，
携着山峦的碎片与
饰有花朵的树木，一同被抛掷入海。

岩石堕入海中，响声隆隆，
如雷声滚滚，震耳欲聋。
日出日落，辛勤劳作，
长达十四里格的雄伟建筑丰姿初现。

又一日的劳作不懈，

使其再度延伸了二十里格，

及至第五日太阳西沉之时，

伟大的建筑终告竣工。

猴军将士飞奔过桥，无数的脚步

亦无法撼动其半分。

4. 尼罗

猴军将领尼罗（Nīla）据称生自阿耆尼，对其的描述如下：

明亮似火焰，

其光辉、勇力与贡献，

胜过了使他降世的祖先。

尽管受到如此赞誉，《罗摩衍那》中并未记载其具体的功业。他执掌着猴军的一个师，所擅长的似是为猴军放哨，以护卫妙项的武装力量免受敌军的偷袭。身为阿耆尼之子，尼罗目力极佳，加之其高度警觉，在为猴军效力期间，他的表现可圈可点。

5. 苏舍那

猴军将领苏舍那的天赋乃是水神婆楼那向罗摩献上的赠礼。苏舍那是多罗之父，多罗日后成了妙项的兄长婆利之妻，而正是婆利颠覆了妙项的王位。苏舍那被授予执掌西方大军的权力。妙项曾对他道：

我军之中最出色的两万精英，
我主，将跟随你前往西方搜寻。

苏舍那率军搜寻失踪的悉多之踪迹，却徒劳无功。他与另一些搜寻同样遇阻的统帅们向罗摩与妙项回禀道：

臣等一寸寸踏遍了每座山峦，
无论林莽、洞穴还是山涧；
臣等走过了已知的每一条溪流，
又寻往大海之滨的陆地尽头。
遵奉王命，臣等之足迹，遍布
丛林、荒原与人迹罕至的兽穴、幽谷，
搜遍了灌木丛中的角角落落，
连缠绕的藤蔓间也已一一寻觅。

尽管妙项派出的大军未能寻获悉多被囚的确切地点，却打探到她被掳去了南方。彼处是哈努曼奉命管辖的所在，如此，有待完成的罗摩之请托，便缩小了搜寻的范围。

在与敌人正面遭遇的大战中，苏舍那不辱使命。当罗摩与罗什曼那不敌因陀罗耆那下了咒语的套索时，妙项及其部下皆深为沮丧。不过，猴王妙项很快便想起迦楼罗可助二人自咒语的束缚中脱困，便告诉苏舍那，一俟罗摩兄弟恢复力量与知觉，就与他们一同飞往位于奇什金塔的隐修所，好让二人安全地于彼处休养生息。至于苏舍那本人，则仍需回到战场，继续迎敌，与罗波那作战，以期救出阿逾陀的王后悉多。

对此，身为医师的苏舍那道：

我王，请听我言，
当诸神与恶魔们于战场上相见，
群魔发动了猛烈的攻击，
如暴风骤雨者，乃其利箭。

天界的将士们因痛楚而晕厥，
无数的箭雨令其溃不成军。
唯毗诃波提之药草与咒语，
方能治愈箭伤，使其恢复元气，
他那无与伦比的疗愈之术，
使众将重获新生，充满活力。

在遥远的牛乳海之滨，
富于疗治之功的药草已长成，
请让最轻捷的猴军战士动身去取，
将它们带回，以解燃眉之急。
请仰仗波那娑（Panasa）与商婆底，
它们知晓哪一片神奇的叶子，
竟有起死回生之效。

在曾经波涛汹涌的牛乳海边，

在那觐献出甘露的所在，

白色的巨浪击打着大地，

月神的英姿与德罗纳的身影曾经浮现。

诸神种下的药草，每一株皆倒映着

俯瞰牛乳海的陡峭山岩。

就让身形轻捷的哈努曼为我们取回，

那世间罕有的异宝奇珍。

最后，由哈努曼将药草取回。伤病得到疗治的猴军将士们，重获战力，再度投身一战。

第四章 《摩诃婆罗多》中的半神们

《摩诃婆罗多》中的诸位英雄，彼此之间往往存在着千丝万缕的联系。如此一来，若分别对其加以介绍，势必出现大量的重复。因此，我们将以史诗中的主要故事情节为主线，对其进行扼要的介绍。①

月亮一族（Lunar race）由其祖先苏摩（月神）定都于象城（Hāstinapura）后，绵延至第五代时，迎来了两位王子：补卢（Pūru）②与雅度（Yadu），二人开创了月亮一族的两个支脉：前文曾提及雅度族的灭族之祸，克里希那与大力罗摩即属于此族；补卢族自其奠基者绵延至第十六代时，婆罗多王（Bharata）降世，今日的印度之名"婆罗多瓦尔沙"（Bharatvarsha）即袭自其名，意为"婆罗多之国"。

婆罗多的第二十三世孙名为福身（Śaṃtanu），膝下二子：由恒

---

① 本章所述之《摩诃婆罗多》相关事迹，几乎全部以莫尼尔·威廉姆斯（Monier Williams）所著《印度智慧》第十三章为蓝本，经概括浓缩而成。

② 关于补卢，有一则有趣的故事。其父迅行王（Yayāti）与众底提耶的上师太白仙人之女天乘（Devayānī）结婚后，又爱上了天乘的侍女多福（Śarmiṣṭhā），补卢是二人所生之幼子。身为正妻的天乘因丈夫的不忠而大怒，一气之下回到了父亲的居所，太白仙人不能容忍迅行王的行为，于是对其立下诅咒，令其变得老迈不堪。不过，此咒亦有解法：只要迅行王的一名儿子肯与他交换年龄，为父者就能获救。王子们闻言纷纷推辞，唯有幼子补卢肯与父亲交换。为表彰其孝心，迅行王剥夺了其余诸子的继承权，命补卢继承其王位。

河女神所生的毗湿摩，和由贞信所生的奇武（Vicitravīrya）。[①]贞信在与福身王结婚前，另有一名私生子毗耶娑，故此，毗湿摩、奇武与毗耶娑原是拥有一半血缘的兄弟。毗湿摩成了守贞者（Brahmacarī，也即立下了守贞的誓言）；毗耶娑归隐山林，沉思冥想，但他向母亲承诺：只要母亲提出要求，儿子甘愿去做任何事。

其后的发展是奇武王无子而终，于是，贞信请求其子毗耶娑与奇武王的遗孀们结合，以使宗族血脉得以延续。奇武王的妻子之一安必迦与仙人生下了一名盲眼的儿子，取名"持国"（Dhṛtarāṣṭra）。据云，其之所以眼盲，乃是受到了仙人的诅咒，只因二人交好时，王后一直紧闭双目，生怕见到仙人的面容。奇武王的另一名妻子安波利迦（Ambālikā）则生下了一位生来即面色苍白的儿子，取名"般度"（Pāṇḍu），其之所以面色苍白，亦是出于仙人对其母的诅咒。

贞信对这两名婴儿都不满意，于是向儿子请求第三名完美的继承人。不料，这一次安必迦将她的一名女奴梳妆打扮，代替自己去与仙人见面，女奴之子取名"维杜罗"（Vidura）。

恪行母命后，毗耶娑回归森林，继续过着苦行的生活。

三名王子乃由叔父毗湿摩悉心抚养，在他们长成以前，他也代为掌管象城的诸般事务，亦担任王子们的导师。持国尽管眼盲，据云在力量上却胜过其他两名兄弟；般度的弓箭技艺超群；维杜罗尤以美

---

① 贞信乃由一位名叫石姑（Adrikā）的天女所生。因受到诅咒，天女化身为鱼，投生人间。破灭仙人在横渡亚穆纳河时见到了贞信，心生爱慕，二人生子毗耶娑。毗耶娑生于河中的一座小岛上，故又名"岛生"（Dvaipāyana），意为"生于岛上者"。据云，毗耶娑是诸吠陀的整理者，也是《摩诃婆罗多》与诸往世书的编纂者，还是吠檀多哲学系统的奠基人。

397

德与智慧著称。

王子们长大成人以后，持国以其目盲为由舍弃了王位继承权，维杜罗则因其母的首陀罗身份而无法登基为王，于是，般度继承了王位。持国与妙力王（Subala）之女甘陀利（Gāndhārī，又名"妙力之女"，Saubaleyī 或 Saubalī）结婚，般度则娶贡提波阇王（Kuntibhoja）的继女普利塔（Pṛthā，又名贡蒂）为妻。

"普利塔婚前曾对神力非凡的敝衣仙人尽心侍奉，彼时，仙人来到其父王的宫中做客，因嘉许其用心，仙人赐下一则咒语，并叮嘱道：以其美德，可随时召唤任何一位天神来到面前，与她缔结神子。出于好奇，普利塔召唤了太阳神，并与他生下一子。此子生来便穿戴着盔甲。因畏惧亲友们的责备，年轻的母亲抛弃了刚刚出生的儿子，将他置于篮中，顺水漂流。车夫升车（Adhiratha）与妻子罗陀一同养育了这名弃儿。尽管养父母称他为'婆苏舍纳'（Vasuṣeṇa），此子最终却以'罗忒耶'（Rādheya）为名。当他渐渐长成时，天帝因陀罗赐予他无与伦比的力量，故而此子改名为'迦尔纳'。"因是太阳神（Vikartana）之子，他也被称作"太阳之子"（Vaikartana）。

奉叔父毗湿摩之命，般度又与摩德罗国王沙利耶（Śalya）之妹玛德利（Mādrī）结婚。新婚后不久，般度王发动奇袭，一举拓展了王国的疆域，广大如伟大先祖婆罗多在位之时。其后，般度王携两名妻子归隐山林，于彼处尽情发挥挽弓狩猎之所长。盲眼的持国代替弟弟执掌朝政，毗湿摩则以摄政王之身份从旁辅佐。

持国有一百个儿子。其来历如此："一日，毗耶娑仙人应甘陀利王后之邀前来做客，仙人感念其盛情，向她许下一个恩惠。甘陀利遂请求成为百子之母。两年后，王后竟生下了一个肉团，毗耶娑将之劈为一百份，每一份皆如拇指指节般大小，持国百子中最为年长的难敌（Duryodhana）由之降生。其余九十九子降生的神迹亦于适当的时候一一发生。甘陀利也迎来了一名女儿，为其取名杜沙罗（Duḥśālā）。"持国百子常被称为"俱卢人"（Kuru）或"俱卢族人"（Kaurava）。

般度的儿子们同样拥有神圣的出身。般度五子降生的情形如下：前文曾提及，般度王极喜狩猎。一日，"他的五支利箭射中了两头鹿，一牡一牝。二鹿实为化作鹿形的仙人与妻子，仙人遂诅咒般度：只要他与任何一名妻子欢好，就将立时暴毙。由于这一诅咒，般度立誓守贞，并把全部财产赠予众婆罗门，从此成为一名隐修者"。

在般度的请求下，其妻普利塔使用得自敝衣仙人的咒语，生下了三个儿子：与正法神阎摩生子坚战，与风神伐由生子怖军，与天帝因陀罗生子阿周那。般度的另一名妻子玛德利见状为膝下无子而深感忧心，于是听从普利塔的建议，冥想阿史文双神。双神果然依其心愿而现身，玛德利由是得到了一对双生子，取名"无种"（Nakula）与"偕天"（Sahadeva）。喜得诸子后不久，般度王一时忘情，仙人的诅咒立即应验，令其死在了妻子玛德利的怀抱中。忠贞的玛德利遂走上火葬堆，追随夫君仙逝而去。

普利塔与般度五子常被称为"般度人"（Pāṇḍu）或"般度族人"（Pāṇḍava）。他们返回象城，向持国告知其弟之死讯。持国闻言似很伤心，他准许般度五子与自己的儿子们，也即俱卢百子一同生活。

持国百子与般度五子虽是表亲，然在其孩提时期，便已嫌隙丛生。有一次，难敌出于嫉妒竟想毒死怖军，在怖军毒发之际，又将他抛入水中。"不料，怖军非但不曾溺死，反而下降至众那迦（蛇族群魔）的宫殿。那迦们为他解毒，并相赠魔药，赋予他相当于一万名那迦的神力。从那时起，怖军就成为如赫拉克勒斯（Hercules）一般的大力士。"

俱卢族还曾数次布局，意图摧毁般度族，然皆未成功。

"在整部史诗中，般度五子的性格特征得到了细致入微的艺术刻画，并贯穿始终、前后呼应。长兄坚战（正法神之子，美德的象征）是印度教徒心目中的理想人格，也是正法的代言人；他冷静而沉着，拥有武士的风度与近乎冷漠的英雄主义。"诚如其名（于战争中保持坚毅）所示，"他很可能威风凛凛，仪表堂堂。他被描绘为拥有威严如雄狮一般的步态，侧影一如威灵顿将军，目如莲花花瓣"。

"怖军（风神之子）则是残暴、勇武与力量之代表，其身形极其魁梧。他冲动，易怒，有时甚至不乏报复之心，残忍到近乎嗜血，一如其名'可怖者'所示。值得一提的是，他所拥有的伟大力量需要充足的食物作为保证，因此也被称作'狼腹'（Vṛkodara），其超出常人的食欲可见一斑。史诗中曾记载，般度五子一日消耗的饭食中，足有一半被怖军吃下。不过，怖军拥有温暖而无私的爱的能力，对母亲和兄弟格外的热忱与友爱。

"阿周那（因陀罗之子）更符合欧洲人对'完美'的标准，或可视为整部《摩诃婆罗多》中真正的英雄。他拥有无畏的勇气，慷慨而仁义，感情细腻而丰富，慈悲，大度，如女性一般深情，且拥有超凡的力量，身手矫健，尤擅使用弓箭。

"无种与偕天（阿史文双神之子）这对双生子皆和蔼可亲，心灵高尚，意志坚定。

"般度五子与持国百子毫无相似之处，后者乃是卑鄙、恶毒、无耻与罪恶之象征。"迦尔纳（太阳神之子）尽管是般度五子的异父兄弟，然在激烈的大战中始终忠于俱卢族，乃其坚定的盟友，但就其性格而言，却与俱卢族人截然相反。"他表现出了高度的坚毅不屈与武士风度，勇于自我牺牲，乐于虔敬奉献。迦尔纳尤以开明与仁义的性情而著称，从不肯行事恶毒，用计使诈，关于这一点，他与俱卢族盟友们迥然相异——他们是真正的奸佞小人。"

身为表兄弟的持国百子与般度五子一同在象城接受了婆罗门德罗纳的教导。所有人都接受了武术方面的训练，而阿周那"蒙德罗纳授予法术，卓然于众人之上"。另一方面，怖军与俱卢族的难敌都向其表兄大力罗摩学习了如何使用铁杵。怖军之母普利塔乃婆苏提婆之妹，故而是克里希那的姑母。

对诸子的教导圆满完成之际，德罗纳主持了一场比试，要求弟子们展示他们在箭术、御车、骑马、骑象、剑术、长矛、铁杵、摔跤等方面的造诣。"在展示出惊人的力量后，阿周那向一头旋转的铁制野猪同时射出了五支利箭，皆射中其下颌；他又将二十一支利箭射入了悬挂着的牛角中。"在他完成这一壮举后，迦尔纳随后登场，展示出了足可与之匹敌的超凡技艺，并提出要向阿周那一对一地挑战。然而，由于无法言明自己的身世，他未能获得与皇室青年们公平比试的资格。

竞赛结束后，坚战成为王国的继承人，其声名很快便超越了他的父亲。人民希望坚战即刻加冕为王，不过，此事遭到了俱卢人的阻止。他们定下毒计，将般度五子与普利塔骗至易燃的紫胶宫（Vāraṇa-vata），意图将其活活烧死，以永绝后患。不料，般度五子自维杜罗处得知了消息，由怖军出面，将带他们来到此地的使者及带有五子的一个女人迷倒，做了替死鬼，自己则逃出生天。

如此偷梁换柱一番后，俱卢诸子满以为其计谋已获得了成功。般度五子与普利塔则匆匆躲进了密林深处。不久后，怖军杀死巨魔希丁波（Hiḍimba），娶其妹为妻。

在毗耶娑仙人的建议下，五子乔装为婆罗门托钵僧，前往独轮城（Ekacakrā）居住。独轮城附近有一罗刹，名为婆迦（Vaka），逼迫城中居民们日日向其进贡食物，又将前来送饭的使者当作世间最美味的食物一口吞下。这一日，轮到一名婆罗门向罗刹呈上食物。婆罗门本想独自前往，奈何妻女皆誓死相随。最后，尚在牙牙学语的小儿子呢喃道："莫哭，父亲；莫叹，母亲。"

婆罗门闻言，折下一片尖尖的草叶，一边挥舞一边高喊道："我将以此草叶，杀死凶残的食人巨魔。"怖军无意间听见了这番话语，于是自愿前往，诛杀了巨魔。

此役过后，毗耶娑再度现身于孙辈们面前，告知般遮罗（Pāñcāla）国王木柱王（Drupada）之女黑公主（Draupadi）将成为其共同的妻子一事。黑公主前世乃仙人之女，为求理想的夫君，曾履行了极为严苛的苦行。湿婆为其苦行奉献所喜悦，应许道："你将拥有五位丈夫，因你曾五次祈求：'请赐予我一名丈夫。'"

般度五子依言参加了黑公主的选婿大典（Svayaṃvara），众多的求婚人之中，阿周那凭借其出众的箭艺拔得了头筹。此次选婿大典中，阿周那表现出了超凡的箭艺，他甚至并未看向目标，便已射中了悬在空中的一条鱼——他只是凝视着地上一盆水中鱼儿的倒影。其母普利塔在听闻儿子们返回的脚步声时，以为他们带回了化缘所得，便说："你们一同分享吧。"母亲的话不能置之不理，于是，毗耶娑现身告知：黑公主理应被视为五子共同的妻子。毗耶娑深知，五子共娶一妻之事有违于风俗，便解释道，阿周那实为因陀罗之本质的一部分，其余诸子亦与他相同，而黑公主则是拉克什米的形相之一；既然五子皆乃因陀罗的一部分，那么，拥有同一位妻子又有何不妥呢？

阿周那射中悬在空中的鱼

值得一提的是，时至今日，在印度山间的一些部落中，依然盛行着一妻多夫的风俗。据云，黑公主为每一位兄弟分别育有一子，除黑公主外，五兄弟亦各自娶妻。譬如，怖军娶妻希丁芭（Hiḍimbā），阿周那则娶克里希那之妹妙贤、蛇族天女优楼比（Ulūdi）及曼奴罗（Manipura）国王之女花钏（Citrāngadā）。

借由与黑公主的联姻，般度五子与般遮罗国王结盟。于是，他们除去了伪装。另一方面，五子的伯父持国决定将王国平分为两份：俱卢百子将拥有象城，而般度五子则将获得亚穆纳河畔的一片名为"甘味城"（Khāṇḍavaprastha）的区域。五子于此处兴建了天帝城（Indraprastha，德里），在坚战的领导下，王国日益兴盛。

为履行誓言，阿周那曾独自于森林中漫游了十二年，途中与克里希那相遇，后者邀请他前往多门城，其间他与妙贤公主成婚。其后，克里希那受邀出席坚战王加冕的盛大王祭，依那罗陀仙人之建议，毗湿摩提出献祭须由最强健的至善者完成，众人相中了克里希那。车底国王童护拒绝这一提议，公然反对克里希那，世尊遂以神轮削去其首。

王祭之后，俱卢族于象城举行了一场盛大的典礼，般度五子受邀出席。坚战中计，玩起了掷骰游戏，不料赌输了其王国、财产与兄弟，甚至连黑公主也一同输掉，变得一无所有。最后，双方达成了妥协，难敌将统治整个王国十二年，期间，般度五子与黑公主须居住于森林中，并于第十三年改名换姓，乔装度日。

林居生活期间，阿周那前往喜马拉雅山履行严苛的苦行，求得了各种天界的武器。"一段时间以后，为奖赏这名普利塔之子，并考验其勇力，湿婆化身为一名猎人（Kirātā）[①] 或称山林中的野蛮人，来到他的面前。恰逢恶魔穆迦（Mūka）化身为野猪，向阿周那发起攻击。湿婆与阿周那同时开弓放箭，野猪应声倒地。二人上前，皆称野猪死在自己的箭下，湿婆遂以此事为借口，与阿周那展开了一场角力。阿周那虽全力一战，却始终无法战而胜之。最后，他认出了尊神，立即拜倒在其脚下，湿婆亦深为这位勇士而喜悦，遂赐予著名的兽主法宝（Pāśupata），助他在大战中战胜迦尔纳与俱卢百子。"

---

① 猎人指山林中人。《罗摩衍那》中将其描绘为"岛国居民，食生肉，居于水中，乃人中之虎"。

流放的第十三年，般度五子来到毗罗吒（Virāṭa）国王的宫廷中，乔装改扮为其服务。坚战自称是一位名叫刚迦（Kaṅka）的婆罗门，阿周那则自称为巨苇（Bṛhannaḍā），假装是一名阉人，穿起了女人们的服饰，教授音乐与舞蹈。

一日，就在毗罗吒王与般度五子中的四人离城之际，难敌及其兄弟向毗罗吒的都城发动袭击，掳走了牛群。王子优多罗（Uttara）命阿周那为御者在后紧追，当敌人就在眼前时，优多罗不由胆战心惊。阿周那向其表明身份，并与他交换了位置，其英雄本色使优多罗大受鼓舞，将俱卢大军杀得大败，追回了被劫的牛群。

阿周那恳请优多罗暂时为其保守秘密。其后不久，毗罗吒王召集了一支庞大的军队，般度五子位列于众王子之中，受到了国王的诚心礼遇。

不久后，诸位王子召开会议，讨论如何协助般度五子夺回王权，克里希那与大力罗摩均前来出席。有人主张立即发动一场战争，克里希那与大力罗摩则主张先尝试谈判斡旋。然而，此项建议虽被履行，最终却无功而返。于是，克里希那与他的兄弟动身返回了多门城。就在抵达国都后不久，俱卢族王子难敌便前来拜访，请求克里希那助他一臂之力；出于同样的考虑，般度族王子阿周那亦于同日到访。于是，"二人同时叩响了克里希那的门，彼时，世尊正在安眠。难敌一个箭步站在了克里希那的头畔，阿周那紧随其后，恭敬地立在了世尊的脚边"。克里希那醒来以后，先看见了阿周那，在这对表兄弟向他表明来意后，阿周那获得了选择的机会。

克里希那坦言，若选择他，他将不会亲身一战；若选择他的军队，则将获得一亿名精兵良将。阿周那立即选择了克里希那，难敌则为拥有了克里希那的强大军队而窃喜不已。难敌随后又向大力罗摩请求帮助，却被告知兄弟二人均已作了决定，不会主动投身于这场大战。不过，克里希那同意出任阿周那的御者，稍后就将前往毗罗吒的都城与般度大军会合。

谈判过程中，克里希那曾前往俱卢族斡旋，意图调停。然而，尽管他在众人面前显露出其神圣形相，"梵天呈现于他的前额，楼陀罗现身于他的胸膛，世界的守护者们自其手臂中出现，阿耆尼自其口中喷涌而出"——尽管诸神在他之中与身侧，试图令双方和解的努力依然未获成功。

表亲之间的一场大战一触即发。毗湿摩出任俱卢大军的主帅，木柱王之子猛光（Dhṛṣṭadyumna）则执掌般度大军的帅印。毗耶娑本想赐持国以目力，好让他见证这一场激烈的战争，孰料盲眼者拒绝了这一提议，转而将此神圣目力赐予了其御者全胜（Sañjaya）；全胜由此对战场诸事事无巨细、了如指掌，却无不幸受伤之虞，同时，他还能在一念之间于战场上的任何所在现身。

对阵双方的大军集结于俱卢之野，那是位于德里西北部的一处平原。史诗中如此记载道："庞大无比的象群碾过大地，踩踏于人群与战马之上，又横冲直撞，以长长的象牙四处破坏；巨型铁杵与铁制的长矛劈杀于一处，其声有如雷鸣；隆隆作响的战车冲向对方的战阵，成千上万的铁箭凌空而起，令天地为之变色；螺号声、战鼓声、冲锋的号角声加入了喧嚣的声浪，混乱、屠杀与死亡无处不在。"

般度众将被描绘为拥有奇迹般的战斗力。阿周那可同时击杀五百名战士，他们的遗体铺满了原野，他们的鲜血将河流染红；坚战能在眨间之间"杀死一百人"；怖军只要挥动其铁杵，就能将一头巨象连同端坐其上的十四名步兵一同歼灭；无种与偕天驾驶御车作战，砍下了数以千计的头颅，人头落地时，宛如向大地播种。

俱卢族与般度族之战

俱卢大战中使用的武器约有一百种之多，每位主将用作号角的法螺亦各有其名，他们的武器也是如此。

首场盛大的一对一决战发生在毗湿摩与阿周那之间。最后，毗湿摩的身体被无数羽箭射穿，以至于"其周身甚至找不到二指见方的完好皮肉。老将军自战车上坠落后，他的身体根本无法触碰大地，而是被不计其数的羽箭撑住，令其宛如躺卧于箭床。

"毗湿摩拥有承袭自父亲的神力，能决定于何时赴死。他打算就这样维持生命，直至太阳行过夏至点。双方的将士们停止了战斗，他们眼望这一奇景，纷纷向这位濒死的亲人致以崇高的敬意。毗湿摩躺卧在这张并不舒服的箭床上，头颅不由向下垂落，便想要一个枕头，将帅们于是为他找来了一些柔软之物，不料竟遭到了这位坚忍不屈

407

的老将军的拒绝。最后，阿周那以三支铁箭扶住其首，他这才表示满意。接着，毗湿摩又表示想要一点水喝，但见阿周那一箭击穿地面，清泉自地下汩汩涌出，这才为其一解焦渴。恢复了些许体力的毗湿摩唤来难敌，请求他将半个王国归还予般度族，以免为时太晚、追悔莫及。

毗湿摩战败后，众王子的导师德罗纳接任了俱卢主帅一职。史诗中描绘了其后数场一对一的决战。怖军之子、身为罗刹的瓶首（Ghaṭotkaca）为迦尔纳所戮；木柱王之子、般度主帅猛光则战胜了德罗纳。身为婆罗门的德罗纳，在为敌人所制后，情愿交出自己的性命，"如光辉的日轮般"升入天堂，以免猛光犯下屠杀婆罗门的重罪。

其后，迦尔纳继任俱卢主帅一职。怖军诛杀了难降（Duḥśāsana），痛饮其血，一雪当日黑公主遭到羞辱的血海深仇。接着，阿周那杀死了迦尔纳，怖军向继任其帅位的摩德罗国王沙利耶发起了挑战。以下记述了二人相遇后的事迹：

> 惊见御车被击倒，
> 摩德罗国王紧握长矛，
> 屹立如山，决不动摇，
> 只待又一轮攻击来到。

> 战士的面容恐怖如末世之火，
> 如同死神手握夺命套索，
> 又如吉罗娑山顶的雷神本尊，
> 或者是手持三叉戟的湿婆。

宛如巨象于林中震怒，
怖军挥舞掌中巨棒，
迅疾上前，风驰电掣。

千千万万的螺号齐声咆哮，
点燃将士豪情的烈焰直冲云霄。
双方观战的将士们一齐呐喊，
其声如雷鸣："摩德罗国王
必能摧毁怖军的光荣与骄傲！"
"世上唯有英勇的怖军，方能
抵挡住沙利耶，令他无处可逃。"

二人如凶猛的公牛般冲向对方，
手执长矛，先是小心地互相绕圈，
如竞赛一般挥舞着兵刃，接着
便展开了势均力敌的较量。
沙利耶的铁杆系着红色的绸带，明艳如火，
怖军的兵器散发着霹雳的星芒。

片刻，铁制的利器乒乒作响，
火星四溅，如疾风骤雨；
二人狂暴如大象，
又如角斗的公牛，向对方冲撞。
接连不断的攻击之下

战士的躯体很快被鲜血染红，

血花喷溅，猩红灿亮；

强攻密集如雨点，然怖军不动如山，

他一手接住沙利耶的长矛，又以

同样的坚忍，面对攻击，顽强抵抗。

眼下，战斗声宛如雷雨云的咆哮，

兵刃相击，声音刺耳，

二人高举铁杵，各自后退了八步，

又再度全速猛冲向前，如同

两座巍峨的山峰于战场中央遇见。

这下，再无一人能站起

与另一人兵戈相见；

二人双双翻滚倒地，精疲力竭，

如军旗自高空中堕下，再不能翻卷。

坚战旋即投身一战，最终杀死了沙利耶。遭遇了一连串的失败后，俱卢大军重新集结，只为发起最后的总攻。此举引来了一场大屠杀，俱卢阵中仅余四员大将：难敌、德罗纳之子马嘶、成铠（Kṛtavar-man）和慈悯（Kṛpa），除他们之外，"十一军将士无一人生还"。

难敌决定弃阵脱逃。他前往水塘边暂避，以其法力在身体周围制造了一重屏障。般度诸将很快发现了他的藏身之所。当难敌遭遇众将的奚落时，他答应交出王国，只因俱卢百子除他之外皆已战死，现已生无可恋。最后，表亲们的一再嘲笑使他决意向怖军发起挑战，此举

410

令他遭遇了致命一击。俱卢族其余的三名主将决定舍弃这名受伤的同伴，前往森林中暂避。

在树下休息时，马嘶看见一只猫头鹰悄悄靠近并击毙了正在安眠的一众乌鸦，他的脑海中猛一闪念，决意起身效法，一举摧毁般度族的武装力量。入夜，他悄悄潜入敌方的军营，留下慈悯与成铠在营门前放哨。夜幕笼罩之下，般度大军悉数遭戮，唯余在外宿营的般度五子与克里希那得以幸免。其后，马嘶等三人回到难敌身边，告诉这位奄奄一息的俱卢王子：大计已成。听闻这一消息，难敌的神智稍稍清醒，出言表示感谢，并与他们道别后，便一命呜呼了。

在为死难的将士们举行了葬礼后，坚战于象城登基为王。然而，念及刚刚发生的这一场惨烈的大屠杀，他始终感到郁郁不乐。在克里希那的建议下，般度五子看望了仍旧躺卧于箭床之上的毗湿摩——他已如此躺卧了五十八个日夜。辞世以前，他向五子示下一系列长长的教导，这才主动赴死，荣升天界。

般度大军凯旋后，坚战进入国都时发生了一桩插曲，再度冲淡了其胜利的喜悦。一位名叫贾婆迦（Cāvāka）的罗刹乔装成婆罗门与他相见，对这一场因他而起的大杀戮出言责备。这时，众婆罗门识破了罗刹的伪装，遂从目中喷射出烈焰，将他焚为灰烬。可是，自那时起，坚战的灵魂便再也无法平静。此后不久，他辞去了王位，携四名弟弟与黑公主，一同踏上了前往坐落于迷卢山巅的因陀罗天园的旅程。

四兄弟得知了坚战王的无上心意，
立即与黑公主一同追随，

在他们身后，忠犬相依；

到了第七日，国王自皇城中走出，

全部臣民与宫中女眷相送于城外；

却无人能对国王真心道一句：

"请您留步。"最后，他们只得回转，

散不尽离愁别绪。

这一场离别，"抛下了一切俗事，因为他们的心灵是如此地渴望与无限者合一"。当他们抵达海边时，阿周那放下了他的神弓与箭囊。当他们终于抵达迷卢山山脚下时，黑公主"再也守不住心中的希冀，站立不稳，颓然倒地"。诸子亦先后倒地，最后，只余坚战、怖军与忠犬。

怖军无法理解为何如此纯净的生命竟会一一死去。坚战告诉他，黑公主倒下，是因为她太过爱慕阿周那；偕天倒下，是因为他自恃博学，心生傲慢；无种倒下，是因为他到底未能除去心中的虚无感；阿周那倒下，则是因为他是如此的自信，相信仅凭一己之力，足可摧毁任何仇敌。就在这时，怖军也倒下了，坚战告诉他，人生就此告终，是因为他的自私、傲慢，与贪图世俗之享受。

就这样，只余坚战一人，带着忠犬，继续前行：

"天地之间突然传来一声巨响，英勇的神明端坐于御车之上，他高声呼唤：'上来吧，坚贞的王子。'坚战回眸望向在他身后一一倒地的诸位兄弟，心中凄楚，向这位千目之神说出了以下这番话语：

"'众神之神啊，请让我的兄弟们与我一同荣升天国吧！倘若失去了他们，我甚至不愿踏足天国半步。就在不远处，温柔忠贞的黑公

412

主——我们的妻子，已不支倒地，她配得上这份无尽的祝福，请让她一同跟随吧！愿仁慈之主倾听我的诚心祝祷。'"

因陀罗告诉他，黑公主与其余诸兄弟的灵魂已然跃升至天界，但只有他——坚战王，被允许以有形的肉身步入天国。坚战又请求道：如此，请允许忠犬与自己一同前往。然再度遭到了拒绝。

坚战不肯独自前往天国。

因陀罗道："你既已舍弃了诸位兄弟，为何此时竟放不下这条狗呢？"

坚战答："凭我的力量，已无法令诸位兄弟与黑公主起死回生——对那些已经失去生命的人们，谈何'舍弃'？"

这时，忠犬现出了真身，原来正是坚战的父亲正法神。此刻，他除去了伪装，与爱子一同步入了天国。

一走进天国的大门，坚战便望见了已蒙受祝福的难敌与持国诸子。他并未看见阿周那与自己的兄弟们，既然他们并不在此，那么，他亦无法独自高居天园。于是，在一名天使的陪伴下，他赶赴地狱，一到那里，便听见有人向他呼喊着"救命"。于是，他命天使离开，决心留在这里，陪伴在自己的弟弟们身边，纵使在此受苦，也不肯独自享乐于天园。

就在他下定决心时，周遭情景倏然改换。原来，一切皆是对其忠贞的考验。坚战这才前往圣洁的恒河沐浴，"并在黑公主与诸位兄弟的陪伴下，在天园觅见了俗世中所不可得的那份平静与至福"。

第五章　行星

"在印度的盛大节日里，人们会同时向所有的行星呈上一小份供品，而除了这些场合以外，他们从不会同时受到敬拜。

"事实上，行星之神常单独受到人们的敬拜——此时，他们往往遭遇了病痛或不幸，并认为此等境遇是由于受到一颗或多颗行星之影响的缘故，故向其敬拜，以求否极泰来。这时，行星们会依既定的顺序一一被敬拜。"

一周七天即以七大行星之名命名，另有两颗行星代表着升交点与降交点。我们已在讲述吠陀诸神时对苏利耶与旃陀罗（苏摩）进行了详细的介绍，在介绍诸行星时，将以与之有关的称谓，再度提及他们。

"火祭中，人们将安伽树（Akkā，学名 Asclepias gigantica）的一些碎片献予苏利耶或称罗毗；将波罗奢树（Palāśa，学名 Butea frondosa）的一些碎片献予旃陀罗；将库狄鲁树（Khudiru，学名 Mimosa catechu）的一些碎片献予摩伽罗（Maṅgala，火星）；将阿巴尔摩伽树（Apārmārga，学名 Achryranthes aspera）的一些碎片献予布塔（Budha，水星）；将阿湿婆陀树（Aśvattha，学名 Ficus religiosa）的一些碎片献予毗诃波提（木星）；将乌鲁巴罗（Ūrumbara）的一些碎片献予太白仙人（金星）；将沙弥（Śamī，学名 Mimosa albida）的一些碎片献予沙尼（Śani，土星）；将杜尔瓦草（Dūrvā）的叶片献予罗睺（Rāhu，升交点）；将孤沙草（Kuśa）的叶片献予计都（Ketu，降交点）。"

"苏利耶的标志是一片直径为十二指的圆形金属；旃陀罗的标志形如半月，首尾相连而成；摩伽罗的标志是一片宽六指的三角形金属；布塔的标志是一把宽二指的金色的弓；毗诃波提的标志是一片形如莲花的金属；太白仙人的标志是一个银制的方形；沙尼的标志是一柄铁制的弯刀；罗睺的标志是一个铁制的摩羯罗（Makara，一种海怪，半鹿半鱼）；计都的标志则是一条铁蛇。"

（1）罗毗（太阳神），即星期日（Ravivāra），乃迦叶波与阿底提之子。尽管身为苏利耶时日日接受敬拜，在作为罗毗时，却只有在重大的节日期间才能受到敬拜。"'光明谛'（Jyotis-tatva）在占星学上意义重大，该学说认为，若有人生逢罗毗星宿，就将生而易于焦虑，受制于疾病及其他种种痛苦，成为被驱逐者或罪犯，并将承受失去妻子、儿女与财产之痛。"

（2）旃陀罗或称罗摩，即星期一（Somavāra）。"若有人生逢苏摩星宿，将拥有众多的知交好友，坐拥大象、骏马与轿辇，受人尊敬，富于力量；他将过着锦衣玉食的生活，其床榻亦是华丽无比。"君王中的一脉据称就是苏摩与妻子卢醯尼（毕星团）的后裔，被称为"月神之子"。

（3）摩伽罗，即星期二（Maṅgalavāra），被描绘为一位骑牡羊的红皮肤四臂天神，佩戴有红色的项链，身着红色的衣饰。"若有人生逢摩伽罗星宿，他将满心焦虑，易遭利器所伤、身陷牢狱之灾，亦有遭劫或遭遇火灾等之逾。他将失去其土地、林木与嘉名。"此神与迦缔吉夜同一。

（4）布塔[①]，即星期三（Budhavāra），乃由苏摩与神师毗诃波提之妻多罗所生。此子出生后，其母坦言他乃苏摩之子，愤怒的丈夫遂将妻子化为灰烬。随后，梵天令她起死回生，借由圣火的净化，她再度赢得了丈夫的接纳。由于苏摩犯下了玷污上师之妻的重罪，其父海神剥夺了他的继承权，不过，由于其妹拉克什米[②]的介入，苏摩的部分罪行得以消除，每月除三天时间外，可重现光辉；此外，因拉克什米与帕尔瓦蒂介入调停，月神被装饰于湿婆之前额，得以重回天界，出席诸神的盛筵。

毗诃波提再度于天界见到旃陀罗时，立时大怒。于是，梵天好言相劝，宣布这名好色的天神将被逐出天界，置于群星之间，同时，因犯下重罪，月神将永远暗淡无光。"若有人生逢布塔星宿，他将赢得幸运，其妻亦十分贤良。"云云。

（5）毗诃波提，即星期四（Brihaspativāra），乃诸神之上师。因在吠陀颂诗中常与阿耆尼享有相同的称谓，亦被认为与阿耆尼同一。后期文献中，毗诃波提成为一名仙人，乃鸯吉罗斯之子。"若有人生逢该星宿，他将被赋予友善和蔼的性情，拥有宫殿、花园与土地，富甲天下，钱粮充足。他拥有众多虔诚的品质，一切所愿都将成真。不过，生逢该星宿的婆罗门不会如其他种姓的人们一般富足，只因身为婆罗门的毗诃波提并不希望改善其自身种姓的物质条件。

（6）太白仙人，即星期五（Śukravāra），乃婆利古之子。他是

---

① 此处的"布塔"不可与作为毗湿奴化身之一的佛陀相混淆。

② 苏摩（月神）与拉克什米皆曾于搅拌乳海时现身。

阿修罗的上师与祭司，一目已失明。其之所以遭受如此痛楚的原因如下：

当毗湿奴以侏儒化身向底提耶之王钵利请求恩惠时，钵利的上师太白仙人禁止他应允其任何赏赐。然而，钵利的心意已决，必会有求必应，好在念诵仪规，以净瓶倾注圣水，以示允准该赠礼，是祭司之职。因为深知此举必将招致毁灭，太白仙人急于制止国王鲁莽行事，于是，他隐去形相，遁入圣水中，以其法力阻止圣水落下。孰料，毗湿奴早已洞悉他的意图，以一稻草探入净瓶中，恰巧戳瞎了他的眼睛。巨大的痛楚使仙人再不能藏身于瓶中，于是，圣水落下，赠礼被允准，仙人则失去了一目。"若有人生逢该星宿，他将拥有洞悉过去、现在与未来之天赋，妻妾成群。他拥有王伞（王权之象征），其余诸王都将向他敬拜。"

据云，太白仙人拥有使人起死回生之神力，从以下传说中可见一斑。太白仙人之女天乘深深地爱上了毗诃波提之子云发（Kaca）。他一心求取能令人起死回生的咒语，故而拜入了太白仙人的门下。

这一日，云发依天乘的心意前往一座为巨魔所有的森林中采集鲜花，此前他曾被巨魔吞下，但凭借太白仙人的咒语重获新生。这一次，巨魔们决意使太白仙人亲自吃下云发，于是，他们将云发斩成碎块，加以烹制，邀请仙人前来享用。

眼看云发并未携鲜花归来，天乘泪眼蒙眬地对父亲道：若不能使她的爱人复活，她也不愿独活。仙人凭借其冥想之力，得知云发已被自己吃下，对此，他深感无计可施，除非试着结束自己的生命。最后，当云发出现在他的胃中时，仙人令其复生，并将弟子属意已久的起死回生咒倾囊相授。云发随即剖开上师的肚子一跃而出，又以此咒救回了上师的性命。

（7）沙尼，即星期六（Śanivāra），据云乃苏利耶之子，其妻萨瓦尔娜曾命仆人查亚（Chāya）代替自己；另有一些说法称，沙尼乃大力罗摩与梨婆蒂之子。他常被描绘为黑皮肤的四臂形象，身着黑色的衣袍，以秃鹫为坐骑。"若有人生逢沙尼星宿，他将遭人诋毁，家财散尽，妻儿与朋友亦将遭遇灭顶之灾；他离群索居，忍受着无尽的痛苦。"众多的传说描绘了沙尼之恶劣影响，以至于印度教徒对邪恶的土星深为忌惮。据云，正是沙尼烧毁了伽内什的头。

（8）罗睺（升交点）乃毗诃波提与辛西迦（Sinhikā）之子，被描绘为黑皮肤者，坐骑为雄狮。"若有人生逢罗睺星宿，其智慧、财富与子嗣都将遭到毁灭；他身负诸般痛楚，受制于仇敌。"依据印度教徒的普遍观念，发生日食与月食之际，正是因为罗睺吞吃了日月，因此，只要观察到日食或月食，人们便会发出可怖的响声，大声呼叫，吹起号角，擂起大鼓，迫使罗睺让日月重见光辉。形成这一风俗的因由，可于以下故事中觅得踪迹：

罗睺原是一名阿修罗或称巨魔，曾在搅拌乳海时现身。就在神魔一同搅拌乳海时，并肩而坐的苏利耶与旃陀罗向毗湿奴暗示道：已有一名恶魔尝到了涌现而出的甘露的滋味。毗湿奴立即削去了这名大胆的冒犯者之首级。然而，由于饮用了甘露，恶魔的头颅与躯干皆未被摧毁，其首以罗睺为名，其躯干则以计都为名，一同被安置于天界，以为升交点与降交点。当它们获准离去时，出于对苏利耶与旃陀罗的复仇之心，罗睺将于特定的时间点接近这两名神祇，令其不洁，进而使其身躯变得单薄与暗淡。

第六章　阿修罗

在往世书及其他较为晚近的印度教文献中，同时也是普遍的看法，阿修罗被认为是力量强大的邪恶存在。"阿修罗"一词也常被译为恶魔、巨魔等。正如修罗[①]是为众天神，阿修罗意即"非神"，故此是众神之敌或者对手。

不过，诸吠陀中的"阿修罗"更多指诸神本身，而非其仇敌，但也有与后期文献的用法相一致的情形存在。《梨俱吠陀》曾对婆楼那作出如下描述："婆楼那王为太阳开辟出一条大道。智慧的阿修罗与君王啊，请恕我等之罪！"又有："全知的阿修罗安立于天界，为大地确立了边界。他乃诸世界之至上主宰。此即婆楼那之功业。"

"此处的阿修罗代表着至上之灵"，换言之，"阿修罗是对生主或称创造主的又一称谓"。[②] 婆楼那即一再地被称为"阿修罗"，有时也与密特罗共享该称谓。"全部的吠陀诸神同享这一称谓，即便是女神也不例外。""婆楼那是全知的阿修罗与至上存在——生主；因陀罗、摩鲁特众神、陀伐斯特里、密特罗、楼陀罗、阿耆尼、伐由、补善、萨维德丽、波罗阇尼耶及众祭司，皆乃阿修罗。总而言之，提婆（天

---

① 起初，众修罗乃是次级神之一种，与苏利耶相关；最后，该术语用以单独指代诸神。

② 班纳吉博士（Dr. Banerjea）著于《孟加拉杂志》（*Bengal Magazine*）1880 年 4 月刊。

神）与阿修罗在大量文献中是含义相同的表达。"①

另一方面，在《梨俱吠陀》中，因陀罗亦是阿修罗的毁灭者。"将众阿修罗塑造为天界生灵的同一部吠陀，也记载了一些咒语，用以帮助天神战胜阿修罗。那些谴责修罗的文献被视为不洁的和不神圣的，在数量上远远少于那些承认唯天神与祭司方可使用咒语的文献。"上文的一些摘录来自班纳吉博士最富趣味与独创性的一篇文章，其中提出了调和术语"阿修罗"之矛盾用法的一种方法。

在印度–雅利安人抵达印度次大陆以前，曾居于临近波斯的一片区域，他们也是最早的火的崇拜者。"所谓'聪明的阿修罗'（Asura-Pracetas）又或某一分支的'了知一切的阿修罗'（Asura-Viśvavedas），不过是阿胡拉·马兹达（Ahura-Mazda，《阿维斯陀》中的智慧之神）的又一种译法而已——这简直再自然不过了。而富于神圣意味的'阿胡拉'一词，尽管其含义不变，在其他分支中已然变得家喻户晓。"

"阿胡拉"一词成了"阿修罗"，此种情形并不鲜见。班纳吉博士继续阐述道，亚述人以阿舒尔（Assur）一词指代至上之主，他们曾有一段时间统治着波斯人，因此，这一术语传到波斯是极其自然的事情；唯一的不同在于，波斯人为"阿舒尔"加上了表示智慧或善良的"马兹达"（Mazda）一词，对此，印度–雅利安人亦全盘接受了。以上即是"阿修罗"一词的褒义用法。

然而，"阿舒尔"一词并非仅仅用于指代至上之主，它同样指代亚述人民，即至上之主的崇拜者。在对待其仇敌时，亚述人显得异常残酷，后来，这种强烈的仇恨也存在于同样信仰阿胡拉·马兹达的印

———————————

① 班纳吉博士著于《孟加拉杂志》1880 年 4 月刊。

度-雅利安人与波斯人之间。班纳吉博士由此得出结论：由于亚述人犯下的暴行和波斯人对其怀有的仇恨，迁徙至印度次大陆的雅利安一支，对阿舒尔（亚述人）与阿胡利（Ahuri，属于阿胡拉者）怀有极其强烈的感情，故此，"阿修罗"这一术语在一段时期中被视为至上存在的称谓之一，有时却又是对众神之敌的描绘。

为对同一单词的不同含义进行区分，一种新的衍生含义出现了。阿修罗一词源自词根 as，由之衍生出 asu，意为"气息"，气息即灵，故而指"伟大的灵"。不过，眼下它已被解释为带有一个前缀的合成词，即 sura（神）加上表示否定的前缀 a-，如此，阿修罗一词意为"非神"，也就是魔。

无论使其含义产生流变的诱因为何，今时今日及后期的印度教著作中，"阿修罗"一词仅余"众神之敌"之含义，这一点已确凿无疑。在《鹧鸪氏本集》中，我们能读到如下事迹："诸神与众阿修罗之间纷争不断，天神因其数量不及阿修罗，便取了一些砖块，合宜放置，接受圣火的滋养，又以咒语'你将成倍增长'加以点化，大大扩充了其数量。"

《百道梵书》则记载道："诸神与众阿修罗皆乃生主之后裔[①]，分别继承了父亲之遗产——真理与谬误。诸神弃绝谬误，守持真理；众阿修罗则弃绝真理，沉溺于谬误。由于只言说真理，诸神渐渐变得虚弱，但他们最后将变得富足；而阿修罗们只言说谬误，虽富有一时，终将一败涂地。"诸神尝试举行祭祀，尽管起初遭到了阿修罗们的阻挠，最终取得了成功，由此，他们获得了较之阿修罗更高的地位。

---

① 《摩诃婆罗多》称，众阿修罗年长，诸神居幼。

此书中的另一则传说则教导说，在举行祭祀时，阿修罗们总是把祭品送入自己的口中，而诸神则将祭品献予彼此；最后，生主以其自身为祭品，此举为诸神提供了食物，并最终为其所享用。

尽管诸神与众阿修罗之间常常爆发战争，诸神仍需仰仗其仇敌之力，方能搅拌乳海；须知，一些阿修罗的力量与技艺并不在诸神之下。例如，阿修罗之一的钵利，即在人们庆祝生日时受到敬拜；而持水（Jalaṃdhara）在对抗中甚至战胜了毗湿奴本尊，因陀罗与其余众神在他面前纷纷闪避，而若无藉助，湿婆亦无法将其摧毁。罗睺亦是一名阿修罗，为摧毁此类强大的存在，诸神常常感到无计可施，即使是杜尔迦与迦梨，亦需倾尽全力。双方对抗的过程中，阿修罗的上师太白仙人亦总是受到召请，好让败者重获新生。

以下关于持水的故事选自《莲花往世书·后篇》，其中流露出了后期印度教文献的教导对待阿修罗的态度。

持水

那罗陀仙人曾向般度五子讲述持水的出身与生平，彼时，五子因其不幸遭遇而深感沮丧，仙人此举，意在鼓励他们重新振作，打起精神。他提醒道：逆境与顺境实属一体两面——能将太阳吞噬的罗睺，同时也被毗湿奴斩下了首级；而身为海神与恒河女神之子的巨魔持水，虽曾战胜毗湿奴，却为湿婆所诛。

如此讲述引发了听者的好奇心，为回答五子的询问，那罗陀讲述了一段往事。

因陀罗曾率众神前往吉罗娑拜访湿婆，他们告诉众随从之首公牛南迪：为使大天喜悦，此行特意为其准备了歌舞。湿婆召请诸神觐见时，深为其妙音所喜悦，便向因陀罗许下了一个恩惠。天帝祈请的声音中不乏轻蔑，表示想要成为一个如湿婆般强大的战士。

恩惠获得应许后，诸神离开了吉罗娑。就在他们刚刚离开后不久，湿婆问其随从，是否留意到因陀罗祈请时那傲慢的语调，话音未落，一个身形漆黑如暗夜的愤怒相呈现于大天面前，并向他禀报道："您已赐予我您的形相，下一步我该如何行动，敬候您的吩咐。"湿婆命其融入天界圣河（恒河）。当恒河与海神结合时，因陀罗的征服者就将诞生。

依从湿婆的吩咐，恒河离开天界，奔流入海，与其融为一体，神子旋即诞生。当他降世时，大地女神战栗并流泪，因其降世而产生的巨响亦回荡于三界，久久不息。这场大骚动引起了梵天的注意，他问及此事之因由，要求见孩子一面。恒河女神将婴儿放在梵天的膝头，孰料他立即抓住了梵天的头，直至其父掰开小手，方才松开。

梵天欣赏此子的神力，道："既然他的抓握如此有力，不妨称他作'持水'吧。"接着又许其恩惠，称"纵是诸神亦难以将他战胜，他将纵享三界"。

孩提时期的持水即已创造了诸多神迹。他自风中诞生，故能翱翔于大海；他的宠物是一群狮子，亦常常纵身端坐于狮背；世上最庞大的鸟与鱼，皆臣服于他。当他渐渐长大成人时，应太白仙人之请，其父将海水自圣人们居住的瞻巴迪婆（Jambadvipa）收回，彼处遂成持水之居所，并以其名为名。[①] 阿修罗的建筑师摩耶（Māya）为其建

---

① 此地名为贾兰德（Jallander）。

造了一座富丽堂皇的城池，持水遂由父亲海神加冕为王，太白仙人向他赐下起死回生咒，以为贺礼。

持水娶妻毗林妲（Vṛndā），此女乃是天女斯瓦尔娜（Svarṇā）之女。婚后不久，他便向诸神发起了挑战。

为挑起纷争，持水派遣使者面见因陀罗，彼时，因陀罗"身边环绕着三亿三千三百万名天神"。持水要求天帝归还在搅拌乳海时夺走的月亮、甘露、神象、神马、宝石、神树及其他种种珍宝，只因乳海正是其叔父，宝物理应归他所有；同时，他还提出了执掌天界之要求。因陀罗对此予以拒绝。持水遂组建起一支大军，将因陀罗的天园重重包围，大军中不乏马、象、骆驼、猫、虎、狮之魁首。眼见情势危急，诸神急忙向毗湿奴求助。

毗湿奴驾临时，大战一触即发。过程中，双方皆损失惨重，不过，伤者若为诸神，自可前往山中静养，彼处的药草很快便能将其治愈。最后，诸神之中的最伟大者与底提耶的首领们展开了一场一对一的决战，很快，因陀罗昏迷倒地，楼陀罗被囚，俱比罗被铁杵击倒。其后，情势渐渐变得对诸神更为有利，因陀罗击中了钵利，顿时，最名贵的宝石自其口中涌出；他又击中了钵利的身体，并以雷锤将之击成数块。"因其纯净的善业，钵利碎裂的身体化作了形态各异的宝石：先有其骨化作钻石，其目化作蓝宝石，后有其血化作红宝石，其髓化作绿宝石，其肉化作水晶，其舌化作珊瑚，其齿化作珍珠。"

其后，因陀罗遭遇了持水的攻击，毗湿奴立即上前营救。尽管无数的阿修罗向他发起猛攻，天空中弓箭密布如云，毗湿奴却如同挥掉一堆树叶般毫发无伤。其中一位名叫沙拉洛摩（Śailaroma）的阿修罗，虽已被削去了首级，却又立即长出新的，他死死地抓住了毗湿奴的神鸟迦楼罗。迦楼罗眼见此魔法力无边，急忙载着主人腾空而起。持水未能成功狙击毗湿奴，遂召来太白仙人，使战死的将士们起死回生。

听闻天界的战士们因取得了德罗纳（Droṇa）岛的药草而得以重现生机，持水要求叔父立即淹没乳海中的这座岛屿。失去了此复健妙法的众神再度求助于毗湿奴。然而，毗湿奴此前已不敌持水，若非拉克什米出面向堂亲求情，更有遭戮之虞。作为对持水手下留情的回报，毗湿奴应允驻留于乳海附近。由此，持水已战胜诸神，享受着平静与安乐。

然而，被逐出天界，剥夺了祭祀之权利与甘露的众神，对其命运着实愤愤不平。他们面见梵天，又随他一同觐见湿婆，见他"端坐于圣座，为众多虔诚的忠仆所簇拥，裸身，形貌奇异，头发卷曲缠结，覆满尘土"。梵天对其言明了诸神眼下的处境，湿婆答道，倘若毗湿奴出马都无法战胜恶魔，那么，仅凭他一己之力，亦无法战而胜之。于是，他命众神共同创制一件武器，藉此可战胜共同的仇敌。

诸神依言行事，其怒火化作奇异的光辉，迸射出熊熊烈焰，湿婆为它增添了其第三眼喷出的毁灭之火，毗湿奴亦被召请而来，将怒火加诸其中。他请求湿婆摧毁这名诸神之敌，坦言因持水与拉克什米沾亲，已无法亲手诛之。毗首羯磨等众神见到这一发光的宝物时，俱是一凛，但见湿婆以脚跟踩住它，随之转动不息。他将其铸成了妙见神轮，但见此宝放射出炽烈的光芒，引得众神纷纷高呼："请拯救我们吧！"梵天伸手接住它，不料胡须被烧焦了一大片——"这就是向愚蠢者赠礼的结果。"不过，湿婆轻易便伸手擎住了它。

那罗陀前往告知持水关于湿婆即将来袭的讯息，尤其绘声绘色地讲述了帕尔瓦蒂的美貌，引诱恶魔向她的丈夫发起攻击，因为一旦得胜，便可将女神据为己有。持水闻言正中下怀，遂遣罗睺为使者，命诸神早早臣服于他。罗睺抵达天廷后，向般遮那挪形相的湿婆传递了主人的口信，孰料湿婆并不作答。这时，蛇王婆苏吉自其发髻中蜿蜒落地，开始吞噬伽内什的老鼠。此情此景令迦绣吉夜的孔雀发出了一声凄厉的尖叫，蛇王被迫吐出老鼠，游回了原处。

随后，拉克什米携着盛有甘露的净瓶翩翩而至，以之令曾被湿婆斩下的梵天第五首复生。此首滚落于地，依旧口吐狂言，自吹自擂，直至自湿婆的发髻间涌出的众多狰狞形相令其噤声。

罗睺见状，恳求湿婆弃绝妻儿，继续过隐修士的生活。这时，湿婆一声令下，公牛南迪将他扔出了殿门——这就是向他那位无法无天的主人赐下的答语。

大战爆发。持水大军挺进吉罗娑，不料湿婆早已离开此地，安顿于摩挪娑（Mānasa）湖畔的一座山峰，持水便又率军包围斯地。南迪首先出阵，制造了"如洪水般的大毁灭"，可惜出师不利，诸神召集的大军亦损兵折将。帕尔瓦蒂听闻其子伽内什与迦绣吉夜进攻受阻的消息，催促丈夫湿婆亲自迎战敌军，释放出神圣能量，尽管本无须过早地暴露自己。动身前，湿婆小心地警告妻子，嘱她在此期间加强戒备，以免在底提耶乔装前来时遭遇不测。言毕，大天便在其愤怒相雄贤与宝贤（Māṇibhadra）的陪伴下出发了。

就在众底提耶与湿婆众随从之间的战斗打响之际，持水试图以巧计一偿所愿。在命部下乔装成自己的样貌后，底提耶之王摇身一变，扮作湿婆，又将杜尔瓦罗那（Durvāraṇa）变作南迪，挟着伽内什与迦绣吉夜的首级，前往湿婆的驻地。

见到这般景象，帕尔瓦蒂不由悲从中来，但仍对此人的真实身份心存怀疑。于是，她悄然藏身，不去聆听魔王试图求爱的花言巧语；为确认其身份，又吩咐一名侍女扮作自己的模样与他见面。很快，侍女向女神回禀：此人并非湿婆。帕尔瓦蒂遂藏身于一朵莲花之中，侍女们则化作蜜蜂，萦绕在她的身边。

　　与此同时，毗湿奴成功地接近了持水之妻毗林妲。世尊伪装成一名婆罗门，在王后的宫殿旁建造了一座隐修所，并为她编织了一幅梦境。在梦里，毗林妲看见丈夫已被砍头，尸身遭到野兽的噬咬，眼珠更已被猛禽啄走。如此噩梦令毗林妲心烦意乱，她发起了高烧，狂奔进森林，岂料竟在那里遇见了一名食人女妖，女妖一口将她的骡子吞下，眼看就要扑向她。这时，一名婆罗门救了她。

　　抵达婆罗门的隐修所时，毗湿奴有意邀请她进屋，又变作她丈夫的模样，与她双宿双栖，安然度过了一段时日。谁知毗林妲最后竟识破了毗湿奴的伪装，她诅咒道：因其误会持水，亦当为人所误会。最后，为净化一己之罪孽，毗林妲倒地而死。其尸身被火化后，其母前来收集女儿的骨灰，将之撒入恒河。火葬毗林妲的森林位于戈瓦尔塔那山侧，从此，斯地以毗林妲的名字命名，被称为毗林达瓦纳（Vṛndāvana）森林。

　　持水得知妻子死前曾遭遇蒙骗后，愤怒得几近发狂。他立即离开帕尔瓦蒂居所附近，返回了战场。凭借太白仙人的法力，死难的将士们纷纷复生，一场更为惨烈的战役由是爆发，最后发生了湿婆与持水的一对一决战。

　　在这一场令人绝望的大决战中，底提耶持水使出了各种法术，可最后仍被湿婆削去了脑袋，不过，魔王很快长出了新的头颅。眼看行将落败，湿婆向梵弥（Brāhmī）、伐湿挪毗（Vaiṣṇavī）等众神的女性形相或能量求助，她们饮尽了恶魔之血。借此襄助，湿婆终于成功击溃持水，诸神亦赢回了其王国与财富。

第七章　神兽与神鸟

　　有些动物被认为是神圣的。关于这一点，在提及诸神对它们的喜爱时已有所介绍。不仅如此，这些神兽与神鸟更可同享诸神所受之敬拜。它们被视为坐骑，载着诸位神祇与女神遨游三界。

　　因陀罗的坐骑是爱罗婆多象，湿婆的坐骑是公牛南迪，阎摩的坐骑是一头水牛，杜尔迦的坐骑是雄狮辛迦婆西尼（Siṅghavāhinī），女神同时也以老虎为坐骑；阿耆尼骑白羊，伐由骑羚羊，伽内什骑老鼠，沙湿提（Śasti）骑猫；湿婆的分身雄贤在捣毁达刹的祭祀时，坐骑是一只狗；迦摩的坐骑有时是海怪摩迦罗，有时则是一只鹦鹉。豺有时也被视作杜尔迦的象征物之一，克里希那降生的那个夜晚，此形相的女神曾协助保护克里希那免遭甘沙之毒手。猴子被视为哈努曼的象征物，亦常受到世人之敬拜。另一方面，有人敬拜狗，另一些人则视其为不洁。

　　神鸟之中，梵天的坐骑是一只鹅，迦绨吉夜的坐骑是孔雀，沙尼骑秃鹫，名为"婆罗门尼"（Brāhmaṇī）的鸢据云亦乃杜尔迦的形相之一；因喉部的标记看上去与莎梨格罗摩石（Śāligrāma）非常相似，鹡鸰（Khañjana）成为毗湿奴的象征；与此同时，在属于迦绨吉夜、梵天与拉克什米的节日期间，猫头鹰亦会受到人们的敬拜。毗湿奴的

429

坐骑迦楼罗与曾向罗摩施以援手的秃鹫迦达羽和商婆底，以下将分别予以介绍。

尽管并非任何神祇的坐骑，乳牛亦受到人们的敬拜。据云，梵天同时创造了乳牛与婆罗门，婆罗门主持祭祀仪式，乳牛则提供牛奶与酥油等祭品，同时，在众多的净化仪式上，牛粪亦属必需。献予乳牛的祭祀仪式为一年一度，此时，人们将举行类似偶像崇拜的仪式，在身上绘制牛角与牛身，随后前往圣河中沐浴。据云，也有民众日日敬拜乳牛。

1. 迦楼罗

迦楼罗或称苏毗尔那（Superṇa），是神话中的生灵，半人半鹰，乃毗湿奴之坐骑。尽管并非严格意义上的神圣者，他依然频繁现身于世尊的事迹中，并与世尊一同接受人们的敬拜。因此，我们有必要对其出身与事迹作一介绍。

在达刹诸子拒绝为大地繁衍子嗣后，生主诞育了六十个女儿，其中的十三个被许配予迦叶波仙人。迦叶波的众位妻子中，有两名因与迦楼罗有关而闻名。毗那陀（Vinatā）为仙人生下了著名的迦楼罗与阿卢那，前者也称苏毗尔那，乃有羽部落之王，亦是冷酷无情的蛇族之天敌；阿卢那则因成为太阳神的御者而闻名。"迦德鲁（迦叶波的另一名妻子）的后裔是一千条多头蛇，它们力大无穷，却受制于迦楼罗。"

迦楼罗之母据云生下了一枚蛋，故其子化作了鸟形。

另一则传说称："迦楼罗乃迦叶波与底提之子。这位子嗣众多的仙人之妻生下了一枚蛋，有预言称，此举将使她成为一场大劫难的拯救者。五百年的岁月匆匆流逝，迦楼罗自蛋中跃出，飞往因陀罗的天园，熄灭了彼处的烈火，战胜了一众守卫，赢得了甘露。凭借此甘露，他救回了被囚的母亲。

迦楼罗

"这些能使人长生不死的圣水，有数滴掉落在一些孤沙草上，它们立即被永远地神圣化了；群蛇贪婪地舔舐它时，舌头被锋利的草叶划破，从此，它们的舌头上便留下了分叉。不过，由于享用了甘露，长生不死的恩惠亦对其发挥了作用。"

"迦楼罗出生后，其身躯立即迅速膨胀，直至触及高天；其余的动物对此深感惊怖，因其双目似霹雳；其振翅时产生的气流甚至能将群山吹走；其周身散发着光芒，令世界四分之一的面积着了火。众神为此惊骇万分，只当他是阿耆尼的化身之一，于是纷纷向火神请求庇佑。"

生灵中，迦楼罗乃群蛇之天敌。其母毗那陀与她的姐妹、群蛇之母迦德鲁为搅拌乳海时涌现的神马究竟是何颜色而发生了争执，从那时起，姐妹二人之后裔便一直对彼此心存敌意。迦楼罗大婚之际，群蛇担心神鸟的子嗣将会带来灭顶之灾，便向他发起了猛烈的攻击，不过，结局却是迦楼罗诛杀了蛇族全族，仅余一蛇作为其项饰，从此时时佩戴。时至今日，迷信的印度教徒在就寝前仍会复诵三次迦楼罗之名，以免除蛇族之侵扰。

以下传说记载于《摩诃婆罗多》，介绍了迦楼罗拯救其母摆脱奴隶身份，并成为毗湿奴之坐骑的事迹。因在与姐姐的赌约中猜错了神马的颜色，毗那陀被贬为群蛇的奴仆。群蛇急于臻达不朽，便向她作出承诺：只要其子迦楼罗能为它们取回甘露，就还她自由。此甘露盈满于月神旃陀罗的光辉之中。

出发前，迦楼罗前来探望母亲，一并向她索取食物，毗那陀指点道：可前往海滨食用任何所见之物，但切记不要伤害婆罗门。她又补充道："任何时候，只要感到胃中传来一阵阵的灼烧感，则必已吃下了婆罗门。"

铭记母亲的警告后，迦楼罗动身启程。当经过一个居住着渔民的村庄时，他突然感到饥饿万分，于是吃下了房屋、树木、牲畜、人和其他各种动物。谁知，被吞下的居民中竟有一名婆罗门，神鸟顿时感到腹痛难忍，急忙恳求他放过自己。对此，婆罗门提出了一个条件：

除非渔民之女肯与他相依相伴，否则不肯从他的腹中出来。迦楼罗同意了这一要求。

旅途中，迦楼罗见到了父亲迦叶波（明亮的北极星）。迦叶波告诉他，若想填饱肚子，不妨赶赴圣湖，一头大象与一只乌龟正于彼处缠斗。此龟身长八英里，此象身长一百六十英里。于是，迦楼罗赶赴斯地，以一爪捉住大象，另一爪捉住乌龟，带着它们栖息在一棵足有八百英里高的树上。此树无法承受如此沉重的分量，只因尚有成千上万名侏儒婆罗门在它的树枝上举行着敬拜仪式。神鸟唯恐伤及任何一名婆罗门，急忙以鸟喙叼起树枝，仍旧以利爪抓住大象与乌龟，飞向了杳无人间的国度。他降落在彼处的一座高山上，这才好好享用了这顿美餐，吃掉了乌龟与大象。

克服令人难以想象的困难后，迦楼罗最终取回了月露，藏于双翼之下。不料，回程途中，却遭遇了因陀罗与其余众神的袭击。迦楼罗英勇无比，战胜了众神，仅余毗湿奴一神与他对峙，并且就算是毗湿奴亦必须全力一战。最后，世尊向迦楼罗提出了交换条件，许他以不死之身，并赐予他比自己的王座更高的地位。于是，迦楼罗成为毗湿奴的坐骑，肩负起运载世尊之职。

从此以后，毗湿奴总是骑着迦楼罗出行，而迦楼罗亦以旌旗之形式，高高飘扬在毗湿奴的御车上方。

《罗摩衍那》中，迦楼罗为罗摩及其追随者提供了极大的助益，其力量与异能也一再被提及。诚如哈努曼所述：

他那轻捷翱翔的身影，

恰似火焰中的一道闪电。

史诗中对另两位英雄亦有如是之描绘：

太阳神的后裔妙项，

与因陀罗的勇士钵利，

皆被赐予了迦楼罗的力量，

擅长一切战斗技艺，

装备精良，在森林中流浪，

狮子、蛇与老虎，死在他们的手上。

当安苏曼找到受迦毗罗诅咒而死的六万名娑迦罗之子[①]的骨灰时，心中万分沮丧——因找不到清水，他无法为死者献祭。就在这时，娑迦罗之子的叔父现身于他的面前：

振翅翱翔于空界的

群鸟之王迦楼罗，

来到流泪的悲伤者面前。

毗那陀之子开口道：

"英雄啊，莫要心伤，

因其堕落，他们已毁亡。"

迦楼罗告诉安苏曼，若能成功地令恒河女神自天界下降，引其圣

---

① 参见本书第三部第八章《恒河女神》。

水洁净逝者的骨灰，便能令死者复生，荣升至因陀罗的天园。

在提及罗摩即将离开阿逾陀城出发前往森林时，亦曾提及迦楼罗与群蛇水火不容：

> 这座城池的美丽
> 堪称亘古罕有，
> 如同一条浑浊的河流，
> 由迦楼罗涤净，群蛇尽除。

以下颂诗所述，正是前文所提及的迦楼罗携一象一龟栖息于巨树之上的情形。彼时，罗波那为悉多的美貌而意乱情迷，正要前去相见，途中——

> 他看见一棵高耸入云的无花果树，
> 强劲有力的树枝纷纷向大地低垂。
> 巨树绵延了足足一百里格，
> 为众位隐士献上了清凉的树荫。

> 这时，有羽之王携一象一龟落下，
> 栖息于树枝，鸟爪所缚，乃其美餐。
> 树枝不堪重负，春日的花朵与枝叶，
> 掉落在了有羽之王的脚下。
> ＊　　＊　　＊　　＊
> 鸟王承载起了大树枝的全部重量，

衔起折断的树枝，猎物在其爪。

*　　*　　*　　*

他全心全意投入于伟大的壮举，

要从天界夺取不死之甘露。

先是撕裂了铁网，

后又劈开了宝室之门，

最后，从因陀罗严密看守的宫殿中，

取走了天界之圣水。

在与罗波那的战斗中，罗摩与罗什曼那因受到因陀罗麾下的蛇族战士攻击而身负重伤，几已生命垂危。这时，迦楼罗现身相救，将他们带离战场。史诗中，对其降临与功绩如是描述道：

狂风不住地咆哮，

火红的闪电自云端闪耀，

群山战栗，巨浪滔天，

顷刻之间，地动山摇。

树木们不堪抵御，被连根拔起，

掉落在大海的边缘。

所有的海中生物感到如此畏惧，

在猴军的注视之下，

迦楼罗王划过天际，

投身于熊熊烈焰之中。

在他可怖的一瞥之间，

群蛇四散逃窜；它们曾经

化作绑缚王子们的绳索，

如今却消失于地面。

他低垂双目，望向罗怙之子，

全能的将帅们，爆发出一阵欢呼。

有羽之王俯下身去，以其翼

触碰王子们的脸颊。

此举颇富疗愈之功，

大战中遗留的道道伤痕，皆告痊愈。

二人的目光复又明亮而坚毅，

皮肤光洁如初，灿如黄金。

罗摩对这一非凡的疗愈之功表达了深深的感谢，对此，迦楼罗回

答道：

罗怙之子啊，看看吧，

我从很久以前起，便喜爱着你。

我，迦楼罗，一切有翼者之主，

是你的守护者，也是你的朋友。

不是所有的天神皆能解开

这使人麻痹的蛇族套锁，

狂暴的罗波那之子曾对其施以法术,

这才令尔等四肢受创。

捆绑住身体的利箭,

皆由凶猛的毒蛇所变。

嗜血的蛇族居于地下,

以其毒牙,将敌人诛杀。

图画与雕塑中的迦楼罗,其形象可谓多种多样。有时其首其翼似鸟,拥有人身;有时则具鸟爪;另一些造像中,他被描绘为人面鸟身。

2. 迦达羽和商婆底

迦楼罗膝下有二子,名为迦达羽和商婆底。他们亦曾襄助罗摩。

当罗什曼那与悉多抵达想要长期居住的林中隐修所时,看见"一只强健的猛禽,不论身形与力量皆无可匹敌",为其外表所震慑,罗摩问他究竟是谁。迦达羽向他言明了自己的出身,表示愿与他结交为友:

若你首肯,我已做好准备,

甘愿守卫你的住处:

在你与罗什曼那外出时,

为你们照看善良的悉多。

罗摩接受了这一友善的提议。他望见罗波那派遣的牡鹿，被引诱出家门，此时心中并无任何顾虑，只因迦达羽正守护着他的妻子。而当罗波那掳走悉多时，她亦曾高声向迦达羽求救：

看吧，这统治巨人的魔王，
他残忍，狂暴而又卑鄙！
破坏者罗波那正带我离开，
我已成魔爪之下的可悲猎物。

迦达羽先是试图说服罗波那释放悉多，于是出言警告：此等暴戾无耻之举必将招致彻底的毁灭。眼见劝诫与威胁均不奏效，他决定奋起一战。

伴随着冲突、喧嚣与猛烈的打击，
恐怖的决斗如何能免去：
＊　＊　＊　＊
这是一场狂风骤雨般的对决，
恶魔与秃鹫乃对阵双方。
他们如同飞驰的山峦，
纵身而起，狭路相逢。

迦达羽成功地击毁了罗波那的宝弓，可是——

迦达羽

魔王掌中立即出现了新的宝弓，

成百上千的利箭，

雪片般飞向了迦楼罗之子。

巨魔的利箭令迦达羽身受重伤，他向罗波那俯冲而去，亦令其重重受创。迦达羽挡在了为罗波那牵拉御车的骏马面前，他将御车击倒，又以利喙与利爪将御者撕成了碎片。

罗波那纵身跃下御车，与迦达羽展开肉搏。迦达羽毕竟上了年纪，时间一久，不免力不从心。当秃鹫再一次试图阻止罗波那逃逸时，巨魔已重新扶起御车，决意自空中飞回——

他猛地向巨魔的背后俯冲，

一时间，伤痕累累，骨肉分离。

迦达羽本已毁去巨魔的十条左臂，然而不幸的是，一俟臂断，便立即有新的手臂长出。最后，罗波那举起宝剑，给了秃鹫致命一击，接着，便带着悉多火速赶回了楞伽。

不久后，罗摩与罗什曼那开始四处搜寻悉多的影踪，途中，他们见到一只将死的秃鹫，它身上血迹斑斑，使人不禁起疑：难道它就是掳走悉多的元凶？不过，在听它述说了罗波那曾悄然前来、双方爆发了一场血战后，二人心有戚戚，只得目送鸟儿死去，为它举行了葬礼。

其后，兄弟二人追索至海滨，然悉多依旧踪迹全无。此时，一些猴军部众表示曾见到一只巨大的秃鹫，他年迈体弱，曾提过迦达羽之名，询问其是否安好。当听说迦达羽已死于罗波那之手时，秃鹫告诉他们：无辜的死者正是他亲爱的兄弟。

为向巨魔复仇，秃鹫表示愿意相助，将罗波那与悉多此时的下落据实以告。他说自己身负迦楼罗的法力，拥有千里眼，从天空中俯瞰时，楞伽岛尽收眼底，接着便将悉多的所在地告知了猴军诸将。

闻听此言，哈努曼奉命前往楞伽，以期与悉多取得联系，并告知罗摩即将前往营救的消息。

第八章　恒河女神

恒河女神（即恒河）乃印度诸圣河之首，据云，恒河水所拥有之神力，可洁净过去、现在与未来的一切罪孽，故被视为神圣。

关于恒河女神降世与降临大地的事迹，构成了《罗摩衍那》中颇富趣味的一个篇章。

恒河女神

众友仙人曾向罗摩讲述了这则故事。其时，罗摩正与其弟罗什曼那一同漫游。就在他们抵达圣河岸边时——

依从圣典所述，
二人于恒河中沐浴，
向尊神与众神献上礼敬。

一俟于恒河岸边坐定，罗摩便向仙人道：

"仙人哪，我想知道圣道三分的
恒河女神的故事。"
应其请求，仙人讲述了
有关恒河女神出生与成长的事迹：

"在那矿藏丰富的山间，
以'喜马拉雅'为名的
群山之王，有一对爱女，
论其姿容，盖世映丽。
她们的母亲，生自
永恒之山迷卢的心意，
她是喜马拉雅山王的爱人，
腰肢纤纤，格外秀丽。

"恒河乃其长女，其后跟随着

举世闻名的幼女乌玛（帕尔瓦蒂）。

天界众神无不企盼恒河之助力，

以期所愿速速成真。

伟大的喜马拉雅山神亦来祈请，

希望山王献出爱女。

"山王不顾三界之福祉，满怀热忱地

将女儿献给了不朽者——恒河，

其水深具净化与疗救之功，

能使人收获喜悦、公正与自由，

在净化一切罪孽后，归于大海。

圣道三分的恒河女神自此降世，

众神因之重获天界之家园。"

接着，众友仙人向罗摩讲述了强大的阿逾陀之王娑迦罗 ① 的故

---

① 娑迦罗王之出生亦属超自然。其父乃是阿逾陀王大臂（Bāhu），他被赶出了自己的
王国。娑迦罗之母陪伴丈夫前往森林，由于别的王妃对她暗中下毒，致使她无法产
下腹中的胎儿，怀孕长达七年。丈夫死后，王后想要随丈夫登上火葬堆，却被优
留仙人（Aurva）阻止。仙人向她保证，她一定能诞下娇儿，不仅如此，她的儿子
还将成长为一名强大的国王。婴儿降生后，优留为其取名"娑迦罗"（Sāgara，"sa"
意为"与"，"gara"意为"毒药"）。优留仙人的降世亦是一段传奇。国王克里达毗
尔亚（Krtavīrya）对婆利古一族格外仁厚，因此，婆利古一族变得格外富有。然而，
国王的后裔们却变得十分贫穷，于是，他们向婆利古们请求帮助。不料，这一请求
遭到了婆罗门的拒绝。于是，他们杀光了婆利古全族，即使是女人们腹中的胎儿亦
未能幸免。这时，一名女子将还未出生的孩子藏进了自己的大腿（Uru）中，众刹
帝利得知这一消息后，试图连此子也一起杀死，孰料他竟光芒四射地自母亲的股中
跃出，灼瞎了加害者们的眼睛。由于生自母亲的大腿，他被取名为"优留"。

444

事。这位国王膝下无子，极渴望获得一名娇儿（另据一些文献的说法，是为了求得一名孙儿），于是以长达一百年的苦行，喜悦了婆利古仙人。最后，仙人很满意娑迦罗的敬拜，对他道：

> 无染的圣王娑迦罗啊，
> 你将诞育一众强大无比的娇儿，
> 亦当赢得光荣的声名，
> 国王啊，唯你可享此等殊荣。
> 你的一位王后将怀有一子，
> 他将延续并继承你的宗族；
> 另一位王后则将为你诞育
> 足足六万名王子。

闻听此言，娑迦罗王的王后们很想知道，在她们之中，究竟谁将有幸诞下那名功勋卓著的皇子，谁又将诞下众多的娇儿。对此，婆利古仙人让她们自己做决定。最后，科西尼（Keśinī）希望诞育唯一的皇子，苏摩蒂（Sumatī）则愿意拥有六万名皇儿。

> 时光飞逝，
> 长妻生下了太子安苏曼，
> 次妻苏摩蒂则产下了
> 一只葫芦，勇武的英雄啊，
> 它的外壳裂成了两半，
> 六万名婴儿就在其中。

445

育婴士小心地将他们放进油罐，
那里就是他们生长的所在，
直至长大成人，威力无匹。
他们曾在黑暗的休憩之所迅速成长，
人人皆拥有相同的勇气、年纪与神力，
六万名王子终于自油罐中现身。

一段时间以后，娑迦罗王决定举行一场马祭，以期执掌天帝因陀罗之权柄。一切准备就绪后，长妻之子太子安苏曼奉王命追随马匹而行，以便划定所得土地之边界——依据马祭之规则，一旦派出马匹，其在一年之内所跑过的疆域，都将被圈定为王土。这场马祭将为娑迦罗带来巨大的善业，因陀罗得知此事后，唯恐因此而失去其王权：

他装扮成恶魔的模样，
于马祭当日下降，
带走了娑迦罗的祭马。

主持马祭的祭司觉察到这一切，立时高呼：

快啊，我的王！
杀死那名窃贼，带回你的祭马，
若神圣的仪式就此被阻止，
痛苦与伤害将无处不在。

娑迦罗王受到婆罗门的驱使，命安苏曼在后紧追，直至找回被窃走的祭马为止。

勇敢的皇子们啊，我不知恶魔们
竟已如此的胆大包天，
祭司完美地开启了这场马祭，
祈祷与咒语皆神圣无比。
无论他藏在大地的深处，
又或躲进了大海的潮汐，
亲爱的儿子们啊，追索那窃贼，
杀死他，将祭马带回。
纵是搜遍整片大地，
纵是寻遍连绵的海湾与岛屿，
以勇力与决心搜寻蛛丝马迹，
直至再度望见祭马的身躯。

于是，娑迦罗诸子展开了搜寻，人人皆掘地三尺，直至抵入地心深处，然祭马依旧踪迹全无。此毁灭之举使众神大为惊骇，他们前往梵天处求助，向他禀明了正在发生之事。孰料梵天虽惊犹喜，原来，毗湿奴早已化身为迦毗罗，前往保护其妻大地女神，至于娑迦罗诸子，都将化为灰烬。诸神闻言大感欣慰，便返回其居所，安心等待三界化险为夷。

挖地六万里格尚且不见祭马的任何影踪，王子们只得回宫复命，向父亲请示下一步的行动。娑迦罗命其继续深挖，一定要找回祭马。最后——

> 他们望见婆苏提婆（毗湿奴）
> 以其所喜爱的迦毗罗形象伫立，
> 就在永恒之神的近旁，
> 以为牺牲的祭马正在吃草。
> 诸子的眼眸中满含喜悦与渴望，
> 他们凝望着幻想中的窃贼与奖赏，
> 愤怒的大军奔涌向前，齐声呐喊：
> "站起来，你这罪魁祸首！站起来！"
>
> "退后！退后！"伟大的迦毗罗高呼道，
> 激情的烈焰令其胸膛剧烈起伏，
> 眨眼之间，那支骄傲的大军，
> 便已被其神力，化作了一堆灰烬。

一连数日没有儿子们的消息传回，娑迦罗王焦急万分，于是，他派出最伟大的儿子安苏曼前往救援。途中，安苏曼询问了所见之人，听闻的消息使他倍感必能寻回丢失的祭马，由是大为振奋。最后，安苏曼抵达一个所在，这才得知兄弟们早已在此地化作了灰烬。兄弟们的不幸命运使他哀恸万分，这时，叔父迦楼罗现身，出言安慰：

> 英雄啊，莫要悲伤，

因为堕落，他们才落得此下场。
迦毗罗的神力，使其与命运相遇，
又有何人能逃脱这致命一击。
尘世中的波涛无法将其荡涤，
唯天界之圣水方能使其安息。
若雪山之王的爱女恒河
能将她的水流掉转向大地，
那足以洁净一切罪孽的河水
将使其骨灰再度变得纯净。

是的，那永世庄严的圣水，
将流经这片死亡之地，
六万兄弟，从此获得解脱，
有幸荣升至因陀罗的天园。
去吧，以永不停歇之努力
试着将女神自天界拽下。
回去吧，你将寻回丢失的祭马，
父王的祭祀亦将圆满无比。

王子果然寻回了祭马，马祭亦得以完成。足足三万年的漫长岁月，娑迦罗王都在想方设法，欲使恒河自天界下降。最后，不仅未想出任何妙计，更已仙逝升天。安苏曼即位以后，仍继续设法解救其兄弟，其子迪利波（Dilīpa）亦然，可惜依旧徒劳无功。最后，轮到迪利波之子帕吉罗塔（Bhagīratha）继续这项未竟的事业了，然他膝下无子。为了赢得这一恩惠，使命运凄惨的亲人们臻获解脱，帕吉罗塔修习了最为严苛的苦行，直至梵天亲自现身：

光辉宗族的国王啊，
你已凭借热切的苦行赢得恩典。
既已履行艰辛的使命，
隐修者啊，请说出你的恩惠吧。

对此，帕吉罗塔回答道：

请让娑迦罗之子，因我
而获得期盼已久的解脱。
请让恒河之圣水，
涤净英雄们的骨灰。
我的亲人们，由是将获得
永恒无尽的天国之祝福。
尊神哪，我还要向您祈求一子，
否则祖先娑迦罗，岂非后继无人？

对于这一祈请，梵天回答道：

你所求的一切都将获得允准，
雪山王之爱女恒河女神，
其圣水原本只在天界涌流。

在她下降地界的途中，

需凭借湿婆之佑助，把她承托，

以免那汹涌澎湃的激流，

使大地不堪承受。

梵天返回天界后，帕吉罗塔继续以苦行祈求神恩，又持续了整整一年——

他高举双臂，不眠不休，

仅以一枚脚趾立于大地。

湿婆为帕吉罗塔的虔诚奉献所感动，答应于恒河下降地界时，以其首减缓水势。然而，当恒河女神奉命下降地界时，依然深感不悦：

"他命令我，"女神咆哮，

"携我的河水下降，以滚滚洪流

直抵地狱的最深处，

好为娑迦罗诸子涤净罪孽。"

湿婆最能抚慰愤怒的女神。他将恒河女神安顿于自己的发髻间，直至其愤怒完全平息。女神这才下降至频度湖（Vindu），又从彼处绵延出七大支流，流经印度各地。后世的地理学家难以觅得此湖之真迹，至于恒河的七条支流，则只有两条为地理学所承认，也即恒河与印度河。恒河的支流中，有一条始终追随着帕吉罗塔的足迹，不料，激流竟于途中浇熄了贾诃奴仙人（Jahnu）的祭火。仙人大怒，一口将河水喝干，帕吉罗塔之大计眼看就要落空。这时，国王与梵天双双出面调停，仙人这才允许河水自其耳中流出。恒河由此得一称谓：贾诃挪毗（Jāhnavī），意为"贾诃奴之女"。

最后，帕吉罗塔抵达了大海，潜至娑迦罗诸子等候的所在，恒河下降至彼处，其河水触碰了诸子之骨灰——

> 一俟恒河水沾湿那些骨灰，
> 诸子的灵魂便受到了祝福，
> 他们穿上天界之华服，
> 荣升彼处，永恒安住。①

出于对其善业之嘉许，梵天对帕吉罗塔道：

> 只要海水依旧守护于
> 大地之边界，
> 娑迦罗之子就会存在，
> 如同神明，位居天界。
> 恒河乃汝之长女，
> 以汝之名，称为帕吉罗蒂（Bhāgīrathī）。

由于对该传说深信不疑，印度最著名的朝圣地之一即是娑迦罗

---

① Ibid., 196.

岛，据云，那里是恒河与大海相会的所在。

除恒河外，亦有许多河流被印度教徒奉为神圣。他们敬拜这些河流，在其中沐浴，认为所收获的祝福，有如恒河女神本尊就在面前。在印度人眼中，众河流有些为男、有些为女，以下所列之不完全名单，即包含了最常受到敬拜的河流之名。

男性圣河：休那河（Śoṇa）、梵天之子河（Brahmaputra）。

女性圣河：哥达维利河（Godāvarī）、迦维利河（Kāverī）、爱德雷伊河（Ātreyī）、迦罗洛亚河（Karaloyā）、巴护姐河（Bāhudā）、娑罗毓河（Sarayu）、甘达基河（Gaṇdakī）、筏罗希河（Varahī）、查曼婆蒂河（Carmanvatī）、莎姐德鲁河（Satadru）、毗巴莎河（Vipāṣā）、高塔米河（Gautamī）、羯磨那莎河（Karmanāśā）、爱罗婆蒂河（Airāvatī）、旃陀罗帕迦河（Candrabhāgā）、毗姐斯多河（Vitastā）、辛度河（Sindhu）、克里希纳河（Kṛṣṇā）、维德罗婆蒂河（Vetravatī）及拜罗瓦河（Bhairavā）。

第九章　圣树

有些树木亦被尊为神圣，它们是神明之代表，又或为其所喜爱。种植与栽培这些树木可累积善业，须对其加以尊敬与爱护，纵是其枯枝，亦不允许被焚烧。

菩提树

种植这些树木时，又或在照顾它们一段时间后，可举行仪式，同时亦可为圣树设立圣像。以下是这些圣树之名：

阿湿维陀树（Aśvatta），也即菩提树（学名 Ficus religiosa），供奉予毗湿奴。

婆陀树（Vaṭa），也即榕树或印度无花果树[1]（学名 Ficus Indica），亦供奉予毗湿奴。

频螺果树（Vilva），又称木苹果树或贝尔树（Bēl Tree，学名 Ægle Marmelos），供奉予湿婆。

末俱罗树（Vakula，学名 Minusops Elengi）。

诃梨树（Harītakī，学名 Terminalia Chebula）。

贝尔树叶

菴磨罗吉树（Āmalakī），或称樱桃李树（学名 Phyllanthus emblica）。

赁婆树（Nimba），或称尼姆树（Nim Tree，学名 Melia azadirachta）。

图西树（Tulsi，学名 Ocimum gratissimum 或 Sanctum）。

———————————

① 参见本章结尾处的插图。

455

图西树

　　图西树最常受到毗湿奴信徒之敬拜，被视为毗湿奴之象征，须小心供奉。每日清晨，须以牛粪和清水洁净树木周围的地面，夜晚则须在树前悬挂长明灯。一年中最为炎热的两个月里，须在其上方悬挂一瓶水，以便持续地吸收湿气。若树木死去，则须将其掷入河水中，对它的崇拜也将转移到画像上。与此同时，于濒死者头畔摆上一根图西树枝亦是约定俗成的习惯。

　　关于这一崇拜产生的源头，据云如下：一位名为图西的女子，修习长久的苦行后，向尊神祈求恩惠，表示愿意成为毗湿奴的妻子。拉克什米得知此事后，对她施以诅咒，将她变成了一株同名的植物。不过，毗湿奴出于对其信徒的体恤，决定以娑罗格拉马（Śālagrāma）之形相，伫立于她的近旁。《伐由往世书》与《莲花往世书》则教导说，图西乃是搅拌乳海的所得之一。

除圣树外，尤其值得一提的是杜尔瓦草（学名 Agrostis linearis）与孤沙草（学名 Poa cynosuroïdes），它们亦是献予神的供品之一。此外尚包括前文所提及的大部分树木之花朵与树叶。

《摩诃婆罗多》中有一传说，阐释了孤沙草的神圣性。当迦楼罗为拯救其母摆脱那迦或称蛇族之苦役，为其取回了一些甘露后，因陀罗试图诱使他改变主意，以免群蛇臻达不朽，夺走其王座。迦楼罗拒绝了这一提议，但答应天帝，在交出甘露后，一定助其将之盗回。

于是，迦楼罗把盛有甘露的净瓶放置于草地，当群蛇前往沐浴时，因陀罗盗走了它。群蛇发现后，认为甘露必定残留在孤沙草上，便纷纷伸舌去舔，以至于草叶割伤了它们的舌头，从此留下了一道分叉；另一方面，孤沙草则由于曾经触碰过甘露而变得神圣。

无花果树叶

第十章　名目繁多的小神

1.希妲罗

希妲罗（Śītala）一词在孟加拉语中意为"小疹子"，用作神号时，指掌管此疾的女神。该词意为"能降温者"。

希妲罗

希姐罗女神被描绘为拥有金色皮肤的红衣女子形象，坐于莲花之中，又或骑驴。其神像前，常常供奉有清水，人们向其敬拜，以期免于此类发疹疾病之侵扰。

每年春天，两岁左右的儿童易患此类疾病。负责疗治的婆罗门命患儿之父母向希姐罗敬拜，并承诺说，若其奉献事功能喜悦女神，不仅疾病可得治愈，更将蒙受神恩。临近手术之日时，人们会将献予女神的鲜花置于孩子的发间，以为符咒。若只是小疹子，只需日日献祭便可；若病人已危在旦夕，则需将其放置于希姐罗的神像前，沐浴之后，再服下汤药与清水。

乞丐们经常携一块部分镀金的石头游荡，口称此石乃是希姐罗之圣物。疾病大暴发时，出于迷信，患儿的父母会愿意收下它。

2. 摩那莎

摩那莎（Manasā）乃蛇王婆苏吉之妹，圣哲阇罗迦卢（Jaratkā-ru）之妻。身为蛇族女王，她被视为人类的守护神之一，可使人免受爬行动物之侵袭。摩那莎的另一个称谓是毗莎诃罗（Viṣahara），意为"摧毁蛇毒者"。

一般而言，人们向摩那莎觐献供品时面前并无神像，而是以一根树枝、一碗清水，又或一条陶制的蛇作为其象征物。后来，在摩那莎的神像问世之际，她被描绘为一位以群蛇为衣饰的女子，端坐于莲花之上，又或坐于蛇身。以下故事中包含了一首献予女神的颂诗。

一位名为旃陀的商人不肯敬拜摩那莎，甚至对其流露出了深深的鄙夷。于是，在同一段时间内，他的六个儿子相继因遭遇蛇咬而死。

为免于同样的厄运，商人的长子拉金陀罗（Lakindara）躲进了铁制的房屋，然而摩那莎依旧派遣一条蛇自裂缝中钻入屋内，并于其结婚当日咬死了他。拉金陀罗之妻侥幸逃脱，在婆婆面前潸然泪下。其实，旃陀的妻子曾多次与邻居一道，劝说丈夫安抚女神摩那莎，因为正是由于他的影响，才为一家人招来了如此深重的不幸。此外，就连摩那莎本尊亦坦言，希望旃陀的朋友们能令其回心转意。

最后，旃陀勉强听从了妻子与朋友的劝说，用左手朝摩那莎的神像丢了一朵花，女神大为喜悦，令其子一一起死回生。从那时起，人们醒悟到女神的力量，对她的敬拜也变得日益盛行起来。

关于摩那莎的婚姻，《摩诃婆罗多》中记载如下：女神的丈夫阇罗迦卢是一位极有能力的圣哲，曾修习最为严苛的苦行，并前往所有的圣河中沐浴。他弃绝了婚姻生活，同时，由于苦行与斋戒，其身体亦变得干瘪。苦行途中，他抵达某一所在，看见许多人头朝下倒吊在树上，其下便是深渊，而一只老鼠正在啃食悬挂他们的绳索。圣哲发现，这些被倒吊之人就是自己的祖先，他们注定要忍受极其可悲的命运，因其子女已死，故而再无人（可履行宗教仪式）令其解脱；设若圣哲肯放弃苦行生活，结婚生子，或许尚有令其获得拯救之可能。

当那些倒悬着的人们得知阇罗迦卢就是使其遭受如此痛楚的苦修者时，纷纷向其恳求，请他务必娶妻，以救其脱离苦海。圣哲答应了祖先们的请求，不过亦提出了一个条件：这位未来妻子之父母，必须自愿把女儿嫁给他。

婆苏吉得知此事后，把自己的妹妹献给了阇罗迦卢。圣哲遂与摩那莎成婚，后诞育一子，取名阿斯谛迦（Āstīka）。此子拯救了他的诸位祖先，同时，当镇群王（Janamejaya）意图诛灭蛇族全族时，亦凭借一己之力，挽救了母亲的宗族。

摩那莎

3. 莎斯蒂

莎斯蒂（Śāstī）是已婚女子的守护神，亦是赐予子嗣者、助女产子者及孩子们的守护者。她被描绘为怀抱婴儿的金皮肤形象，坐骑是猫。因此，印度的妇女们在任何情况下都不会伤害任何一只猫，以免被女神责怪。

莎斯蒂

　　一年之中有六个节日为荣耀莎斯蒂而举行。此外，痛失子女的妇女们每个月都会敬拜她。婴儿出生满六日时，为父者须敬拜女神；满三周时，母亲应向女神呈上供品。

　　莎斯蒂的普通象征物是一块如人的头骨般大小的石头，人们将其置于菩提树下，以鲜花为其装饰，同时也向其献上稻米、水果等供品。

4. 沙尔格拉玛

　　对毗湿奴的崇拜者而言，沙尔格拉玛（Śālgrāma）被视为最神圣之物。其神圣性并不在于它在神圣的仪式上作为神祇的圣像或其他象征物接受敬拜，而在于人们相信它具有内在的神圣性。

沙尔格拉玛是一种黑色的菊石，出产于尼泊尔的甘达基山（Gaṇḍakī）。一般认为，这座圣山上存在一种昆虫，它们会将山石凿穿，这些碎石掉落至甘达迦河（Gaṇḍaka）中，人们以渔网将之打捞上岸。

此种菊石一般如手表般大小，价格依据其大小尺寸以及其中空度、内部的颜色等因素而不等，命名依据其特色而定。对于较为罕见的种类，可获得两千卢比一枚的标价，不仅如此，人们相信，拥有一块沙尔格拉玛，又或拥有一枚达希那瓦尔达（Dakṣiṇāvarta，一种向右卷起的贝壳）的人，必定家财万贯，只因买进此类圣物势必需要付出巨大的代价。人们还相信，失去它们将招致厄运，因此自然而然地不愿与之分离，为了钱财而将之出售的行为被视为最令人羞耻之事。

关于沙尔格拉玛之所以神圣的原因，记载于《薄伽瓦谭》。沙尼当政后，要求梵天向他臣服。梵天请毗湿奴出面处理此事，毗湿奴命沙尼次日前去相见。沙尼抵达毗恭吒时，发现毗湿奴已变作一座大山，于是，他变身为一种名为婆杰罗基达（Vajrakīṭa）的小虫，折磨大山足足十二年。其后，毗湿奴恢复其原初之形相，宣布从此以后，甘达基山之石应作为其象征物被敬拜。

在居家的普祭（pūjā）中，众婆罗门常敬拜该形相的毗湿奴。暑热炎炎时，其上常悬挂有净瓶，以不断滴落的清水使其常葆凉爽；其下则放置了另一只净瓶，用于收集这些清水，敬拜者将在夜晚时分将之饮下。人在濒死时会见到沙尔格拉玛之标记，人们相信，此时若能专念于这一标记，便能确保其灵魂安然抵达毗湿奴之天国。

5. 腾基

腾基（Dhenkī）是一块固定在枢轴上的木头，用于舂米、击打砖块做灰泥等。此类工作一般由女性完成，她们站在腾基的一端，将它抬至一定的高度，随后使其依据自身之重量坠落。

据云，腾基乃那罗陀之座驾。人们相信，由于那罗陀仙人的祝福，它已成为可敬拜之物。当一位灵性导师向其弟子开示印度教的奥秘时，便会教导他口称"腾基，腾基"，那罗陀为此言所喜悦，将乘坐其座驾腾基现身，并赐下另一咒语，它能使弟子变得圆满，获准升入天界。

人们在结婚时敬拜腾基，同时，在向孩子赠予包达或赠米的仪式上，以及其他节日场合，亦会向其敬拜。据云，在18世纪末，纳拉丹加（Naladanga）的一位国王曾花费三十万卢比举行献予腾基的敬拜仪式。

6. 迦？

世上并非只有雅典人崇拜"未知之神"（Unknown God）。"梵书的作者们已彻底与过去决裂，摒弃了吠陀颂诗之诗性本质，转而将渴望倾注于未知之神。他们将疑问代词本身尊为神明，称之为'迦？'（Ka?），意为'何者？'。

"《鹧鸪氏梵书》、《憍尸多基梵书》（*Kauṣītaki Brāhmaṇa*）、《坦迪亚梵书》（*Tāṇḍya Brāhmaṇa*）和《百道梵书》中，但凡出现疑问句时，作者皆会声称'迦'乃生主，也即万物之主。此外，一些颂诗中的疑问代词还会被称为迦德瓦特（Kadvat），也即'包含疑问词者'。其后很快产生了一个新的形容词——'迦耶'，意为'具有疑问之性质'。它不仅被应用于颂诗，亦在祭祀时献予神明。

"到了伟大的语法学家帕尼尼（Pāṇini）的时代，'迦'这一代词甚至已经获得了某种合法性，以至于需要一些单独的语法规则对其结构进行解释。此时的注释家将之解释为'梵'。其后，并不让人感到意外的是，后期的往世书文献中，'迦'成为一位世所公认的神祇，不仅有其族谱，更可能拥有一位妻子。《摩奴法典》中，一种被称为'生主婚'的公认的婚姻形式，即惊人地被冠以'迦耶'之名。"①

《摩诃婆罗多》中，"迦"与生主达刹同一，而在《薄伽瓦谭》中，很可能是因为与生主的相似性，"迦"被用作了迦叶波的称谓之一。

---

① 麦克斯·缪勒引自道森经典词典中的"Ka?"这一词条。

第十一章　并非神圣存在的超人

1. 天女与乾达婆

天女们是天界的仙女，乾达婆则是因陀罗天园中的乐师。吠陀中的天女并不引人注目，但提及了乌尔婆西与少数天女之名。《摩奴法典》中称其为人类始祖七摩奴之造物，史诗中则更频繁地提到她们，《罗摩衍那》中称其乃由搅拌乳海而来。

对于这一说法，诸往世书亦予以认同。据云，当天女们自乳海中涌出时，无论是天神还是阿修罗，皆不肯与之成婚，于是，她们成为双方的共同财产。天女们有时被称作"天神之妻"，有时则被称为"享乐之女"。

> 涌动的乳海深处，
> 涌出了天女一族。
> 她们拥有水元素，
> 由此而得名。
> 天女无数，身着天界华服，
> 佩戴天界之宝石，

神态庄严，举止优雅，

青春而美丽。

神魔之队伍在后跟随，

却不肯向其求婚，

罗怙的后裔啊，天女如此迷人，

竟是天界之主的共同财富。

"诸往世书提及了各种不同的天女。《伐由往世书》列举了14类，《诃利凡娑》则列举了7类。各大文献对天女们进行了更为细致的区分，将其分为'神圣者'（daivika）与'世俗者'（orlaukika）。前者据云共有10位天女，后者则有34位。这些深具天姿的天女们，常魅惑人间的英雄，乌尔婆西即是如此；亦有一些苦行中的圣哲受其引诱，背弃了苦行与奉献，梅内迦与兰帕即是引诱者。

"迦尸·坎德（Kāśī Khaṇḍa）称，天女共有4500万名，然其中翘楚仅1060名。身为精灵般的存在，天女们美丽而又多情，她们是乾达婆们的妻子或情人，乐于向其索求恩惠。天女们对地界众生亦拥有强大的吸引力，有时她们也被赐予在战争中牺牲的英雄，作为奖赏。她们可自由变换自己的形象，亦有能力为其所钟情者带来好运。"

《百道梵书》记载了一则故事，后为诸往世书所引用，其中讲述的补卢罗婆（Purūravas）与天女乌尔婆西的故事，或可使我们对天女这一存在的性情有所了解。由于受到因陀罗与婆楼那的诅咒，乌尔婆西被逐出了天界。布塔与摩奴之女的儿子补卢罗婆深深地爱上了她，此情此境之下，天女同意与他一同生活，但也提出了自己的要求："有两只公羊与我形影不离，它们必须日日夜夜与我在一起。当你衣衫不整时，不得与我相见。我只以酥油与澄清的奶油为食。"

天界的居民们盼望着乌尔婆西的回归，于是，乾达婆们寅夜窃走了她的两头公羊。为了救回它们，情急之下，补卢罗婆未及整理衣衫便闯进了天女的闺房，只盼夜幕之下，她看不见这一切。不幸的是，一道闪电划破夜空，乌尔婆西望见了他的身影。

乌尔婆西留在国王身边的条件就此被打破，她返回了天界的家园。痛失爱人的补卢罗婆心碎不已，漫游于人间各处，遍访乌尔婆西的下落。其深情终不曾落空，天女向其允诺：将每年与他见面一次，并为他诞育一子。相会五次后，乌尔婆西又向国王保证：若能虔心献祭，便可蒙神恩与她长相厮守。补卢罗婆依从其建议，成为一名乾达婆，乌尔婆西成了他的新娘，永世不分离。

《毗湿奴往世书》曾提及，乾达婆乃梵天之子。"乾达婆们随后出生，汲取了音律。他们因饮下女神的言语而降生，由是得名'乾达婆'（Gām dhayantaḥ，意为'饮下言语'）。"该往世书的另一篇章称乾达婆乃迦叶波与阿梨施妲（Ariṣṭā）之后裔，故乃梵天之曾孙。《莲花往世书》则认为乾达婆乃语言女神之子。

据云，乾达婆总数为六千万。他们打败了蛇神那迦，夺取其珍宝，侵占其王国。那迦们绝望之下面见毗湿奴，后者答允步入补卢库德沙，以便将之摧毁。那迦们又遣其姐妹那尔摩陀〔Narmadā，即尼尔布达河（Nerbudda）〕向补卢库德沙求助，后者答应了她的请求。出于对那尔摩陀的感激，众那迦赐予其一项法力：任何敬拜她并重复其圣名者，都可免受一切蛇毒之侵袭。

早期文献中曾提及，乾达婆曾为雷神因陀罗提供帮助，后期的作者们则在天界为其安排了席位。由于天神们皆已娶妻，乾达婆们亦不能例外，于是，美丽而柔弱的天女们成了他们的妻子。当因陀罗遭遇失去其权柄的危机，又或其余诸神因类似的苦行篡权而陷入困境时，天女们便会奉命前去分散篡权者的注意力。

天界乐师与天女们的松散婚姻关系，后成为5种婚姻形式的一种——男女若缔结此种婚姻，只需允诺一同居住便可，而不必举行任何世俗或宗教的婚姻仪式。

2. 罗刹

罗刹是可怖的生灵，常被各种文献提及。此外，印度传说中亦对其行止做了详细的描绘。

尽管罗刹们生而拥有婆罗门种姓，但奇怪的是，他们同时被描绘为食人族。女神帕尔瓦蒂赐予罗刹们一项异能：降世即成年。据云，他们可依其心意变换成任何形象，例如马、水牛、老虎等。有些罗刹甚至拥有百首，其中最著名的即是毗湿奴的宿命之敌罗波那，以至于为了诛杀罗波那，世尊离开其天界的居所，数度以其化身投生人间。

居住地府数年后，罗刹将再现于人间，因此，尊神亦需重新降临大地，以免除其侵扰之苦。罗波那的一些亲眷，如孔帕迦尔纳、毗苾沙那、因陀罗耆等，亦如魔王一般声名狼藉。

罗波那的弟弟孔帕迦尔纳在刚刚出生时，便已伸出双手，将任何所及之物抓来充饥。后来，他曾一次捉住五百名天女，另一次则将魔爪伸向了一百名仙人之妻；除此之外，为其所捕获的乳牛与婆罗门更是数不胜数，以至于梵天向他下达警告：若不肯收敛，将被置于死地。

孔帕迦尔纳害怕梵天所言成真，便展开了一种苦行生活，并且持续了十万年之久。其苦行令诸神不胜惶恐，只因此等苦行之结果，必是罗刹之强大更胜于以往——当他臻达不朽时，必将吞噬世间万物，不分神人。

诸神无比沮丧地向梵天揭露了这一事实。于是，梵天派遣妻子萨拉斯瓦蒂潜入罗刹之心意，令其心神紊乱，自请生生世世沉睡不醒。该计划大获成功，然而罗刹一族对此深为不满，他们向梵天请求，希望能准许孔帕迦尔纳每六个月醒转一日，以便随心所欲地进食。这一请求得到了允准。据云，孔帕迦尔纳一餐便吃掉了六千头乳牛、一万头绵羊、一万头山羊、四百头水牛、五千头鹿，并喝干了四千桶酒，其余被吃掉的食物饮品更是不计其数。其兄罗波那为此大怒，拒绝再向他提供任何食物。有说法称，孔帕迦尔纳的故乡锡兰绵延两万英里，只容得下罗刹的一张床。然依据《罗摩衍那》所述，楞伽岛之周长不过八百英里！

如罗刹一般的怪物究竟有何象征意义？《摩奴法典》中关于祭祀的篇章中云："为祖先们准备的祭品，可由家居者首先向诸神献祭；而被罗刹撕碎的祭品，则不可用于献祭。"依据威尔逊教授所述，此类生灵可分为三类："一类是半天界生灵，与财神俱比罗等级相同；一类是精灵、小鬼或食人魔，出没于墓地，能令死尸复活，它们扰乱祭祀，诱捕并吞食人类；第三类更接近巨人，乃众神之敌，狂暴而又强大。"

会否由于人类自认为难以戒除心中邪恶，无法专念于善行善性，便构想出了此类强大的生物，来代表反对人类自身的邪恶力量呢？它们吞食乳牛、吞吃人类，依据当时的普遍观点，这些都是令人难以想象的重罪，想来不正是一种鲜活的教导方式吗？——上帝与人类共同的仇敌正想方设法确保毁灭大计得以完成。

史诗中的罗刹也可能是生活在印度次大陆的蛮族，他们为雅利安人所征服，其生活方式与宗教仪式即被过分夸大地加诸上述描绘。极度聪明者被描绘为"猴子"，极度野蛮者则被描绘为"罗刹"。

另一方面，"普达"（Bhūta，精灵）之名常用以指称与湿婆之随从相似的一类生灵，湿婆由此被称为"普达那塔"（Bhūtanātha），意为"精灵之主"。"皮萨奇"（Pisarch）则是指与罗刹相似的一类生物，但它们很可能比罗刹更具攻击性。

3. 耆那教神祇

活跃于印度北部和西北部的耆那教，亦包含大量的神祇，其中一些也作为敬拜之对象。耆那教如何起源如今已很难说清，其大事年表尤其叫人难以捉摸。相较于耆那教，原本显得颇有些模糊的印度教时间概念，反而变得清晰起来。

从某种程度上看，耆那教的教义与佛教颇为相似，二者都不承认吠陀之权威与神圣起源，不过，当吠陀文献与自身之信仰相一致时，耆那教学者亦会毫不犹豫地以之佐证一己之教导。尽管耆那教不被视为印度教以外的一种宗教，但对于印度教而言，其与佛教皆属"外道"，它们反抗神圣的种姓制度，提倡社会与宗教意义上的人人平等。有时，耆那教徒也会如正统印度教徒一般进行敬拜，彼时，他们会为自己在种姓系统中找到合适的位置，而不会被视为异教徒。

耆那教与佛教都承认更普世、更现代的印度教神祇，二者所敬拜之对象与印度教徒亦十分相似。两个教派中都有相当数量的圣人被提升到了神的位置，亦有许多人作为次级神位列于印度万神殿。

事实上，曾有一段时间，人们普遍认为耆那教徒才是当今佛教徒之代表，但更为正确与全面的观点则是，尽管两大教派惊人地相似，却有着不同的起源。它们很可能起源于同一时期，彼时，印度出现了一场宗教大变革。就在乔答摩佛陀展开其弘道事业后不久，他的一些追随者偏离了其所引领的道路，并逐渐分化成了一个独立的教派。如今，耆那教徒与佛教徒所敬拜的乃是一个个被神化的圣人，而非印度教徒所钟爱的众神；不过，两大系统中，这些圣人的名字却有着很大的不同。尽管两大教派的主线看上去极其相似，然其中存在的显著区别为我们揭示出：它们看似并行，实则早已分道扬镳。

　　现代耆那教圣人共计 24 名，此前的圣人亦是 24 名，未来还将有24 名圣人出现。庙宇中所供奉的 24 名圣人皆以冥想的姿势端坐，从形态上看，彼此之间亦十分相似。为了加以区分，人们将其绘制成了不同的颜色，各个基座上亦为其标注了法名。此外，在其身侧常常出现的动物，亦可作为一种区分的标志。其生平事迹中所呈现出的性情亦有所不同。值得注意的是，他们的塑像的高度与寿命的长度皆呈现出一种稳步下降的趋势。我们将对 24 名圣人中的第一位与最后两位做一介绍，他们已被奉为神圣，在相当程度上可作为圣人们的代表。

　　第 1 位，毗沙帕（Vṛṣabha）。出生于甘蔗王（Ikṣvāku）之王族，乃那毗（Nābhi）与摩鲁提婆（Marudeva）之子。他常被绘制为黄色，以一头公牛作为其身份标记，塑像高 500 杆。毗沙帕出生于乌德（Oude），寿 840 万年，加冕为王时已 200 万岁；执政 630 万年后，经过 10 万年的苦行，最终成圣。

　　第 23 位，巴湿伐那陀（Pārvaṇatha），有时亦位列于诸圣之首。他常被绘制为蓝色，以一条蛇作为其身份标记。巴湿伐那陀很可能是耆那教真正的创立者，出生于贝拿勒斯，于 30 岁时步入灵性生活，从此持续苦行达 70 年之久，后于 100 岁时入灭。

第 24 位也是最后一位圣人大雄（Mahāvīra），乃耆那教诸圣中最著名的一位，常被冠以"圣者"（The Saint）之名。他常被绘制为金色，以一头狮子作为身份标记。他舍弃了神的地位，只为以圣人的身份臻达不朽，彼时，距离时代的终结仅余 75 年。

大雄的父母皆是婆罗门，但因陀罗认为一个在出生前就注定成圣的人，以此等身份出生是不合宜的，于是，他将胚胎转移到了王族公主、悉檀陀（Siddhārta）之妻特丽莎拉（Triśāla）的腹中。28 岁时，父亲去世，大雄登基为王，两年后，他舍弃了王位，遁入苦行生活。经过 42 年的修行，他在 72 岁时永远免除了痛苦，换言之，他于彼时入灭，摆脱了生死轮回，获得解脱。

依据传统观点，最后一名耆那教徒于 2400 年前离世。

译后记

——开启心灵奇旅的指环

一

1900 年，威廉·约瑟夫·威尔金斯为其作品《印度神话学》书写了一篇简短的再版序言。序言中云："本书销量喜人，……在印度与英国同时受到欢迎，尤其令人欣喜。"又道，"也许唯一的苛责在于：我不曾对引自印度圣典的片段指点江山一番。"

作为译者，甫一翻开作品时，倒像是当初对作者心怀"苛责"的读者之一，时不时便焦急地默想：怎就不见作者对神话进行解读呢？

确实，威尔金斯的创作手法就是"白描"，整部作品甚至可形容为"一部关于印度神话的故事集"。然而，译毕全书，我心中又分明感受到了一种沉甸甸的分量。

神话，本是象征意味最为浓厚的表现形式之一，印度神话尤其如此。威尔金斯的这部《印度神话学》，其最特殊之处也许在于：作者有意营造了一种叙述者"不在场"的环境，由此让神话本身徐徐展开；然而，作者又时时在场，因为正是其拣选与叙述的独特视角，才使得作品焕发出了心灵的神采。

二

印度神话中，吠陀诸神最接近通常意义上的"神"的概念。生活于现代的我们轻易便能领会诸方神圣源出于自然现象与诸般造物之实情，譬如：日、月、火、风、雷电、风暴，自有其主宰之神祇；既是不死甘露之源，苏摩树便有苏摩神栖居其中；除此之外，尚有与时令及人的各种活动相对应的诸神，故有一阳神、司夜女神、工匠之神、育生神、友爱神、财神等；最后，自然少不了死神。

吠陀神话中的死神名唤"阎摩"，不错，正是我们所熟悉的那位"阎罗王"。然阎摩本是世间第一位故去的凡人，是他发现了通往彼岸的道路，由此成为离世者们的引路人。

阎摩治下的逝者世界，与我等所熟知的"阴曹地府"大相径庭：

在阎摩的治下，友人重逢其故知，丈夫重见其妻子，儿女再见其父母，人人得享生活之幸福，再无现世之邪恶与羸弱……

自然，阎摩亦是颂诗歌咏之对象：

向伟大的阎摩王致敬，
这首位辞世的人儿，
穿越生死之鸿沟，
为有死者觅得了通往天国之途。
*　　*　　*　　*
辞世的有死者啊，沿着神

标定的路途，速速离开了地土；

上升，直至望见敬慕已久的神，

由他赋予更伟大的重生。

*　　*　　*　　*

在这里，诸神满怀谦逊之智，

只因你确凿最堪崇拜与敬畏，

挡在人们眼前遮住荣耀的

悄无声息的幕布，终于消散。

你在地土所成就的善，

每一次祭祀，每一次恭行，

皆将收获丰厚的奖赏；

值得嘉许的行动，从不被遗忘。

澄明岁月中的美好王国啊，

阎摩之喜乐无穷无尽，

一切愿望皆获满足，

汝之赐福永世绵延。

颂诗是理解吠陀诸神与吠陀神话的钥匙，只因吠陀神话所记述的，正是人与吠陀诸神之间的关系。换言之，也即人与自然（神）之间的关系。不难发现，人类与吠陀神的关系不乏友爱之意味：行祭与赐福尚无"契约"之约束，而更似彼此的默契；至于诸神的赐福与庇荫，"护佑"之意尚不分明——先民们只是无比相信诸神必会给予如是之"照顾"。

一如首位有死者阎摩，在先行寻访通往彼岸的道路后，对后继者所曾给予的照顾一般。

吠陀时期的人与神，拥有一种天然的各安其位而又彼此相契的关系。故此，纵是献予诸神的颂诗，也总是洋溢着一种年少时所独有的明朗的喜悦。

"一切愿望皆获满足，汝之赐福永世绵延。"

三

少年人终会长大。

少年人长大以后，终需独自面对现世的风风雨雨，与此同时，对司掌天地万物的神灵不由心怀探究，时时遥想：若再往深处前行，还会有怎样的发现呢？

作品行至第二部分《往世书诸神》时，作者在其首尾处分别引入了前文不曾出现的重要概念：一是至上存在与诸神之神——梵；二是往世书所特有的时间尺度。

二者之间，便是往世书诸神的天上人间。

吠陀时期，人类以祭祀与颂诗作为天人交通之媒介。及至往世书时期，三相神（湿婆、毗湿奴、梵天）已然占据了绝对的主导地位。以毗湿奴为例，一方面，他是至高无上的绝对者；另一方面，他又屡屡下凡降世，一再体会生而为人所必须经历的一切，亦肩负起匡扶正法、救世除弊之职责。

如果说以阎摩为代表的吠陀神勾勒出了往古先民们对理想生活的

期待与向往，透射着童蒙时期的人类所独有的一份纯净美好，那么，到了往世书时期，很显然，人类的思想、行动和对世界的理解等等皆变得日益复杂和多元。此时的核心命题不再是"我与神"，而是"我就是神"。

昔时曾对神的"照顾"怀有一份希冀与盼望，亦不乏某种确信，一俟步入往世书时期，人之觉醒便无比自然地驱散了此种梦幻：毗湿奴的十大化身无不以"救世"为使命，若深问一句：为何世尊每每以凡俗形相行救世之责？呼之欲出的答案正是强有力的神话之劝谕——

唯有唤醒自我之神性，方能自救与救世。

人，总是无限接近地迈向神、抵达神。诚因如此，才有了往世书时期的绝对者，有了不断迈向更深处的意识所缔造之成果。

四

至上存在，或称绝对者，本是一个极之抽象的概念。

此种概念曾模糊地出现于对吠陀神婆楼那的描述中。婆楼那即水神，也是正法神。彼时，人们敏锐地洞察到：水既能左右农耕收获之大局，也流淌于每个人的血脉中，故以"既超越，又内在"的正法神婆楼那之形象，勾勒出对于"至上存在"的某种直觉感应。

绝对者无法描摹，以至于后世的修习者认为，凡可描摹者，皆属"有相之梵"，而非真正的梵。另一方面，人们对于绝对者总是心存某种天然的向往之情，故而"绝对"势必成为某一领域不断发展之归宿——明知几乎无法抵达，却偏不能停止追求，这就是"绝对"在我们心中的地位。一如永恒。

此种情感倒映于印度神话中时，便体现为人们对神的"力量"（Śakti）或称"权力"的刻画。相较于吠陀神的各司其职，三相神虽有司掌"创造、维系、毁灭"之分，然以毗湿奴和湿婆为代表，已然成为"绝对者"。在不同版本的创世论中，不乏如下描述：

　　起初，一切有情与无情众生皆已覆灭，除无边无际的海洋外，再无一物：无火，无风，无太阳，无大气，无恒星，无行星，无光明，无大地，无天国，亦无众神与群魔存在；一切皆包裹于无以穿透之暗。唯一的存在乃是遍在于整个宇宙的摩诃迦罗，他渴望创世，于是以右手食指旋入其左臂，生出了一个气泡。气泡渐渐膨胀为一枚金卵。摩诃迦罗一掌劈开金卵，以其上部构成诸天，以其下部构成大地，五首四臂的梵天现身于天地之中心，摩诃迦罗对他道："吾之喜爱生此创造。"言毕，消失不见。

　　相较于吠陀颂诗中的朴素表达，往世书时期对绝对者力量的刻画，早已超出了人的想象之范畴，而更像是以直觉开启的画面，其表达之载体，即是神话。

　　诚因如此，往世书所理解的死亡与毁灭，已迥然有别于遍满喜乐的阎摩王国：

　　万物的毁灭者诃利，现身为楼陀罗之形相。他乃时间的火焰，化作了宇宙巨蛇湿舍那焦灼的呼吸，地府因之化为灰烬。伟大的圣火燃遍了地府的全部界域，接着，彻底吞噬了整个大地。

五

神话是开启心灵奇旅的一枚指环。

它有别于梦境。尽管约瑟夫·坎贝尔说："梦境是个人化的神话，神话是去个人化的梦境。"

亦非平行宇宙。只因神话所记载之事，从不在心外。

神话是潜意识的外显与投射。倘若任凭潜意识深藏于意识背后，那么，眼前的世界即是全部的世界，短暂的一生便已覆盖了长长的心灵史，心灵深处的光明注定将深埋于时间之外的永夜。

然而，归根到底，神话是以人之共同的心灵感应，所创造的一幅遍满奇迹的时空。我们于彼处与诸神、诸仙相会，深潜于瑰丽的奇迹之中：因为说服了时神，便饮尽了生生世世的苦难；因为善业耗尽，便坦然下凡，再续人间风雨；又因为惹恼了仙人，惶然无措遭其诅咒，才更明白"业力"之流转与万有之起落的真谛……

神话之时空又绝非终点与归宿，因它已凝成一枚小小的指环，若探入其中，便步入了神话的世界，而若将之穿透——

意识的更深处将会是怎样的一幅奇景呢？又或者，意识的最深处是否便是纯粹意识之澄明？

也许，这就是威尔金斯以白描手法绘就神话世界想要给出的答案。

六

本书有缘译为汉语，首先应感谢闻中老师的推荐。老师独具慧眼，知我对神话情有独钟，便以威尔金斯的作品为命题，引我一探究竟。

另外，译书时曾心有所想：神话以文字的形式呈现，读者诸君若执书在手，不妨随心、随性翻阅，与书中万有相会。如此，神思悠游之处，无不是神话之妙境，时时恍然、处处奇遇，岂不美哉？

最后，作品中的神、人、魔、境，无一不在你我的内心世界之中。故此，请接过这枚指环，开启一场心灵奇旅，品读神话、品味思想、品赏人生……

谢末艾

壬寅年夏

印度神话学

YINDU SHENHUAXUE

图书在版编目（CIP）数据

印度神话学 / （英）威廉·约瑟夫·威尔金斯著 ；
谢未艾译 . -- 桂林 : 广西师范大学出版社，2025. 1.
（梵澄译丛 / 闻中主编）. -- ISBN 978-7-5598-7729-1

Ⅰ. B932.351

中国国家版本馆 CIP 数据核字第 2024K1Y103 号

广西师范大学出版社出版发行

　广西桂林市五里店路 9 号　　邮政编码：541004

　网址：http://www.bbtpress.com

出版人：黄轩庄

全国新华书店经销

北京博海升彩色印刷有限公司印刷

　北京市通州区金桥科技产业基地环宇路 6 号

　邮政编码：100076

开本：710 mm × 960 mm　　1/16

印张：31.25　　　字数：330 千

2025 年 1 月第 1 版　　2025 年 1 月第 1 次印刷

印数：0 001~5 000 册　　定价：78.00 元

如发现印装质量问题，影响阅读，请与出版社发行部门联系调换。